OS MORTOS NÃO MORREM

PAIVA NETTO

OS MORTOS NÃO MORREM

Disse Jesus: *"Deus não é Deus de mortos, mas de vivos. Por não crerdes nisso, errais muito"* (Evangelho, segundo Marcos, 12:27; e Lucas, 20:38).

4ª edição

Copyright © 2022 *by* Paiva Netto

Produção editorial e revisão: *Equipe Elevação*
Impressão: *Mundial Gráfica*
Fotos: *Shutterstock.com*
Capa: *Alziro Braga*
Projeto gráfico e diagramação: *Helen Winkler*

A 1ª edição desta obra foi publicada em outubro de 2018.

Depósito legal na Biblioteca Nacional conforme Decreto nº 1.825, de 20 de dezembro de 1907.

Dados Internacionais de Catalogação na Publicação (CIP)
(Câmara Brasileira do Livro, SP, Brasil)

P149m
    Paiva Netto, José de. 1941-
       Os mortos não morrem / José de Paiva Netto. – 4. ed. –
    São Paulo : Editora Elevação, 2018.
    528 p. : 23 x 15,5 cm

ISBN 978-85-7513-239-5

1. **Quarta Revelação**. 2. Cristianismo. 3. Seres Espirituais.
4. Ressurreição. 5. Mediunidade. 6. Espiritualidade. I. Título.

CDD-235

Índices para catálogo sistemático:

1. Cristianismo : Seres Espirituais 235
2. Cristianismo : Mediunidade 235

Todos os direitos desta edição são reservados à Editora Elevação.
Rua Doraci, 2-A, sala 101 – Bom Retiro
São Paulo/SP – CEP 01134-050
Tel.: (11) 5505-2579

SUMÁRIO

Tratado do Novo Mandamento de Jesus 9
Prefácio do autor 23
Prefácio do Mundo Espiritual 43

QUESTÃO DE MORTE OU DE VIDA?
Parte I – Um tirano vencido 49
Parte II – Antiga companheira 55
Parte III – Ninguém pode ficar alheio à morte 61
Parte IV (final) – Ford, Edison e a vida após a morte 71

FINADOS E VIDA ETERNA
Parte I – Dia dos Vivos 81
Parte II – A crença na vida após a morte 91
Parte III – Lições do fenômeno inafastável 99
Parte IV – Coelho Neto, Madame de Staël e o desafio à Ciência 111
Parte V – Cremação, prudência e Caridade 117
Parte VI (final) – A morte da "morte" 123

O MUNDO ESPIRITUAL, SÓCRATES, PLATÃO E *A REPÚBLICA*

Parte I – A filosofia grega e a imortalidade da Alma 131

Parte II – O destino dos justos e dos injustos depois da morte 137

Parte III – A experiência de quase-morte do guerreiro Er 143

Parte IV – Poderiam as almas injustas invadir o Céu? 153

Parte V – Todo dia é dia de renovar nosso destino 161

Parte VI (final) – Livre-arbítrio gera determinismo 169

EXPERIÊNCIAS DE QUASE-MORTE E A REALIDADE DO ESPÍRITO

Parte I – Experiências de quase-morte (EQMs) 181

Parte II – Ciência adogmática: mudar as perspectivas ante novas evidências 191

Parte III – Vivo na Dimensão Espiritual 199

Parte IV – Um aprendizado para a Eternidade 205

Parte V (final) – Espírito, mente, consciência e cérebro 215

ESPÍRITO, CIÊNCIA E MEDIUNIDADE

Parte I – Fenômenos *psi* e experiências espirituais 223

Parte II – Humildade ante a Sabedoria 235

Parte III – Vozes eletrônicas do Além 249

Parte IV – A neurociência da mediunidade 265

Parte V – As pesquisas de *sir* William Crookes 271

Parte VI (final) – Einstein, Planck e a frequência do Espírito 285

O MUNDO ESPIRITUAL NÃO É UM DORMITÓRIO
Parte I – Experiências mediúnicas nas crenças 295

Parte II – Religiosos e médiuns 307

Parte III – Telebulia?! 317

Parte IV (final) – A Ciência chegará ao Espírito 323

MATERIALIZAÇÕES NOS ATOS DOS APÓSTOLOS DE JESUS
Parte I – A mediunidade de Estêvão 331

Parte II – Paulo Apóstolo e a corrupção do corpo 347

Parte III – O transporte de Filipe 355

Parte IV – Parto mediúnico e bilocação 361

Parte V (final) – O substantivo "Espírito" 369

O MUNDO ESPIRITUAL NO TESTEMUNHO DE VULTOS DA HISTÓRIA
Parte I – *Escritores e fantasmas* 385

Parte II – Guimarães Rosa e a Espiritualidade 403

Parte III – Juscelino Kubitschek e a visão espiritual 413

Parte IV (final) – As visões de Tesla 417

PROFECIA E MORADA DOS ESPÍRITOS
Parte I – Origem espiritual da Profecia 425

Parte II – Deus, livre-arbítrio relativo e
responsabilidade 433

Parte III (final) – Espíritos Superiores imigram para a
Terra 451

PREPARAÇÃO PARA A PRECE
    A riqueza que provém do Céu 467

    A prece 485

PAI-NOSSO E BEM-AVENTURANÇAS
    Pai-Nosso 491

    As Bem-Aventuranças do Sermão da Montanha
    de Jesus 493

    As Sete Bem-Aventuranças do Apocalipse de Jesus 495

Índice de nomes 499

Índice de Matérias 505

Bibliografia 513

Biografia 519

Templo da Boa Vontade 526

TRATADO DO NOVO MANDAMENTO DE JESUS

A **Espiritualmente Revolucionária Ordem Suprema do Divino Mestre representa o diferencial da Religião de Deus, do Cristo e do Espírito Santo**[1] **e é a base de todas as suas ações de promoção espiritual, social e humana, pela força do Amor Fraterno, por Ele trazido ao mundo.**

Ensinou Jesus, o Cristo Ecumênico, o Divino Estadista: *"13:34 Novo Mandamento vos dou: amai-vos como Eu vos amei. 13:35 Somente assim podereis ser reconhecidos como meus discípulos, se tiverdes o mesmo Amor uns pelos outros.*
15:7 Se permanecerdes em mim e as minhas palavras em vós permanecerem, pedi o que quiserdes, e vos será concedido. 15:8 A glória de meu Pai está em que deis muito fruto; e assim sereis meus discípulos.

15:10 Se guardardes os meus mandamentos, permanecereis no meu Amor; assim como tenho guardado os mandamentos de meu Pai e permaneço no Seu Amor.

15:11 Tenho-vos dito estas coisas a fim de que a minha alegria esteja em vós e a vossa alegria seja completa.

15:12 O meu Mandamento é este: que vos ameis como Eu vos tenho amado. *15:13* Não há maior Amor do que doar a própria vida pelos seus amigos. *15:14* E vós sereis meus amigos se fizerdes o que Eu vos mando. *15:17* E Eu vos mando isto: amai-vos como Eu vos amei.

15:15 Já não mais vos chamo servos, porque o servo não sabe o que faz o seu senhor; mas tenho-vos chamado amigos, porque tudo quanto aprendi com meu Pai vos tenho dado a conhecer.

15:16 Não fostes vós que me escolhestes; pelo contrário, fui Eu que vos escolhi e vos designei para que vades e deis bons frutos, de modo que o vosso fruto permaneça, a fim de que tudo quanto pedirdes ao Pai em meu nome Ele vos conceda.

15:17 E isto Eu vos mando: que vos ameis como Eu vos tenho amado. *15:9* Porquanto, da mesma forma como o Pai me ama, Eu também vos amo. Permanecei no meu Amor".

(Tratado do Novo Mandamento de Jesus[2], reunido por Paiva Netto, consoante o Santo Evangelho do Cristo de Deus, segundo João, 13:34 e 35; e 15:7, 8, 10 a 17 e 9.)

[1] **Religião de Deus, do Cristo e do Espírito Santo** — Nesta e em outras obras literárias da Quarta Revelação, o leitor vai se deparar com as denominações Legião da Boa Vontade (LBV) e Religião de Deus, do Cristo e do Espírito Santo, criadas pelo saudoso Alziro Zarur (1914-1979), que se irmanam na lide *"por um Brasil melhor e por uma humanidade mais feliz"*. São elas duas instituições irrestritamente ecumênicas, unidas para atender, de forma integral, às carências fundamentais do ser humano e do seu Espírito Eterno, transformando-o sem paternalismos, a fim de que ele possa assumir na sociedade o seu papel de protagonista na solução dos problemas existentes. Agem assim para que a criatura humana se realize por meio dos poderosos ensinamentos do Espírito (Religião de Deus, do Cristo e do Espírito Santo) e da dinâmica ação de reforma humana e social (Legião da Boa Vontade), decorrência natural de nossa integração nos preceitos divinos. Disse Jesus: *"Buscai primeiramente o Reino de Deus e Sua Justiça, e todas as coisas materiais* [portanto, humanas e sociais] *vos serão acrescentadas"* (Evangelho do Cristo, segundo Mateus, 6:33). Da convergência dessas ações — a espiritual e a humano-social — nasce a Política de Deus, para o Espírito Eterno do ser humano. A Religião de Deus, do Cristo e do Espírito Santo também é conhecida como Religião do Terceiro Milênio, Religião do Amor Universal e Religião Divina.

[2] **Tratado do Novo Mandamento de Jesus** — Pela força espiritual contida nessas palavras do Cristo de Deus, Paiva Netto fez constar a leitura desse Tratado na abertura de todos os programas da Super Rede Boa Vontade de Comunicação (rádio, TV e internet) e nas publicações, assim como nas reuniões públicas da Religião do Terceiro Milênio, atendendo também a um pedido dos Irmãos Espirituais na Revolução Mundial dos Espíritos de Luz, na Quarta Revelação, representados pelo Irmão dr. Bezerra de Menezes (Espírito).

O MISTÉRIO DE DEUS REVELADO

O Mistério de Deus por Jesus Cristo
revelado é o Amor[1]!

Do autor

---

[1] Esse pensamento de Paiva Netto é o último verso de sua música intitulada *O Novo Mandamento de Jesus*, movimento final do Oratório "O Mistério de Deus Revelado", cuja gravação foi feita, em 1999, pelo National Philharmonic Choir "Svetoslav Obretenov" e pela Sofia Symphony Orchestra, da Bulgária, sob a regência do maestro **Ricardo Averbach**. Disponível nas plataformas de *streaming* (Boa Vontade *Play*, *Spotify* e *Deezer*), o Oratório superou a marca de 550 mil cópias vendidas, conquistando Disco de Platina Duplo. Em 5 de abril de 2000, teve a sua primeira audição mundial em inglês quando o Coral Ecumênico Boa Vontade se apresentou na sede da Organização das Nações Unidas (ONU) em Nova York, EUA.

PERMANENTE PRESENÇA DE JESUS

Tudo fica para trás. Jesus, o Cristo Ecumênico e Divino Estadista, permanece! Ele disse: *"Passará o Céu, passará a Terra, mas as minhas palavras não passarão"* (Evangelho, segundo Lucas, 21:33).

Do autor

O PARECER DE GAMALIEL

"Se esta obra é de homens, não triunfará. Mas, se é de Deus, não a combatais, pois estareis combatendo o próprio Deus."

Gamaliel
(Atos dos Apóstolos de Jesus, 5:38 e 39)

PERANTE O SINÉDRIO

"Respondendo Pedro e João aos sinedritas, disseram: Não podemos deixar de falar daquilo que vimos e ouvimos. Importa antes agradar a Deus que aos homens."

(Atos dos Apóstolos de Jesus, 4:19 e 20; e 5:29)

Toda vez que o trem da vida faz uma curva, os pensadores caem pela janela.

Karl Marx (1818-1883)

Não há morte em nenhum ponto do Universo.

Alziro Zarur (1914-1979)

A ausência da evidência não significa evidência da ausência.

Carl Sagan (1934-1996)

Os mortos são invisíveis, mas não ausentes.

Victor Hugo (1802-1885)

Não são os Espíritos que assustam os homens. São os homens que atemorizam os Céus com suas belicosas armas, impostas por domínios cruéis e insensatez constante.

Dr. Bezerra de Menezes (1831-1900)

Conjunto Ecumênico do Templo da Boa Vontade — Formado pelo Parlamento Mundial da Fraternidade Ecumênica (o ParlaMundi da LBV), a sede administrativa e o TBV, localizados na Quadra 915 Sul, em Brasília/DF, Brasil. O grande brado do Templo da Paz é **os mortos não morrem!**

PREFÁCIO DO AUTOR

Minhas Amigas e meus Irmãos, minhas Irmãs e meus Amigos:

Os mortos não morrem!
Os mortos não morrem!
Os mortos não morrem!

Nesta obra, cujo título é esse inexorável brado de Vida Eterna, além das Escrituras Sagradas, busquei inumeráveis sacerdotes da Verdade, com estudos pioneiros em diferentes áreas do conhecimento espiritual-humano, para humildemente lhes demonstrar que **o Reino Espiritual de Jesus**, o Cristo Ecumênico, o Divino Estadista, **é uma realidade**. Foi o Mestre dos mestres Quem afirmou:

— *Meu Reino não é deste mundo* (Evangelho, segundo **João**, 18:36).

Mas Ele não o fez com o fito de excluir-nos de Seu Governo Celeste. Entraria em contradição com tudo o que veio exemplificar na Terra. A razão do Rei dos reis tê-lo declarado foi para testificar que Seu Magnífico Império não se sujeitava às nossas idiossincrasias infantis, pois se situa para além da visão material turva, arrogante e imperfeita: vem do mais Alto, para onde todos nós devemos erguer a cabeça e nos sublimar. O Rabi da Galileia, com Seu exemplo de Amor incondicional pela humanidade, estabeleceu assim a meta de elevação espiritual, moral, ética e social para alcançarmos a glória expressa em Seu Santo Apocalipse, 11:15:

— *O reino do mundo se tornou de nosso Deus e do Seu Cristo, e Ele reinará pelos séculos dos séculos.*

Além do mais, por não ser um domínio comparado a qualquer reduto humano, **o Sagrado Reino de Jesus, pleno de Justiça, Verdade e Amor, começa no Espírito**. Portanto, a dissimulada morte urge ser destronada.

JESUS E SUA VITÓRIA TRIUNFAL SOBRE A MORTE

E por que escrevo sobre Jesus e Seu Governo Invisível logo no início desta obra? O motivo é bem simples: Dele e de Seus ensinamentos universais nasce a inspiração para fomentarmos o produtivo debate de tema tão fundamental quanto fascinante.

PREFÁCIO DO AUTOR

Por isso mesmo, com imenso gáudio, fui buscar página que redigi em Santa Maria de Arnoso, Lugar de Lages, Portugal, no dia 15 de abril de 2001, um domingo da Ressurreição de Jesus e de Sua Vitória Triunfal sobre os impossíveis. Vamos ao texto:

Quando o Divino Mestre derrotou a morte, ou seja, a única fatalidade neste mundo, porque tudo o mais pode ser materialmente superado, **os Seus Apóstolos e Discípulos foram revestidos de um poder e de uma coragem que os levou a propagar os ensinamentos do Sublime Ressuscitado por toda a parte**. Não me refiro somente àquela geração contemporânea do Excelso Pegureiro, mas também das que se sucederam. A Ressurreição do Cristo é um divisor de águas na História do planeta. Se estamos aqui hoje, uma vez mais, defendendo o que Ele pregou, foi graças ao esforço de multidões espalhadas por todas as áreas do saber espiritual-humano, pertencentes às muitas correntes do pensamento. Estes luminares, pelos milênios, não deixaram no esquecimento as memoráveis lições de humanidade e de Espiritualidade Ecumênica vivenciadas por Ele, testemunhando-as das mais distintas formas, conscientes disso ou não.
Alziro Zarur (1914-1979)[1], saudoso fundador da Legião da Boa Vontade e proclamador da Religião de

---

[1] **Alziro Zarur** (1914-1979) — Nasceu na cidade do Rio de Janeiro/RJ, Brasil, no Natal de Jesus de 1914. Jornalista, radialista, escritor, poeta, filósofo e grande pregador da Palavra de Deus, fundou a Legião da Boa ➜

Alziro Zarur

Deus, do Cristo e do Espírito Santo, em suas famosas preleções salientava:

— *Se Jesus não tivesse ressuscitado, não haveria Cristianismo.*

O CELESTE LIBERTADOR NÃO PODE SER APRISIONADO

Transcorridas várias décadas desde que fiz a seguinte pergunta, em 1986, na centenária *Gazeta de Notícias*, do Rio de Janeiro/RJ — e que consta dos originais de meu livro *Jesus, o Libertador Divino* —, prossigo

---

➔ Vontade (LBV), em 1º de janeiro (Dia da Paz e da Confraternização Universal) de 1950, e brilhantemente a presidiu até a sua passagem para o Plano Espiritual, em 21 de outubro de 1979. Em 7 de setembro de 1959, Zarur realizou a Proclamação do Novo Mandamento de Jesus, em Campinas/SP, Brasil, no antigo Hipódromo do Bonfim — hoje Praça Legião da Boa Vontade —, que, na época, era o espaço público mais amplo que por lá existia, capaz de receber a multidão que fora ouvi-lo. Carismático e polêmico, de forma popular e inovadora pregava, com muito entusiasmo, o Evangelho e o Apocalipse de Jesus, mas não *"ao pé da letra que mata"* (Segunda Epístola de Paulo aos Coríntios, 3:6), e sim em Espírito e Verdade, à luz do Novo Mandamento do Cristo Ecumênico, o Divino Estadista (Evangelho, segundo João, 13:34 e 35). Criou e presidiu a pioneira Cruzada de Religiões Irmanadas (*vide* p. 36), cuja primeira edição oficialmente ocorreu em 7 de janeiro de 1950, no salão do Conselho da Associação Brasileira de Imprensa (ABI), na capital fluminense, após sucessivas reuniões preparatórias realizadas nos meses de outubro, novembro e dezembro de 1949, na sala da diretoria daquela prestigiada Associação. Com esse feito, Zarur antecipou-se ao que mais tarde viria a ser chamado de relacionamento inter-religioso. Em 7 de outubro de 1973, proclamou a Religião de Deus, do Cristo e do Espírito Santo, em Maringá/PR, Brasil.

a inquirir: **quantos já alcançaram que um pensador libertário como Jesus não pode ficar aprisionado entre quatro paredes de um templo**, por mais respeitável que seja, **ou ter Sua mensagem reduzida por analistas que, por mais veneráveis que se apresentem**, por vezes, confundem "germano com gênero humano"?

O Celeste Libertador nunca esteve restrito ao Cristianismo humano. Somos nós, com nossa visão ainda pequena, quem O confinamos à nossa incapacidade de compreender Sua extraordinária mensagem. Ele trouxe Leis Espirituais, Morais, Ecumênicas (isto é, Universais) elevadíssimas, Divinas. E não estou a afirmar qualquer aberração. O próprio Mestre afiançou, em Sua Boa Nova, conforme os relatos de João, 16:12 a 15, que mandaria o **Espírito da Verdade**, ou **Paráclito**, para deslindar novas coisas, que são Dele, Jesus, mas que não as pôde manifestar naquele momento visível entre nós:

¹² Tenho ainda muito o que vos dizer, mas vós não o podeis entender agora;

*¹³ quando vier, porém, **o Espírito da Verdade (o Paráclito), ele vos guiará a toda a Verdade**, porque não falará por si mesmo, mas dirá tudo o que tiver ouvido de mim e vos anunciará todas as coisas que hão de vir.*

*¹⁴ **Ele me glorificará, porque há de receber do que é meu para trazê-lo a todos vós.***

¹⁵ Tudo o que o Pai tem é meu; por isso, vos disse que há de receber do que é meu e anunciará a vós.

Então, o Seu Saber, a Sua Bondade, a Sua Justiça, a Sua Solidariedade, a Sua Fraternidade, a Sua Generosidade, a Sua Compaixão se derramam sobre todas as criaturas. **Os seres humanos** é que **separam. Deus une.**
Os religiosos iluminados pelo espírito de concórdia e os cultores do pensamento criador sem algemas de qualquer espécie; enfim, os indivíduos de mente aberta, crentes e ateus, pressentem isso sem dificuldade. **Desejam ver a excelente influência altruística do Cristo clarear todos os setores da sociedade.** Não podem abrir mão de tão extraordinária e sublime competência. **Se não, para que Cristianismo?** Ora, o Divino Mestre é infinitamente maior do que todas as grandes personalidades que passaram pelo mundo, transformando-o.
Eis o que nos revela o Evangelho, segundo João, 1:1 a 5:

*— No princípio era o Verbo, e o Verbo estava com Deus, e **o Verbo era Deus. Ele estava no princípio com Deus. Todas as coisas foram feitas por Ele**, e nada do que se fez foi feito sem Ele: **Cristo Jesus**. A vida estava Nele, e a vida era a luz dos homens. A luz resplandece nas trevas, mas as trevas não prevaleceram contra ela.*

O EXEMPLO DO CRISTO DEVE INSPIRAR TODOS OS CAMPOS DA VIDA

Por isso, proclamo há décadas que Jesus foi Cientista, quando, por ordem do Senhor do Universo, criou este planeta que habitamos; Economista, quando multiplicou pães e peixes e não deixou perder o que sobejou; Filósofo, quando desenvolveu Sua Divina Doutrina; Psicólogo, quando a adequou ao conhecimento das massas populares; Pedagogo, quando a ensinou por parábolas e pelo exemplo; Religioso, quando, convivendo com o povo e pregando aos sacerdotes no templo desde os 12 anos de idade, lhes transmitiu normas de conduzir suas existências no mundo, de maneira a merecerem a Vida Eterna; incentivador do progresso do ser humano pelo esforço próprio, quando advertiu que *"a cada um será dado de acordo com as suas próprias obras"* (Evangelho de Jesus, segundo **Mateus**, 16:27; e Apocalipse do Cristo, 22:12): **o Cristianismo não é a escola da ociosidade**; Legislador e Político, quando expôs, por intermédio de João Evangelista (Primeira Epístola, 4:16), que *"Deus é Amor"* e que, por isso, todos precisam cumprir a Sua Lei de Solidariedade Espiritual, Humana e Social — o Novo Mandamento de Jesus (Boa Nova, segundo João, 13:34 e 35) —, amando-se uns aos outros tanto quanto Ele mesmo nos amou:

Evangelista Mateus

— *Não há maior Amor do que doar a própria vida pelos seus amigos* (Evangelho, segundo João, 15:13).

E Ele a doou até pelos que se colocavam como Seus adversários! Com isso, convocou o mundo à mais grandiosa das reformas, que deve preceder a todas as outras, a do ser humano, pela **consciência plena dos seus valores espirituais**:

— *Buscai **primeiramente o Reino de Deus e Sua Justiça**, e todas as coisas materiais vos serão acrescentadas* (Evangelho do Cristo, segundo Mateus, 6:33),

postulado de Jesus para a formação da **Economia da Solidariedade Espiritual e Humana**, componente básico da **Estratégia da Sobrevivência**, que propomos para que haja uma Sociedade Solidária Altruística Ecumênica.

Aí está. **O Ecumenismo é Educação aberta à Paz.**

Tudo isso só pode parecer utopia num orbe saturado de ódios e contendas de todos os matizes. Entretanto, a humanidade, sabendo ou não, anseia por um clima espiritual e social menos poluído. Tendo alcançado o entendimento superior a respeito do que fazem neste burgo planetário **e cientes de que sua vida prosseguirá após a morte**, a mulher e o homem, mais dia, menos dia, saberão valer-se de todas as riquezas da Terra, sem delas se tornarem escravos. Atualíssima lição moral de **Paulo Apóstolo**, recomendável também para os representantes dos povos do mundo:

— Todas as coisas me são lícitas, mas nem todas me convêm. Todas as coisas me são lícitas, mas não me deixarei dominar por nenhuma delas (Primeira Epístola aos Coríntios, 6:12).

Ora, tenho sempre advertido que **Deus nos deixa moralmente livres, mas não imoralmente livres** — assunto sobre o qual discorrerei bastante nesta obra —, pois todos os atos humanos têm infalível consequência, pública ou no interior daqueles que os perpetram, seja nesta dimensão densa ou na mais sutil:

— Não sabeis que os vossos corpos são membros de Cristo Jesus? E eu, porventura, tomaria os membros de Cristo e os faria membros de meretriz? Absolutamente, não (Primeira Epístola de Paulo Apóstolo aos Coríntios, 6:15).

A poluição do ar, a da comida, a das águas, a das terras, a dos animais, todas elas originam-se na poluição espiritual, mental, moral, ética, visto que resultam do desamor das criaturas para consigo mesmas. É desdobramento da ganância como constituição de uma sociedade que cava a sua própria sepultura. Esse é o maior e o pior meretrício, ao qual o Apóstolo dos Gentios se refere. Isso tudo só pode ser suplantado quando o Amor Fraterno for bandeira erguida acima de todos os irracionalismos odientos, porquanto, repito, *"Deus é Amor"*.

A doutrina de Jesus é tão avançada que, passados dois mil anos, o ser humano moderno ainda se esforça na análise de seus prolegômenos, porque não atinou para o fato de que a chave que abre a porta de sua compreensão chama-se Amor Solidário Divino. É bom que se diga: não pode ser confundido com conivência no erro, pois existem aqueles que consideram que amar é concordar com tudo o que estiver errado. Terrível engano, porquanto, no Mundo Invisível, tudo isso nos será cobrado. Amar é justamente o contrário, porém sabendo com generosidade corrigir a pessoa na sua tarefa, perante sua falta, mesmo que energicamente, mas com Amor Sublime. Esta é a maior força do Universo, apesar de todos os labéus da filosofia do cinismo... Sem qualquer indireta ao notável **Diógenes de Sinope** (aprox. 412-323 a.C.), que continua a sua persistente peregrinação, de lanterna acesa a pleno dia[2]...

Diógenes de Sinope

---

[2] **... lanterna acesa a pleno dia** — Aqui o autor faz referência a Diógenes, discípulo de **Antístenes** (444-365 a.C.), criador da escola cínica, que nasceu em Sinope, na Ásia Menor, em 412 a.C., e morreu em Corinto (Grécia), em 323 a.C. Era conhecido por reprovar o convencionalismo social e as osten-

PREFÁCIO DO AUTOR

Só o Bem justifica a existência humana. Nada de duradouro se constrói afastado do bom senso, que, em profundidade, igualmente significa Amor.

Ora, diante dessa abrangência universalista, é nosso empenho, na Religião do Terceiro Milênio, apresentar Jesus Dessectarizado, sem arestas, para que Ele possa surgir em toda a Sua Divina Grandeza, com Poder e Autoridade, a qualquer consciência do mundo.

NOVAMENTE CAEM OS MUROS DE JERICÓ

Ao percorrer as páginas deste despretensioso livro, tenham em mente que resultam de palestras feitas de improviso ao longo das décadas, dirigindo-me fraternalmente a plateias compostas por jovens de todas as idades, também sendo proferidas pelo rádio, pela TV e pela internet. Não se trata de um compêndio acadêmico nem tenho a presunção de enveredar-me pelos aspectos técnicos das pesquisas abordadas. Recorro a eminentes e destemidos pensadores, de inúmeros campos do saber, reunindo seus

---

tações. Muitas vezes, percorria as ruas de Atenas, munido de **uma lanterna acesa, em plena luz do dia**, buscando — dizia — *"um homem honesto"*. Pela filosofia que pregava, pelo modo de viver e principalmente por revelar espírito causticante, era conhecido pelo cognome de O Cínico. A palavra cínico não tem, neste caso, a mesma conotação que coloquialmente lhe damos nos dias de hoje. A escola cínica, em termos filosóficos, pregava que um homem deve levar uma vida de autocontrole, tendo a virtude como bem único e o absoluto domínio sobre si mesmo como o grau máximo de sabedoria.

estudos, meditações ou testemunhos, pois, de uma forma ou de outra, tendo discernimento disso ou não, encarnam a infalível promessa da vinda do Paráclito, feita pelo Cristo, a qual lhes ressalto novamente:

¹² Tenho ainda muito o que vos dizer, mas vós não o podeis entender agora;
¹³ quando vier, porém, o Espírito da Verdade (o Paráclito), ele vos guiará a toda a Verdade, porque não falará por si mesmo, mas dirá tudo o que tiver ouvido de mim e vos anunciará todas as coisas que hão de vir (Evangelho, consoante João, 16:12 e 13).

Os investigadores da verdade auxiliam-nos a promover um salto no conhecimento vigente, a ir além dos próprios fenômenos, para amadurecermos com o recado moral desses espirituais fatos e derrubarmos, de uma vez por todas, com a soma das nossas eloquentes vozes, as novas muralhas de Jericó que teimam em manter a humanidade distanciada da dimensão viva, dinâmica e atuante do Mundo Espiritual. A todos vocês, o meu muito obrigado!

INDISPENSÁVEL UNIÃO NA LUTA CONTRA A IGNORÂNCIA ESPIRITUAL

Oportuno se faz reproduzir trecho de matéria que publiquei em 1987, na *Folha de S.Paulo* e anteriormente no *Jornal da LBV* de 1984:

PREFÁCIO DO AUTOR

Quando falamos na **união** de todos pelo bem de todos, alguns podem atemorizar-se, pensando em capitulação de seus pontos de vista, na enfadonha planura de uma aliança despersonalizada, o automatismo humano deplorável. Não é nada disso. Na Democracia Divina, todos têm o **dever** (muito mais que o direito) de — honestamente (quesito básico) e com espírito de tolerância (outro quesito básico) — enunciar suas ideias, sua maneira de ver as coisas. E aqui estendo esse raciocínio para os corajosos perquiridores dos assuntos ligados à morte e à Existência Espiritual. Entretanto, ninguém tem o direito de odiar a pretexto de pensar diferente nem de viver intimidado pela mesma razão. Já dizia **Gandhi** (1869-1948) que

— *divergência de opinião não deve ser jamais motivo para hostilidade.*

E foi por nisso acreditar que, com certeza, o Mahatma se tornou o personagem principal da independência do seu povo.

FÓRUM MUNDIAL ESPÍRITO E CIÊNCIA, DA LBV, EM MARCHA

Refletindo sobre esse debate amplo, diligente e sem tez sectária e dando prosseguimento ao espírito ecumênico e fraternista dos primórdios da Legião da Boa Vontade — quando o Irmão Zarur lançou, entre outras ações universalistas, a pioneira Cruzada de Religiões Irmanadas[3], em 7 de janeiro de 1950 —, tive a honra de criar, no ano de 2000, o Fórum Mundial Espírito e Ciência, da LBV. A sua primeira sessão plenária ocorreu, entre os dias 18 e 21 de outubro daquele ano, no Parlamento Mundial da Fraternidade Ecumênica, o ParlaMundi da LBV[4], localizado em Brasília/DF,

---

[3] **Cruzada de Religiões Irmanadas** — Seis dias após fundar, em 1º de janeiro de 1950 (Dia da Paz e da Confraternização Universal), a Legião da Boa Vontade, Alziro Zarur convocou e dirigiu a pioneira Cruzada de Religiões Irmanadas, cuja primeira edição oficialmente ocorreu em 7 de janeiro de 1950, no salão do Conselho da Associação Brasileira de Imprensa (ABI), na cidade do Rio de Janeiro/RJ, após sucessivas reuniões preparatórias realizadas nos meses de outubro, novembro e dezembro de 1949, na sala da diretoria daquela prestigiada Associação. Com esse feito, Zarur antecipou-se ao que mais tarde viria a ser chamado de relacionamento inter-religioso. No encontro, falaram sete oradores dos mais diversos segmentos: **Salustiano César**, reverendo protestante; **Teles da Cruz**, católico; **Murilo Botelho**, esotérico; **Leopoldo Machado**, espírita; **Eugênio Figueiredo**, livre-pensador; **Samuel Linderman**, judeu; e **Ascânio de Farias**, positivista. Para o saudoso jornalista **Herbert Moses** (1884-1972), o empreendedor presidente da ABI na época, responsável pela construção da sede da Casa do Jornalista, *"Zarur fez um verdadeiro milagre juntando tantos inimigos cordiais na LBV!"*

[4] **Parlamento Mundial da Fraternidade Ecumênica da Legião da Boa Vontade, o ParlaMundi da LBV** — Inaugurado por Paiva Netto em 25 de dezembro de 1994, tem por finalidade servir de fórum irrestritamente ecumênico para o entendimento definitivo entre os povos da Terra — tratando de todas as questões fundamentais da vida, sejam elas de ordem espiritual, social ou humana. Quando abriu suas portas no Natal de Jesus, uma multidão de mais de 100 mil pessoas lotou a praça defronte ao Conjunto Ecumênico da LBV (formado pelo Templo da Boa Vontade, sede administrativa e ParlaMundi), em Brasília/DF, Brasil. Sua avançadíssima missão é,

Paiva Netto apresenta mensagem aos congressistas do Fórum Mundial Espírito e Ciência, da LBV, em outubro de 2003.

Brasil. O tema foi "Ciência e Fé na trilha do Equilíbrio". A abrangência e o sucesso daquela empreitada impulsionaram um movimento permanente. De 20 a 23 de outubro de 2004, o ParlaMundi da LBV sediou a segunda sessão plenária, agora sobre a abordagem: "Discutindo a Morte e a Vida após Ela".

Ao lançar a proposta de abertura de uma tribuna democrático-ecumênica no ParlaMundi, quis estabelecer um espaço para o colóquio solidário e profícuo. E assim fomentar o diálogo sobre assuntos fundamentais

---

no dizer de seu fundador: *"promover a conciliação universal de todo o conhecimento espiritual e humano, numa poderosa força a serviço dos povos. Cizânia, radicalismos, hostilidades de todos os matizes devem permanecer afastados dos debates e das proposições religiosas, filosóficas, políticas, científicas, econômicas, artísticas, esportivas, o que mais o seja, pois o ser humano nasce na Terra para viver em sociedade, Sociedade Solidária Altruística Ecumênica".*

Alguns dos participantes do Fórum Mundial Espírito e Ciência, da LBV (outubro de 2000).

para o entendimento de nossa existência aqui, neste pequenino planeta, como também do nosso estágio na hierarquia do Cosmos, utilizando, para esse fim, a conciliação do conhecimento humano com o espiritual nos diversos campos do saber.

É com satisfação que observo esse idealismo prosperar, gerando frutos de sabedoria e exemplos de concórdia, tão necessários na contemporaneidade.

Por isso, grafei no livro *Sagradas Diretrizes Espirituais da Religião de Deus, do Cristo e do Espírito Santo*, volume 3 (1991): **A Ciência (cérebro, mente), iluminada pelo Amor (Religião, coração fraterno), eleva o ser humano à conquista da Verdade.**

Agradeço a valiosa atenção dos que me leem e gostaria de brindá-los, no início desta obra, com a modesta mensagem intitulada "Questão de morte ou de vida?", que dediquei à segunda sessão plenária do Fórum (2004) e ao seu congresso preparatório, realizado em outubro do ano anterior (2003), no ParlaMundi da LBV, quando tive o prazer de saudar, com essas palavras que seguem, os ilustres participantes daquele encontro. Ofereço-as como homenagem a tantos quantos — religiosos, agnósticos e ateus — transcendem as linhas fronteiriças de suas áreas de estudo ou crença, **em um comovente paradigma de sincera harmonia entre diferentes modos de pensar acerca da maior inimiga derrotada por Jesus em Sua Ressurreição!**

FRATERNO RECADO DA ESPIRITUALIDADE SUPERIOR

Estávamos no fechamento desta obra quando, dias antes de entrar em gráfica, o Irmão **Flexa Dourada** (Espírito) transmitiu-me generosas e incentivadoras palavras acerca do lançamento de *Os mortos não morrem*. Isso ocorreu durante a Reunião do Centro Espiritual Universalista (CEU) da Religião de Deus, do Cristo e do Espírito Santo, no dia 13 de outubro de 2018, pela sensitividade do Cristão do Novo Mandamento **Chico Periotto**:

O recado do livro Os mortos não morrem *é a defesa contundente da vida após a morte. Ele cumpre o seu grande papel, mostrando a Vida Eterna a partir dos que estão na Terra, daqueles que estão pensando sobre isso, vivendo isso, em todos os setores. Vai fazer muito sucesso! Aliás, ele já nasce um sucesso, porque está firmado na crença da existência do Mundo Espiritual, mas não de qualquer maneira.*

Os mortos não morrem chega aos corações, às mentes, para que todos raciocinem e sintam na Alma que vivemos em um planeta de transição, nada além disso. Aqui é planeta de transição, vem e vai, vem e vai. Sempre no sentido da busca da evolução.

O Irmão de Paiva contribui decisivamente quando lança um livro desse para mostrar que o Etéreo existe e que de lá virão as grandes diretrizes para a harmonia da humanidade.

Salve, Jesus!

Antes de apresentarmos "Questão de morte ou de vida?", aproveito a oportunidade para trazer-lhes mensagem assinada por estimado Amigo Espiritual. Na semana seguinte ao lançamento da primeira edição de *Os mortos não morrem*, em 20 de outubro de 2018, cuja tiragem se esgotou durante as comemorações dos 29 anos do Templo da Boa Vontade, em Brasília/DF, o Irmão **André Luiz** (Espírito) endere-

PREFÁCIO DO AUTOR

çou-me cordial missiva, que reproduzo nas páginas seguintes, em forma de prefácio do Mundo Espiritual.

Boa leitura!

INVESTIGADORES DA VERDADE E AS NOVAS MURALHAS DE JERICÓ

Os investigadores da verdade auxiliam-nos a promover um salto no conhecimento vigente, a ir além dos próprios fenômenos, para amadurecermos com o recado moral desses espirituais fatos e derrubarmos, de uma vez por todas, com a soma das nossas eloquentes vozes, as novas muralhas de Jericó que teimam em manter a humanidade distanciada da dimensão viva, dinâmica e atuante do Mundo Espiritual.

PREFÁCIO DO MUNDO ESPIRITUAL[1]

Dr. André Luiz (Espírito), por intermédio do sensitivo Cristão do Novo Mandamento Chico Periotto

*Dedico estas modestas linhas de Amor incondicional ao valoroso trabalho da Boa Vontade de Deus, promovido pelo Irmão **Paiva Netto**. Em especial, nesta data, venho exaltar sua novíssima obra, **Os mortos não morrem** — compêndio de energia e luz espiritual —, materializada sob a fonte da Inteligência Divina.*

*De **Sócrates** e **Platão** a **Crookes**; de **Jesus**, o Divino Modelo, a **Kardec**; enfim, Páramos Celestiais em tradução investigativa e análoga aos que lutam pela verdade científica e religiosa, sem jamais descambar para o fanatismo impiedoso.*

---

[1] Este prefácio do Mundo Espiritual foi incluído a partir da segunda edição desta obra.

Embora as distrações ainda sejam muitas neste planeta de provas e expiações, sementes da Verdade Augusta florescerão, radiantes, no alvorecer de uma nova consciência sobre a vida além da morte terrena. E este precioso livro é esteio divinal do auspicioso despertar de novos tempos e posturas morais e espirituais, avivando a plena consciência dos assuntos mais sagrados e decisivos na evolução terrestre e dos Planos Superiores.

E por que estudar uma obra deste gabarito é essencial para a vida dos Irmãos reencarnados? Vejamos.

Em busca de **Paz***, um cinturão de* **Espíritos de Luz** *do mais alto grau permanece vigilante ante os venenosos espíritos dos Umbrais, cujos fluidos pecaminosos estão próximos aos habitantes da Terra, derramando torrenciais larvas em forma de pensamentos. O embate em nosso Plano é intenso neste momento, e as armas de choque são disparadas em cima dessas almas cruéis, que desejam estimular a* **DIVISÃO***.* **Devemos orar ainda mais***, porquanto* **o mundo** *está nessa vibração incontrolável de perturbadores entes dessas* **regiões baixas***, regiões densas, regiões de desumanidade. Portanto, não se pode combater essas influenciações perversas ignorando a sua realidade flagrante.*

Nossas Equipes Espirituais trabalham incessantemente pelo Bem da humanidade, a partir do Brasil. Contudo, os povos estão recebendo consoante o que semearam por séculos e milênios. Não nos iludamos. **Nada melhorará** *nas relações humanas* **enquanto não houver o mestre**

sofrimento ensinando os seus adeptos. *Por isso, continuem na perseverança em **Jesus**, e as fontes de defesa **do Etéreo** permanecerão presentes em nossas vidas.*

*Época de grande desconforto chega ao **planeta**. Onde estará o Brasil,* "Coração do Mundo e Pátria do Evangelho", *no dizer de nosso **Humberto de Campos** (Espírito), Amigo e Irmão em Cristo?*

Esse Brasil, "Coração do Mundo e Pátria do Evangelho", *está sendo **erguido, devagar**, com a literatura **espiritual**. E o labor do Irmão Paiva Netto é imprescindível nesse operoso e árduo compromisso de fincar **raízes da Verdade Espiritual** à luz do Mandamento Novo do Cristo, sem abandonar a **CIÊNCIA**, mas envolvê-la nesse processo, do qual ela fará parte ao apresentar explicações por meio das pesquisas de natureza material.*

*O trabalho apostolar de meu querido Irmão Paiva Netto **progride na humanidade**. Temos a percepção claríssima disso, com avaliações constantes no Mundo Espiritual.*

Avante!!!

Com o coração cheio de substâncias fluídicas e de muita felicidade no Espírito, a minha palavra final é a da contínua ligação com o Mundo Espiritual elevado.

É uma honra desfrutar do acolhedor Lar do Irmão Paiva Netto, e muito feliz por estar aqui e usufruir dessa ambiência vibratória, digna de nosso Mestre Jesus. Nosso nobre Irmão e suas equipes nos recebem fraternalmente, num laço de amizade profícua, abençoada por Deus.

Que o Divino Crucificado continue a alimentar o seu Espírito luminoso e a ajudá-lo a suportar as agruras da carne!
Deixo **FLUIDOS DE AMOR E DE PAZ** ao seu bondoso coração.
Assina, com Amor em Cristo,

André Luiz
Rio, 27 de outubro de 2018.

QUESTÃO DE MORTE OU DE VIDA?

Partes de I a IV

Questão de morte ou de vida? – Parte I

UM TIRANO VENCIDO

Ora, Deus não é Deus de mortos, e sim de vivos, porque para Ele todos vivem.
Jesus (**Lucas**, 20:38)

Será essa questão **da** morte realmente uma questão **de** morte?...

Na verdade, para falar com correção, a morte é um assunto essencial de vida (ou da vida). O pastor adventista e renomado intérprete do Apocalipse **Uriah Smith** (1832-1903) definiu-a como

— ... *um tirano vencido.*

Concordo plenamente com Smith. Esse fato, contudo, não dá a ninguém o direito de suicidar-se, **porque a morte não interrompe a existência do Espírito**, pois, quando desperta no

Mundo das Realidades Eternas, o Ser descobre-se mais vivo do que nunca e com todas as suas preocupações a acompanhá-lo — e de maneira mais intensa. O grande equívoco da humanidade é viver como se após a morte nada houvesse. No entanto, é espantoso como há indivíduos, até os com maior acesso ao conhecimento, que muita vez desprezam, céticos, um tema do qual não poderão esquivar-se, alegando não ser científico, porém religioso.

Por isso, cabe aqui este comentário do renomado físico judeu-alemão **Albert Einstein** (1879-1955):

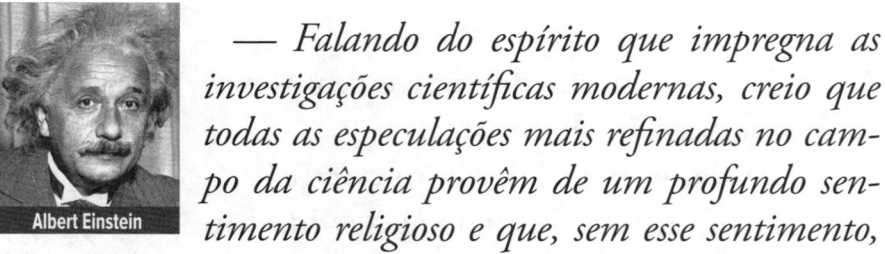

> — *Falando do espírito que impregna as investigações científicas modernas, creio que todas as especulações mais refinadas no campo da ciência provêm de um profundo sentimento religioso e que, sem esse sentimento, elas seriam infrutíferas. Creio também que esse tipo de religiosidade que hoje se faz sentir nas investigações científicas é a única atividade religiosa criativa de nossa época.*

Agora, uma curiosidade: na religião judaica, cemitério é *Beit Olam*, que significa "Casa da Eternidade". Outra terminologia em hebraico algumas vezes usada é *Beit Há'Chayim*, que quer dizer "Casa dos Vivos".

A POSIÇÃO DA AVESTRUZ

Pôr de lado a investigação da probabilidade de a vida prosseguir depois do desaparecimento do corpo físico por achar que, após ele, nada mais exista ou por não terem "comprovado" sua certeza até então, antes de tudo, me parece uma atitude anticientífica e lembra a famosa posição da avestruz[1], que, como no imaginário popular, ao se descobrir em perigo, esconde a cabeça no chão e deixa o restante do corpo para fora.

Anotemos, para meditação, este conceito expendido em *O Novo Catecismo — A Fé para adultos*, lançado pelo episcopado holandês em 1966:

> *— Até mesmo o marxista, apesar de ensinar que o espírito é produto de células corporais, ao acompanhar um "cadáver" para o cemitério, sente que deve haver algo mais e venera a morte. (...) Nenhum homem que acredite na Boa Nova[2] pode dizer: ninguém jamais voltou da morte.*

---

[1] **Nota de Paiva Netto**
Posição da avestruz — Justiça seja feita, embora muitos pensem que essa ave oculte a cabeça na areia ao primeiro sinal de perigo, pesquisadores do assunto afirmam que ela não se esconde, mas, sim, se protege de duas maneiras. Primeira: ao colocar o pescoço e a cabeça no chão, melhor percebe as vibrações do movimento de um possível predador. Segunda: ao permanecer nessa posição, fica parecida com um arbusto, enganando assim, camuflada, prováveis perseguidores.
[2] **Boa Nova** — Assim também é conhecido o Evangelho, do grego *Euangélion* e do latim *Evangelium*.

Ainda hoje, entre alguns pensadores, a preferência é por aquilo que conhecem ou pensam avaliar bem. Muito cômodo...

Para esses, um dos *hobbies* mais comuns, talvez por confortável, seria a negação pura e simples do que não ousam decifrar... Entretanto, tal comportamento não causa espécie à morte, que pachorrentamente ri de tudo isso e continua levando para o Outro Lado desde o cidadão desprovido de pecúnia ao mais poderoso monarca. Não devemos, portanto, fugir da pesquisa imparcial sobre ela, pois, se existe uma impossibilidade neste mundo, é a de alguém conseguir desviá-la do próprio caminho.

Disse o **Buda** (aprox. 563-483 a.C.):

— *Erguei-vos, pois! Não sejais indolentes! Agi de acordo com a Lei. Aquele que observa a Lei vive feliz neste mundo e em todos os outros* (*Dhammapada 168*).

E, agora, esta provocação do velho Einstein, o enunciador da Teoria da Relatividade, que volta a este texto para nos socorrer com sua indesmentível sabedoria:

— *A mente só pode avançar até o limite do que conhece e pode provar. Então, chega a um ponto no qual a mente dá um salto — chame de intuição ou do que quiser —, e ela surge numa dimensão supe-*

rior de conhecimento, mas nunca pode provar como chegou lá. Todas as grandes descobertas realizaram esse salto.

Saibamos também encarar o momento derradeiro com o humor sábio de **Stephen Butler Leacock** (1869-1944), escritor e economista canadense:

— Odeio os corretores de seguro de vida. Estão sempre argumentando que um dia morrerei — o que não é verdade.

Realmente, porque, como tantas vezes já dissemos na Religião de Deus, do Cristo e do Espírito Santo, **os mortos não morrem**! É claro que essa consciência não nos impede de deixar amparo justo aos nossos descendentes que permanecerem na Terra após retornarmos à Grande Pátria da Verdade.

ESTUDAR O ALÉM

Não devemos fugir da pesquisa imparcial sobre a morte, pois, se existe uma impossibilidade neste mundo, é a de alguém conseguir desviá-la do próprio caminho.

Questão de morte ou de vida? – Parte II

ANTIGA COMPANHEIRA

A morte é a mais antiga companheira dos seres terrestres. Talvez por isso há quem deixe de perceber a sua extrema importância, conforme ocorre com as peças da casa, que seu morador contempla a todo instante. Existe, porém, um fato que diferencia em tudo e por tudo o acontecimento inarredável: ele nos atinge de frente! E esta advertência do **Profeta Muhammad** (aprox. 570-632) — *"Que a Paz e as Bênçãos de Deus estejam sobre ele!*[3]*"* — no Corão Sagrado, 4ª Surata — An Nissá (As Mulheres) — verso 78, nos diz muito sobre isso:

— Onde quer que vos encontrardes, a morte vos alcançará, ainda que vos guardeis em fortalezas inexpugnáveis.

---

[3] *"Que a Paz e as Bênçãos de Deus estejam sobre ele!"* — Saudação islâmica ao Profeta Muhammad.

Mais dia, menos dia, somos convocados àquelas perguntas filosóficas que todos se fazem, mesmo que inconscientemente, ou não as revelam a ninguém, a não ser ao próprio travesseiro...

Quem sou eu?
De onde vim?
Por que me alegro?
Por que sofro?
Por que um dia morrerei?
E, por consequência, para onde irei?
E ainda: voltarei a este mundo material?

Quem consegue escapulir dessas instigantes indagações?

O Livro dos Salmos, 39:4 a 6, convida-nos a esta meditação:

⁴ Faze-me conhecer, Senhor, o meu fim e a medida dos meus dias, para que eu saiba quão frágil sou.
⁵ Deste aos meus dias o comprimento de alguns palmos; a duração de minha vida é nada diante de Ti. De fato, o homem não passa de um sopro.
⁶ Sim, **cada um vai e volta como a sombra**. *Em vão se agita, amontoando riqueza sem saber quem ficará com ela.*

TRANSFORMAÇÃO PELA CONSCIÊNCIA ESPIRITUAL

Nas *Sagradas Diretrizes Espirituais da Religião de Deus, do Cristo e do Espírito Santo*, volume 3 (1991), relacionei as seguintes ponderações:

Ninguém é mais feliz do que a pessoa consciente de sua origem, que é espiritual, e da necessidade de integração no Amor, "*o clima do Universo*", no conceito do padre **João de Brito** (1647-1693). Esse júbilo acaba por se derramar sobre a Política, a Economia, a Filosofia, a Ciência, a Arte, o Esporte e a própria Religião, gerando um novo entendimento de todas as coisas, diante do qual o ser humano, *sponte sua*, não mais ferirá, odiará, matará, roubará, trapaceará, difamará, porque terá compreendido, acima de tudo, que dentro de si reside a Eternidade de Deus, que é justamente Amor (Primeira Epístola de João, 4:8). Utopia?! **Mas qual o progresso, hoje, que, ontem, não foi a mais completa utopia?!** Se é difícil, comecemos já, com base no Amor, o mais perfeito antídoto contra o ódio.

Não adianta, pois, escapar do assunto morte, **que não exprime qualquer morbidez. Mórbido é fugir à realidade.** E Tânatos[4] é uma certeza que devemos enfrentar,

---

[4] **Tânatos (ou Thánatos)** — Na mitologia grega, o deus Tânatos era a própria personificação da **morte**, enquanto **Hades** é o deus do mundo inferior, soberano dos mortos.

visto que todos sofremos as suas consequências, boas ou más, conforme o que houvermos semeado:

— *A cada um de acordo com as próprias obras.*
Jesus (Mateus, 16:27; e Apocalipse, 22:12)[5]

* * *

JUNG E A QUESTÃO DO PÓS-VIDA

Vamos, agora, dar a palavra a **James R. Lewis**, autor de *Enciclopédia da Vida após a Morte — Crenças, rituais, lendas e fenômenos extraordinários,* quando comenta o ponto de vista de **Carl Gustav Jung** (1875-1961), reconhecido psicólogo e psiquiatra suíço, o homem do "inconsciente coletivo", sobre o fenômeno chamado morte, **tomado erroneamente como sinônimo de aniquilação total**:

Embora Jung tenha sempre se recusado a afirmar abertamente que havia vida após a morte, geralmente insinuava que esse era o caso. **Acreditava na sobrevivência espiritual além da morte física**, *e essa convicção foi reforçada pela sua crença de que a psique, como evidenciam os sonhos, comporta-se como se continuasse a existir. De*

---

[5] Também encontramos semelhante referência a essa passagem bíblica no Livro de **Jó**, 34:11: *"Pois Deus retribui ao homem segundo as suas obras".*

acordo com Jung, os sonhos de morte estão ligados a um grupo primordial de arquétipos, e, através de sua análise, é possível concluir que haverá uma existência humana após a morte, caracterizada pelo nível de consciência obtido pelo indivíduo enquanto vivo. Assim, a vida terrena é altamente significativa, e o que o ser humano leva após a morte é muito importante, pois o ajuda a obter o limite superior de conhecimento e consciência na pós-vida.

Jung sustentou que a suposição de que **existe uma pós-vida** *significa muito para a maioria das pessoas e permite que elas vivam mais sensata e tranquilamente. Mesmo que não haja meios de provar a continuidade da alma após a morte, algumas experiências podem nos inclinar para esse ponto de vista, tais como os mitos, sugestões e alusões figurativas enviados pelo inconsciente através dos sonhos. De acordo com Jung, a morte geralmente surge como uma catástrofe, que é brutal não como um evento físico apenas, mas psíquico também. Mas, se a pessoa acredita na eternidade, a morte pode ser considerada como um evento feliz,* **um casamento em que a alma reúne sua metade desaparecida com o todo***.*

(Os destaques são meus.)

ORAÇÃO VERSUS MEDO

Com propriedade, escreveu **Allan Kardec** (1804-1869), o Codificador do Espiritismo, em *O Céu e o Inferno*:

— *Para libertar-se do temor da morte, é mister poder encará-la sob o seu verdadeiro ponto de vista, isto é, ter penetrado pelo pensamento no mundo espiritual, fazendo dele uma ideia tão exata quanto possível, o que denota da parte do Espírito encarnado um tal ou qual desenvolvimento e aptidão para desprender-se da matéria.*

É inteligente, pois, não temê-la. Ademais, **o exercício da oração afasta de nós o medo**, abre-nos a consciência para a eternidade da vida. O próprio ato de rezar significa se dirigir a um Ser Superior que paira acima do que denominamos morte.

ETERNIDADE E BOAS OBRAS

Não adianta escapar do assunto morte, que não exprime qualquer morbidez. Mórbido é fugir à realidade. E Tânatos é uma certeza que devemos enfrentar, visto que todos sofremos as suas consequências, boas ou más, conforme o que houvermos semeado.

Questão de morte ou de vida? – Parte III

NINGUÉM PODE FICAR ALHEIO À MORTE

Muitas figuras exponenciais da humanidade, algumas conhecidas como descrentes ou agnósticas, tiveram a morte e a Vida Eterna como temas de suas reflexões:

> — Na casa de meu Pai há muitas moradas. Se assim não fosse, Eu vos teria dito. Vou preparar-vos lugar. E, quando Eu for e vos preparar lugar, virei outra vez e vos levarei para mim mesmo, para que onde Eu estiver estejais vós também.
> **Jesus** (João, 14:2 e 3)
> O Cristo, o Ungido de Deus

> — A morte natural, a morte que é o resultado do desenvolvimento completo da vida, essa morte não tem nada de assustador.
> **Ludwig Feuerbach** (1804-1872)
> Filósofo alemão

— *Nós nos submetemos às leis dessa natureza de que somos manifestações. Perecemos, desaparecemos; mas céu e terra permanecem, e a marcha do tempo continua para sempre.*
Ernest Renan (1823-1892)
Escritor francês

— *Os mortos têm um modo de se fazer mais presentes do que quando eram vivos.*
Pearl S. Buck (1892-1973)
Escritora norte-americana, especialista em romances sobre a China. Ganhadora do Prêmio *Pulitzer* de Ficção (1932), foi a primeira mulher da América a receber o Prêmio Nobel de Literatura (1938).

— *A morte não é o apagamento da luz; é o ato de dispensar a lâmpada porque o dia já raiou.*
Rabindranath Tagore (1861-1941)
Escritor e poeta hindu, primeiro não europeu a conquistar o Prêmio Nobel de Literatura (1913)

— *E o pó volte à terra, como o era, e o Espírito volte a Deus, que o deu.*
Salomão (Eclesiastes, 12:7)

— *E morrendo é que nascemos para a Vida Eterna.*
São Francisco de Assis (1181 ou 1182-1226), na sua elevadíssima prece. (*Il Poverello*, O Pobrezinho, é o patrono da Legião da Boa Vontade, LBV)

— *Os que não acreditam em outra vida estão mortos mesmo nesta.*
Goethe (1749-1832)
Filósofo, poeta e escritor alemão

— *A nossa vida é uma antessala do palácio onde o nosso verdadeiro tesouro se encontra — a imortalidade.*
Helena Blavatsky (1831-1891)
Escritora, ocultista russa e cofundadora da Sociedade Teosófica

— *A morte é a curva da estrada. Morrer é só não ser visto.*
Fernando Pessoa (1888-1935)
Poeta, filósofo e dramaturgo português

— *Morrer é recomeçar. Porque duramos das infindáveis mortes que recomeçamos.*
Lúcio Cardoso (1912-1968)
Escritor, jornalista, poeta e pintor brasileiro

— *Se a alma não fosse imortal, a vida seria uma pequena escolha e a morte nada seria.*
Sarah Newton Destutt de Tracy (1789-1850)
Escritora e pintora britânica

— *Ó morte, como é universal o teu domínio.*
Frei Luís de Granada (1504-1588)
Teólogo, escritor e pregador espanhol

— *Esquecer-se dos mortos é esquecer-se de si próprio.*
Alphonse Marie Louis de Prat de Lamartine
(1790-1869)
Poeta, historiador e estadista
francês

— *Morrer é mudar de corpo como os atores mudam de roupa.*
Plotino (205-270)
Filósofo egípcio neoplatônico

— *Um dos momentos mais apropriados para renovar a memória da religião é o de infortúnio. A morte de uma pessoa querida, ou outra desgraça das que deixam no coração um sulco profundo, dispõe o espírito a graves pensamentos e imprime aos sentimentos uma direção religiosa. A alegria é frívola, e é muito difícil argumentar com quem a tudo contesta com um sorriso nos lábios; mas, quando o homem chora, a esperança de outra vida é para ele um grande conforto (...).*
Jaime Balmes (1810-1848)
Filósofo, teólogo e sociólogo espanhol

— *Aquele que sabe que este corpo é efêmero como a espuma das ondas e ilusório como uma miragem quebrará as flechas floridas do senhor do mal e, desa-*

percebido do Rei da Morte, prosseguirá no Caminho (Dhammapada 46).

Siddharta Gautama, o Buda (aprox. 563-483 a.C.)

JAMAIS ABREVIAR A VIDA

Após tão apreciáveis reflexões, é forçoso inferir que o grande segredo da vida é, amando a vida, saber preparar-se para a morte, ou Vida Eterna. Ressalte-se: o falecimento deve ocorrer somente na hora certa, determinada por Deus, conforme registrei em uma letra de música[6], que reproduzo na sequência.

Mas reitero: **amando a vida...**, isto é, sem desejar, de forma alguma, abreviá-la — porquanto, suicidar-se é tremendo engano e acarreta graves sofrimentos ao Espírito —, **pois a existência humana deve ser reverenciada pelos imensos benefícios com que enriquece a nossa Alma**. Afinal, se aqui tratamos do que se convencionou chamar morte, **é para destacar a vida**, um seu outro nome. Como preconizava o saudoso Alziro Zarur:

---

[6] **"O grande segredo da vida"** — É um pensamento do autor publicado em sua coluna na *Folha de S.Paulo* de 27 de março de 1988 e faz parte da letra que ele, Paiva Netto, fez para a música com o mesmo título, cuja melodia é do maestro legionário **Vanderlei Pereira** e a interpretação é de **Angela Araújo**, acompanhada pelo Coral Ecumênico Boa Vontade.

— *Não há morte em nenhum ponto do Universo. Tudo é vida, porque Deus é vida.*

E mais:

— *O suicídio não resolve as angústias de ninguém.*

O grande segredo da vida

Letra de Paiva Netto

*Eis que o grande segredo da vida
É, amando a vida, saber preparar-se
Para a morte, ou Vida Eterna,
Na hora certa determinada por Deus,
Porque o suicídio
Golpeia a Alma de quem o pratica,
"Não resolve as angústias de ninguém".
Entremos, pois, apenas no correto tempo,
No tempo certo,
Na Vida Eterna!
Eterna!
Vida Eterna!*

Baixe o leitor *QR Code*, fotografe o código e assista ao clipe da música.

A despeito de qualquer impressão contrária, estamos vivendo um tempo de grande renascimento da natureza humana, sob forte sopro da Espiritualidade Superior, **porquanto o governo da Terra começa no Céu**.

Por isso, havendo essencialmente vida no Outro Lado — os mortos não morrem —, a "escuridão" e o vazio são ilusões. **Eis uma noção da Política de Deus**[7]**— Política para o Espírito Eterno do ser humano —, porquanto esse conhecimento modificará as relações entre Espíritos, seres humanos, povos e nações da Terra.**

TANATOLOGIA E PERENIDADE DA EXISTÊNCIA

A simples apresentação dos notáveis anteriormente relacionados, dando suas contribuições para ampliar a perspectiva sobre o impreterível fenômeno da "morte", demonstra que o tema não é tão "desimportante"[8] ou "fatídico" quanto alguns querem fazer crer, pelos mais variados motivos, entre eles, a des-

---

[7] **Política de Deus** — Leia "A abrangente missão do Templo da Boa Vontade", no segundo volume das *Sagradas Diretrizes Espirituais da Religião de Deus, do Cristo e do Espírito Santo* (1990) e no terceiro volume de *O Brasil e o Apocalipse* (1996) — obras do escritor Paiva Netto.

[8] **Nota de Paiva Netto**
Morte: assunto "desimportante" — Por que alguns pensam assim a respeito de fator tão decisivo na existência humana? Basta lembrar que dizem: *"Ah! Um dia vou morrer mesmo! Então, deixa a 'morte' para lá"*. Trata-se de uma forma de raciocínio que beira o estouvamento.

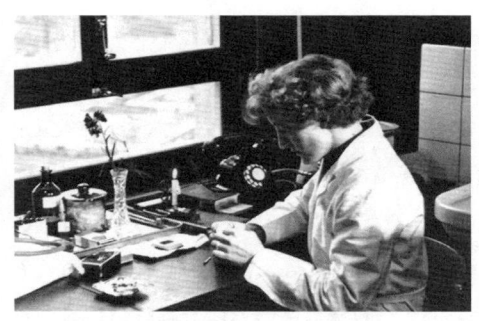

Dra. Elisabeth Kübler-Ross trabalhando num laboratório médico na Suíça, em meados da década de 1950 (EKRF).

crença sistemática na perenidade da vida ou o temor do "desconhecido". Por vezes, essas "razões" escondem a realidade com ironias sobre assunto deveras decisivo para o ser. E, "desconhecido" igualmente entre aspas, porque, na verdade, **não o é**.

Já vigora entre nós o estudo da tanatologia, apoiado por nomes respeitáveis, mesmo que considerados polêmicos por alguns adversários — e talvez por isso tão combatidos —, como o da dra. **Elisabeth Kübler-Ross**[9] (1926-2004), o do dr. **Raymond Moody**[10] e o do dr. **Ian Stevenson**[11] (1918-2007). Tanatologia é um vocábulo oriundo do grego (*thánatos* = morte; *logia* = estu-

---

[9] **Dra. Elisabeth Kübler-Ross** (1926-2004) — Médica psiquiatra nascida em Zurique, na Suíça, e radicada nos Estados Unidos. Dedicou a maior parte de sua vida ao trabalho com pacientes terminais e à família deles.

[10] **Dr. Raymond Moody** — Médico psiquiatra norte-americano e professor de Psicologia na West Georgia College. É autor de *A Vida depois da Vida*.

[11] **Dr. Ian Stevenson** (1918-2007) — Este psiquiatra canadense, nascido em Montreal, no Estado de Quebec, é reconhecido mundialmente pelos estudos relativos à **reencarnação**. Catedrático em Neurologia e Psiquiatria na Universidade da Virgínia, nos Estados Unidos, escreveu dezenas de livros, nos quais reuniu sua vasta pesquisa de toda uma vida. Ele catalogou mais de três mil casos de histórias fantásticas de crianças que relembram vidas anteriores. A continuação dessa importante pesquisa está hoje sob a responsabilidade do psiquiatra **Jim Tucker**, também da Universidade da Virgínia.

do). Significa estudo da morte. A pioneira nesse campo foi a dra. Kübler-Ross. No convívio com pacientes terminais, ela investigou o fenômeno do desencarne. Por conseguinte, a médica travou contato com experiências que classificou de "místicas", tanto que exaltou a morte não como algo destinado a ser motivo de angústias decorrentes do medo da partida, mas como degrau para novo estágio na evolução do indivíduo. E é sobre isso que tenho tratado nesta obra. É um passo avançadíssimo para a nossa real integração naquilo que Jesus, o Divino Mestre, inspirou ao Apóstolo Paulo, em sua Primeira Epístola aos Coríntios, 3:16 e 17:

¹⁶ Não sabeis vós que sois o Templo do Deus Vivo e que o Espírito do Deus Vivo habita em vós?
¹⁷ Se alguém destruir o Templo do Deus Vivo, Deus o destruirá; porque o Templo do Deus Vivo, que sois vós, é santo.

Justificado está o sacerdotal respeito à vida, que de Deus recebemos. Sendo uma dádiva sagrada, não queiramos nós incorrer em agravos às Leis Cósmicas que regem todo e qualquer modo de existir, sofrendo desta feita as consequências do desatino.

Para tanto, é fundamental conscientizar as Almas acerca do bem-aventurado saber espiritual, afastando improcedente assombro no que tange o pós-vida. Admoesta o eminente político e médico espírita brasileiro dr. **Bezerra de Menezes** (Espírito), pela psicografia do sensitivo Cristão do Novo Mandamento Chico Periotto:

— Não são os Espíritos que assustam os homens. São os homens que atemorizam os Céus com suas belicosas armas, impostas por domínios cruéis e insensatez constante.

NOVAS RELAÇÕES CÉU-TERRA

Havendo essencialmente vida no Outro Lado — os mortos não morrem —, a "escuridão" e o vazio são ilusões. Eis uma noção da Política de Deus — Política para o Espírito Eterno do ser humano —, porquanto esse conhecimento modificará as relações entre Espíritos, seres humanos, povos e nações da Terra.

Questão de morte ou de vida? – Parte IV (final)

FORD, EDISON E A VIDA APÓS A MORTE

No decorrer deste nosso estudo, e em particular no capítulo **"O Mundo Espiritual no testemunho de vultos da História"**, trarei a vocês curiosíssimas passagens do cotidiano de personalidades que revolucionaram as mais diferentes áreas do conhecimento. Algumas delas fui buscar na formidável obra *Escritores e Fantasmas*, do renomado autor, pesquisador, jornalista, radialista, publicitário e médium brasileiro **Jorge Rizzini** (1924-2008). Entre tantos casos, é de se notar o interesse que cientistas e inventores, sempre às voltas com seus experimentos, possuíam sobre o tema mundo dos "mortos".

Em sua compilação, Rizzini reproduz o testemunho do empreendedor estadunidense **Henry Ford** (1863-1947) acerca de **Thomas Alva Edison** (1847-1931), publicado em jornais à época da morte do inventor da lâmpada incandescente. Aliás, com seu tino empresarial, Edison, assim como Ford, é considerado um dos

Henry Ford e Thomas Edison

precursores da revolução tecnológica do século 20, tamanha a contribuição que trouxe à indústria ao desenvolver e patrocinar pesquisas para a criação dos mais diversos dispositivos, a exemplo do fonógrafo, do cinetoscópio, do ditafone, da embalagem a vácuo etc., que alavancaram a produção das empresas. Registrou Ford:

— ***Edison acreditava na vida futura.** Ele foi, sem dúvida, num grande período de sua vida, materialista, preocupado com realizações imediatas e o problema do além-túmulo não ocupava sua atenção. Nos seus últimos anos porém **ele orientou** algumas de **suas pesquisas** no sentido de **facilitar**, por meio de aparelhos científicos, **as comunicações entre os vivos e os mortos.***

(Os destaques são meus.)

Esse testemunho de Henry Ford aumenta em importância por se tratar da palavra, acima de tudo, de um amigo muito próximo de Thomas Edison e da família dele, refutando a incredulidade de alguns sobre essa fase de sua vida.

A MORTE NÃO DEVE SER TABU

Ora, a manifestação espiritual em nossa existência revela-se diariamente aos olhos mais atentos. **Para esses, não há temas tabus. Não se intimidam com as pressões do *status quo*, a exemplo dos nomes que venho citando e que ainda apresentarei neste livro. Por isso, vivem dispostos a avançar sobre território proibido pelo *establishment*[12]. Entre eles se encontra parte vanguardeira da Ciência, campo luminoso do saber humano, que nada teme.**

Todavia, àqueles receosos por seu futuro além das conhecidas barreiras somáticas, a serem vencidas — ainda despercebidos de que neste ciclo natural de "ir e vir" entre Terra e Céu ou, se preferirem, entre dimensões distintas, está o regozijo do aprendizado e da evolução ao longo da Eternidade —, destaco estes ilustrativos

---

[12] ***Establishment*** — O termo inglês refere-se à ordem ideológica, econômica, política e legal que constitui uma sociedade ou um Estado. Geralmente está associado a um grupo ou à elite dominante que exerce poder e influência em uma nação, organização ou campo de atividade. É visto como resistente a mudanças.

versos da inesquecível **Cecília Meireles** (1901-1964), em *Cânticos* (obra póstuma):

CÂNTICO VI
Tu tens um medo: Acabar.
Não vês que acabas todo dia.
Que morres no amor.
Na tristeza.
Na dúvida.
No desejo.
Que te renovas todo dia.
No amor.
Na tristeza.
Na dúvida.
No desejo.
Que és sempre outro.
Que és sempre o mesmo.
Que morrerás por idades imensas.
Até não teres medo de morrer.
E então serás eterno.

VIDA APÓS O PARTO?

Muito a propósito esta bem-humorada peça de propaganda, reproduzida pelo professor **Pasquale Cipro Neto** em sua *Gramática da Língua Portuguesa*, escrita em parceria com o professor **Ulisses Infante**:

QUESTÃO DE MORTE OU DE VIDA? – PARTE IV (FINAL)

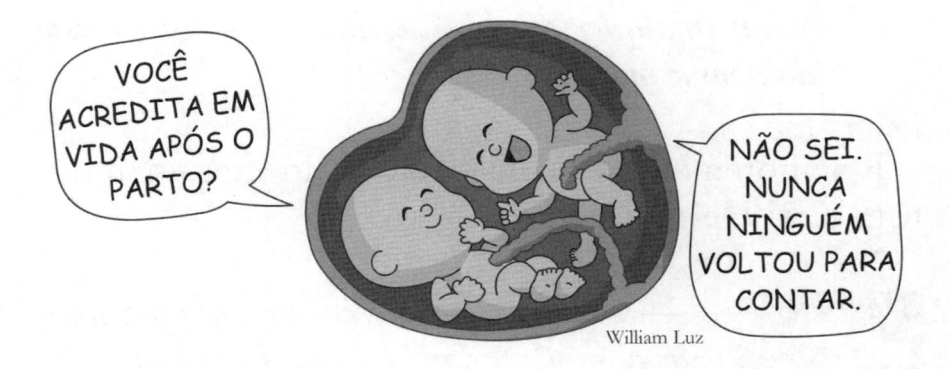

Dois bebês conversando:
— Você acredita em vida após o parto?
— Não sei. Nunca ninguém voltou para contar.

Na liturgia católica da Ressurreição, encontramos esta belíssima passagem do Apóstolo Paulo, citada pelo padre **Godinho** (1920-1992), parlamentar e homem de televisão:

— Morte, onde está a tua vitória? Onde, o teu aguilhão? (Primeira Epístola aos Coríntios, 15:55).

No meu livro *Reflexões da Alma* (2003), incluí esta manifestação do pastor evangélico **Billy Graham** (1918-2018):

— A morte não é o fim, mas o começo de uma nova dimensão de vida — a vida eterna. (...) Pela Sua ressurreição dentre os mortos, Jesus demonstrou

— sem qualquer sombra de dúvida — que existe vida após a morte.

Relembremos esta consideração do ateu-materialista **Karl Heinrich Marx**:

— Toda vez que o trem da vida faz uma curva, os pensadores caem pela janela.

Ora, o debate sobre o tema **"Discutindo a Morte e a Vida após Ela"**, parte integrante do Fórum Mundial Espírito e Ciência, da LBV, humildemente **surgiu para que ninguém seja lançado fora do comboio do conhecimento livre de fanatismos e de preconceitos**. Se não nos confraternizarmos na discussão de assuntos vitais para o desenvolvimento das gentes, aí, sim, estaremos verdadeiramente mortos, por termos nos tornado inúteis ao progresso espiritual, moral e, em consequência, material das criaturas e das nações.

OPINAR CIVILIZADAMENTE

Por ser aqui o Parlamento Mundial da Fraternidade Ecumênica da Legião da Boa Vontade, o ParlaMundi da LBV, palco do diálogo solidário, *ipso facto*, todos têm, nas atividades dele, **o dever**, mais que o direito, de expressar suas opiniões, **mesmo que com o calor** natural à defesa das teses, todavia sem espírito de cizânia, portanto civilizadamente — de preferência...

Pobre da sociedade sem a discussão das ideias. Detestam-na apenas os que querem o domínio criminoso da mente humana. A História conta-nos o horror que tem sido a sua passagem pela Terra. E o ser humano que não aprende com o passado não tem futuro.

Meus agradecimentos a todos — autoridades, palestrantes, povo e mídia — pelo honroso prestígio de sua presença.

* * *

Dessa forma, encerrei a mensagem que dirigi aos participantes da segunda sessão plenária do Fórum Mundial Espírito e Ciência, promovido pelo Parlamento Mundial da Fraternidade Ecumênica, o ParlaMundi da LBV, em outubro de 2004, e do seu congresso preparatório, realizado em outubro do ano anterior (2003), que abordou justamente este tema: "Discutindo a Morte e a Vida após Ela".

NOVO *STATUS QUO*: O ESPÍRITO

A manifestação espiritual em nossa existência revela-se diariamente aos olhos mais atentos. Para esses, não há temas tabus. Não se intimidam com as pressões do *status quo*. Por isso, vivem dispostos a avançar sobre território proibido pelo *establishment*. Entre eles se encontra parte vanguardeira da Ciência, campo luminoso do saber humano, que nada teme.

FINADOS E VIDA ETERNA

Partes de I a VI

José de Paiva Netto; o pai dele, seu Bruno Simões de Paiva; a mãe, dona Idalina Cecília de Paiva; e sua irmã, Lícia Margarida de Paiva.

Finados e Vida Eterna – Parte I

DIA DOS VIVOS

Dois de novembro é conhecido como dia dos mortos. Entretanto, na Religião de Deus, do Cristo e do Espírito Santo, o proclamamos como o Dia dos Vivos, porque os mortos não morrem!

Quando meus queridos e amados pais, **Idalina Cecília de Paiva** (1913-1994) e **Bruno Simões de Paiva** (1911-2000), e minha adorada irmã, **Lícia Margarida de Paiva** (1942-2010), faleceram, muito padeceu o meu coração. Contudo, prontamente comecei a entoar comovido colóquio com o Criador, amenizando a saudade e lhes transmitindo mensagens de paz e de gratidão. Logo senti que continuam vivos, porque os mortos não morrem! Costumo afirmar: **quando se ora, a Alma respira, fertilizando a existência espiritual e humana. Fazer prece é essencial para desanuviar o horizonte do coração.** Alziro Zarur, proclamador da Religião do Terceiro Milênio, ensinava que *"Deus não nos criou para nos matar"* e que *"Não há morte em nenhum ponto do Universo"*, reiteramos. Minha solidariedade, pois, aos que sofrem a aparente ausência de seus entes queridos. Mas estejam certos de que realmente os mortos não morrem! Um dia, todos haveremos de nos reencontrar.

*A morte não existe
E a dor é uma ilusão do nosso sentimento.*

Alentadoras palavras deixadas a nós pelo poeta português **Teixeira de Pascoaes** (1877-1952), coincidentemente nascido num "Dia de Finados". Que Deus o tenha em bom lugar!

A ocasião faz-me recordar o pronunciamento do papa **João Paulo II** (1920-2005), em 2 de novembro de 1983, ao se dirigir aos fiéis reunidos no Vaticano. Nele, Sua Santidade enfatiza que o diálogo com os mortos não deve ser interrompido:

*— Somos convidados a **retomar com os mortos**, no íntimo do coração, **aquele diálogo que a morte não deve interromper**. (...) Com base na palavra reveladora de Cristo, o Redentor, estamos certos da imortalidade da alma. **Na realidade, a vida não se encerra no horizonte deste mundo** (...).*

(Os destaques são meus.)

Não poderia abdicar do ensejo de reproduzir magníficos versos de Zarur, constantes de sua magistral obra *Poemas da Era Atômica* (1949), acerca da realidade primeva, que é a vida no Mundo Espiritual:

POEMA DO IMORTALISTA

Dois de novembro é um dia, na verdade,
Rico em lições para quem sabe ver:
A maior ilusão é a realidade,
Já ensinava o excelente Paul Gibier.

Os vivos (pseudovivos) levam flores
E lágrimas aos mortos (pseudomortos);
E os mortos se comovem ante as dores
Dos vivos a trilhar caminhos tortos.

Legítimos defuntos, na ignorância
Desses espirituais, magnos assuntos,
Parece que inda estão em plena infância,
E vão homenagear falsos defuntos.

Não é preciso ser muito sagaz
Para sentir que a vida tem seus portos:
Um dia, o Cristo disse a um bom rapaz
"Que os mortos enterrassem os seus mortos".

Amigos, por favor, não suponhais
Que a morte seja o fim de nossa vida;

*A vida continua, não jungida
Aos círculos das rotas celestiais.*

*Os mortos não estão aí, cativos
Nos túmulos que tendes ante vós:
Os finados, agora, são os vivos;
Finados, mais ou menos, somos nós.*

Daí a importância de refletirmos acerca desse fato inexorável: existir é uma jornada infinita, ora aqui, na Terra, ora acolá, no Espaço. **É compreensível que sintamos saudade dos que partiram, mas não nos devemos exceder em lágrimas**, porque a nossa aceitável dor **pode perturbar-lhes, no Plano Espiritual**, a adaptação à nova conjuntura.

O Profeta Muhammad — *"Que a Paz e as Bênçãos de Deus estejam sobre ele!"* —, no Corão Sagrado, 3ª Surata — Ál 'Imram (A família de Imram) — verso 148, nos traz este ensinamento relativo às recompensas aos bons no Mundo Espiritual:

— Deus lhes concedeu a recompensa terrena e a bem-aventurança na outra vida, porque Deus aprecia os benfeitores!

Doutora em Língua Hebraica, Literaturas e Cultura Judaica pela Universidade de São Paulo (USP), a professora **Jane Bichmacher de Glasman** revela que,

— no pensamento judaico, vida e morte formam um todo, sendo aspectos diferentes da mesma realidade, complementares uma da outra.

Temos ainda a consideração de Allan Kardec, o sábio de Lyon, o Codificador do Espiritismo, em seu livro *A Gênese*, sobre o relacionamento que assevero ser compulsório entre este mundo e o seu correspondente invisível e com outros orbes:

— Pelas relações que hoje pode estabelecer com aqueles que deixaram a Terra, possui o homem não só a prova material da existência e da individualidade da Alma, como também compreende a solidariedade que liga os vivos aos mortos deste mundo e os deste mundo aos dos outros planetas.

Rui Barbosa (1849-1923), jornalista, escritor, parlamentar, ministro da Fazenda, diplomata e notável jurista brasileiro, captou esse divino propósito:

— A morte não extingue: transforma; não aniquila: renova; não divorcia: aproxima.

De fato, todos nós, "mortos" e vivos, formamos uma única família.

Adendo

DEUS NÃO PROIBIU A COMUNICAÇÃO COM OS ESPÍRITOS DO BEM

A respeito do diálogo entre "mortos" e vivos, que teria recebido veto por parte de **Moisés**, recorro a uma página de Zarur publicada no *Jornal da Boa Vontade*, de julho de 1969, do qual eu era o redator-responsável:

Moisés

Pergunta — *Por que a Religião Divina admite a comunicação entre vivos e mortos, se isso é proibido por Deus?*

Responde Zarur — *Isso nunca foi proibido por Deus, mas por Moisés, que não tinha outro recurso senão atribuir a Deus semelhante proibição. Allan Kardec, no seu livro* O Céu e o Inferno, *explica:*

"É útil para melhor inteligência do verdadeiro sentido das palavras de Moisés reproduzir o texto (...): 'Não vos desvieis do vosso Deus para procurar mágicos; não consulteis os adivinhos, e receai vos contaminardes dirigindo-vos a eles. Eu sou o Senhor vosso Deus' (Levítico, 19:31). (...) 'Quando houverdes entrado na terra que o Senhor vosso Deus vos dará, guardai-vos; tomai cuidado em

não imitar as abominações de tais povos; entre vós ninguém haja que pretenda purificar filho ou filha passando-os pelo fogo; que use de malefícios, sortilégios e encantamentos; que consulte os que têm Espírito de Píton e se propõem adivinhar, interrogando os mortos para saber a verdade. O Senhor abomina todas essas coisas e exterminará todos esses povos à vossa entrada, por causa dos crimes que têm cometido' (Deuteronômio, 18:9, 10, 11 e 12).

"*Se a lei de Moisés deve ser tão rigorosamente observada neste ponto, forçoso é que o seja igualmente em todos os outros. Por que seria ela boa no tocante às evocações e má em outra de suas partes? É preciso ser consequente. Desde que se reconhece que a lei mosaica não está mais de acordo com a nossa época e costumes em dados casos, a mesma razão procede para a proibição de que tratamos.*

"*Além disso, é preciso expender os motivos que justificavam essa proibição e que se anularam completamente. O legislador hebreu queria que o seu povo abandonasse todos os costumes adquiridos no Egito, onde as evocações estavam em uso e facilitavam abusos. (...)*

"*Os israelitas não deviam contratar alianças com as nações estrangeiras, e sabido era que naquelas nações que iam combater encontrariam as mesmas práticas. Moisés devia, pois, por política, inspirar aos hebreus aversão a todos os costumes que pudessem ter semelhanças e pontos de contato com o inimigo.* **Para justificar tal aversão, era preciso que Moisés apresentasse tais práticas como reprovadas pelo próprio Deus.** *(...)*

"*A proibição de Moisés era justa, porque a evocação dos mortos não se originava nos sentimentos de respeito, afeição ou piedade para com eles, sendo antes um recurso para adivinhações, tal como nos augúrios e presságios explorados pelo charlatanismo e pela superstição. Essas práticas, ao que parece, também eram objeto de negócio, e Moisés, por mais que fizesse, não conseguiu desentranhá-las dos costumes judaicos*".

Sobre o mesmo assunto, escreveu **Léon Denis** *(1846-1927):*

"*As proibições de Moisés e dos profetas tinham apenas um fim: preservar os hebreus da idolatria dos povos vizinhos. É possível também que visassem senão o abuso, ou mau uso das evocações, porque, apesar dessas proibições, são abundantes no Velho Testamento os fenômenos espirituais. O papel dos videntes, dos oráculos, das pitonisas, dos inspirados de toda ordem é ali considerável. Lá não* vemos **Daniel**, *por exemplo, provocar, por meio da prece, fatos mediúnicos? (Daniel, 9:21). (...)*

"Como poderiam as proibições de Moisés servir de argumento aos crentes dos nossos dias, quando, nos três primeiros séculos da nossa era, os cristãos não viam nisso o menor obstáculo às suas relações com o mundo invisível?

"Dizia São João [o Evangelista]: 'Não acrediteis em qualquer Espírito, mas provai se os Espíritos são de Deus' (1 João, 4:1). Não há aí nenhuma proibição: ao contrário.

"Os hebreus, cuja crença geral era que a Alma do homem, depois da morte, era restituída ao sheol, para jamais sair dele (Job, 10:21, 22), não hesitavam em atribuir ao próprio Deus todas essas manifestações. Deus intervém a cada passo, no Velho Testamento, e às vezes mesmo em circunstâncias pouco dignas d'Ele (Cristianismo e Espiritismo, páginas 304 e 305)".

Como se vê, Léon Denis e Allan Kardec destruíram os "argumentos" inquisitoriais, ainda em vigor em pleno século 20. Mas quem aboliu, **mesmo**, a proibição de Moisés foi o próprio Jesus, na passagem evangélica da Transfiguração, quando preparou **João Batista** para a subida aos

João Batista

céus, após a degola ordenada por **Herodes Antipas**, *a pedido de* **Salomé**: *recordou suas encarnações de Moisés e* **Elias**, *quando ele também mandou cortar a cabeça de muitos.*

Profeta Elias

* * * * *

Essas palavras do Irmão Zarur são esclarecedoras. Com recorrência em suas pregações, ele defendia que, se Moisés, diante das circunstâncias em que se encontrava, restringiu a comunicação entre Terra e Céu, ele não poderia proibir o diálogo Céu e Terra, pois não teria autoridade para isso. O grande legislador hebreu queria mesmo coibir interesses inferiores daquele povo de dura cerviz em torno das práticas mediúnicas. No entanto, a Bíblia Sagrada está repleta das irrefutáveis manifestações dos Espíritos de Deus.

Finados e Vida Eterna – Parte II

A CRENÇA NA VIDA APÓS A MORTE

É importante observar instigantes estudos e análises sobre a crença dos indivíduos no prosseguimento da existência para além do fenômeno da morte. Num amplo levantamento feito pelo Instituto *Ipsos*, uma das maiores empresas de pesquisa do mundo, realizado entre os dias 7 e 23 de setembro de 2010, totalizando 18.531 participantes de todo o planeta, apurou-se que 51% da população global acreditam que há alguma forma de vida após o falecimento do corpo, 26% dizem não saber o que acontece e 23% consideram que você simplesmente deixa de existir.

O *Roper Center for Public Opinion Research* (Centro Roper para Pesquisa de Opinião Pública) buscou em seus arquivos as respostas do público norte-americano para várias enquetes sobre esse assunto, feitas por diversos institutos ao longo do tempo. Notou-se que a média se manteve muito estável pelas décadas: em 1994, 76% afirmaram crer que havia vida após a morte, resultado similar ao de 2014, quando 73% responderam o mesmo.

No Reino Unido, um estudo da *Theos*, que entrevistou 2.060 pessoas em 2009, demonstrou que 53% acreditam em vida após a morte e 70% creem na Alma humana.

No Brasil, um estudo foi concluído em 2017 pelo Programa de Saúde, Espiritualidade e Religiosidade (ProSER), da Universidade de São Paulo (USP), sob a coordenação do dr. **Mário Peres**, médico e neurologista brasileiro — filho dos meus prezados amigos **Maria Júlia** e **Ney Prieto Peres**, pioneiros na investigação da Espiritualidade no Brasil, que tive a honra de receber no ParlaMundi da LBV, em Brasília/DF, para palestrarem no Fórum Mundial Espírito e Ciência, da Instituição. No levantamento do ProSER, cerca de 1.000 brasileiros de todas as regiões do país foram entrevistados nesse quesito vida após a morte, obtendo-se interessantes resultados: 51% deles acreditam muito na imortalidade; 48% acreditam muito na vida após a morte; e 27% acreditam muito que os mortos podem se comunicar. Além desses números, 47% creem na reencarnação, tendo ateus e agnósticos nesse grupo de pessoas. Outras informações relevantes: 77% afirmaram já ter recebido alguma intuição; 70% disseram ter tido sonhos premonitórios pelo menos uma vez na vida; 51% sentiram presença espiritual; 41% viram algum Espírito; 31% ouviram vozes; e 30% tiveram a experiência de recordar alguma memória de vida passada.

O dr. Mário Peres enfatiza que esses índices são muito maiores do que a taxa de prevalência de esquizofrenia na população, tanto brasileira quanto mundial, que é de 0,5%. Portanto, a sensitividade não está associada a uma patologia ou a um transtorno mental. Em entrevista ao programa *Conexão Jesus — O Ecumenismo Divino*, da Super Rede Boa Vontade de Comunicação (rádio, TV, internet e publicações), ele explicou os dados obtidos:

> *— Essa deve ser uma experiência humana, que acontece no contexto da normalidade. As pessoas guiam-se pelas suas intuições — talvez tenham uma sensação ou um sentimento diferente — e colocam isso na denominação da percepção, usando essa habilidade para tomar decisões, independentemente de serem religiosas ou não. Existem critérios e questões que são colocadas para se diferenciar um fenômeno visual ou auditivo relacionado a um surto psicótico, ou esquizofrênico, de uma experiência religiosa, espiritual, de um contexto de normalidade.*

Com essa amostra de pesquisas, o que podemos inferir? Esse é um assunto a ser contínua e amplamente debatido e investigado, sem ideias preconcebidas, como têm feito vanguardeiros pesquisadores nos mais variados campos do saber. Há de se ter coragem para enfrentar o *status quo*, em geral materialista, e desenvolver ainda mais métodos, técnicas e tecnologias para estudar, em profundidade, um tema tão presente na vida de todos, nas mais diversas culturas e nações.

A CRENÇA NOS ESPÍRITOS COMO "VANTAGEM ADAPTATIVA"

Entender o que ocorre quando se deixa o plano físico, crer na eternidade da vida, comunicar-se com os ancestrais em Espírito, entre outras questões, acompanham os grupos humanos desde o princípio das eras. Estudiosos têm buscado compreender como essas crenças se manifestam psicológica e socialmente. Para muitos deles, a exemplo do antropólogo franco-americano **Pascal Boyer**, **a crença em seres sobrenaturais é universal às religiões e é considerada pelos pesquisadores uma** *"vantagem adaptativa"*.

O igualmente antropólogo norte-americano **Michael Winkelman**, em entrevista também ao programa *Conexão Jesus — O Ecumenismo Divino*, da Super Rede Boa Vontade de Comunicação (rádio, TV, internet e publicações), afirmou:

— Por que é tão natural que a gente acredite nos Espíritos? (...) Nossos princípios biológicos nos levam a ter esse tipo de crença, por isso é natural para o ser humano acreditar nos Espíritos, pois temos evoluído

certas capacidades mentais que nos conduzem a esse tipo de crença. (...) O mundo dos Espíritos tem um papel muito importante na evolução das pessoas e da sociedade. A ideia dos Espíritos nos dá uma referência a ser incorporada para melhorar nosso próprio comportamento. Ela igualmente nos oferece uma possibilidade de uma sociedade maior, mais bem integrada e com melhor funcionamento.

A influência do Mundo Espiritual sobre o mundo da matéria, da qual trata o dr. Winkelman, é corroborada por vários pesquisadores. O debate ainda se amplia em relação à hipótese de estarmos programados para crer em Espíritos e exteriorizar nossa Religiosidade. Podemos mesmo dizer que esse sentido espiritual favoreceu nossa sobrevivência. Afinal, estamos nós, *Homo sapiens sapiens*, aqui para contar a história e não outro tipo de hominídeo.

Imaginem os benefícios que herdamos, como coletivo social, do indispensável cuidado da Espiritualidade Superior para conosco?! Quantos nobres e elevados valores podemos desenvolver por inspiração consciente ou inconsciente, vinda do coração generoso de abnegadas Irmãs e devotados Irmãos que, do Outro Lado da Vida, derramam sobre nós o amparo celestial? Citemos o perdão para ilustrar isso. A sociedade entraria em colapso sem esse divino postulado. E ele está na base das tradições de fé em todo o mundo, porquanto é ensinamento cuja origem vem do mais alto. Não foi sem propósito que Jesus, o Supremo Ligador do Céu à Terra, tanto difundiu esse princípio de transcendente teor espiritual:

QUANTAS VEZES SE DEVE PERDOAR A UM IRMÃO

*²¹ Então, **Pedro**, aproximando-se do Cristo, Lhe perguntou: Senhor, até quantas vezes pecará meu irmão contra mim, e eu lhe perdoarei? Até sete?*

²² Respondeu-lhe Jesus: Não te digo que até sete; mas até setenta vezes sete (Evangelho, segundo Mateus, 18:21 e 22).

Educar nossas capacidades sensitivas, sob os auspícios do Amor Divino, para estabelecer a perfeita sintonia com o Governo Invisível da Terra é a salvação da humanidade neste Fim dos Tempos. Já advertia o saudoso Alziro Zarur:

— Não há segurança fora de Deus.

O DEVER DA RELIGIÃO

Declarei ao ilustre jornalista italiano radicado no Brasil **Paulo Rappoccio Parisi** (1921-2016), na entrevista concedida a ele em 10 de outubro de 1981, que **é dever da Religião proclamar a existência do Espírito imortal e efetivar os resultados práticos desse indispensável conhecimento na reforma do planeta.**

Eis o pragmatismo que, por força da Religião de Deus, do Cristo e do Espírito Santo, o Brasil oferece à humanidade, pois tais noções amadurecerão a consciência dos povos para a realidade espiritual de que ninguém consegue permanentemente escapar. **Não se pode eternamente impedir a manifestação daquilo que nasce com o ser humano, mesmo quando ateu: o sentido de Religiosidade que se expressa das mais variadas formas.** Para além do debatido determinismo histórico[1], trata-se, acima de tudo, do Determinismo Divino[2], de que nos falava Alziro Zarur. Antes que fatalmente a Ciência conclua, em laboratório, sobre a perenidade da vida, cumpre

Paulo Rappoccio Parisi

---

[1] **Determinismo histórico** — De acordo com o ***Oxford Dictionary of Media and Communication:*** "*1– A crença de que os processos históricos têm certa inevitabilidade, com base em algum fator fundamental. Sua aplicação varia de um fatalismo pessimista que nega a liberdade humana de escolha (o que o 'determinismo suave' permite) até a noção iluminista otimista menos rígida do progresso como algo inevitável (...). 2– (relativismo histórico). A visão de que nossas ideias são determinadas pela nossa situação histórica*" (tradução livre).

[2] **Nota de Paiva Netto**
Determinismo Divino — No *Livro de Deus* (1982), registrei a resposta de Zarur à seguinte pergunta que lhe foi feita:
"*P – Se tem de acontecer tudo o que está profetizado na Bíblia (Antigo e Novo Testamentos), o senhor não acha que isso prova a ausência do livre-arbítrio?*
Zarur *– Bem a propósito trago-lhes este trecho da Proclamação da Boa Vontade, que abria, nos primórdios da LBV, a Campanha da Boa Vontade no rádio: Os fatalistas, com o seu derrotismo permanente, estão completamente enganados.* ***Existe, na verdade, o destino ou determinismo, como consequência do passado de cada criatura****: mas há, sempre, o livre-arbítrio, que Deus garante a cada um de Seus filhos. Portanto,* ***qualquer infeliz pode mudar o seu destino***
→

à Religião não só abordar com maior objetividade a existência do Espírito após a morte, mas concomitantemente pesquisar o Mundo ainda Invisível.

PARCERIA CÉU E TERRA

Ora, a morte não deve ser motivo de assombro nem ser tratada com desdém ou negligência. Diante da eternidade da vida, é essencial extrair seus preciosos aprendizados, que ajudaram a moldar os destinos da humanidade, contribuindo para sua continuação até aqui. Esse intercâmbio entre Terra e Céu, Céu e Terra, quando estabelecido com as forças do Bem, nos dá confiança na vida. Contar com a cooperação bendita daqueles que nos antecederam na jornada espiritual, sabendo que estão mais vivos do que nunca, incentivando-nos a boas ações, no cumprimento de nossas tarefas prometidas antes de aqui renascer, é parceria infalível.

Há décadas, preconizo que o ser humano não é somente sexo, estômago e intelecto, isto é, um saco de sangue, ossos, músculos e nervos, apenas jungido às limitadoras perspectivas do plano material. Reduzi-lo a isso é promover a cultura do fedor. A morte não é o fim; a vida é perpétua. E **o Espírito é suprema realidade.**

→ *com Boa Vontade, que é o princípio da verdadeira Paz. Cada um é senhor do seu destino".*

Finados e Vida Eterna – Parte III

LIÇÕES DO FENÔMENO INAFASTÁVEL

Dia virá em que alguns pensadores não mais prescindirão do confortador fato da Vida Eterna. Deveriam, sobretudo, elucubrar a respeito da morte e não procurar explicações unicamente materiais para um fenômeno irremovível que envolve o Espírito. Quando despertar no Outro Mundo, a surpresa para muita gente será enorme!

Vocês se recordam da Parábola do rico e **Lázaro** narrada por Jesus, em Seu Evangelho, segundo Lucas, 16:19 a 31? Nela, percebemos claramente as consequências da distração em torno dos assuntos divinos. Havia um homem que desfrutava de riquezas e o mendigo Lázaro, que se alimentava das migalhas da mesa desse rico. Ambos faleceram, e Lázaro foi para junto de **Abraão** no Céu, enquanto o rico amargava numa região infernal. O Cristo chega a realçar que havia *"um grande abismo"* entre ambas as localidades

Abraão

O rico e Lázaro (c. 1595-1600), por Leandro Bassano (1557-1622).

no Espaço. Naturalmente o lugar para onde nos encaminhamos no Etéreo é estabelecido em conformidade com a nossa conduta na Terra, porque essa é a Lei Divina. Deus não nos julga pelas nossas posses, mas pelo espírito de Caridade que reveste nossas ações ou não.

Em determinado ponto da passagem, o rico, em profunda tormenta, suplica ao pai Abraão que envie Lázaro para sua casa, a fim de alertar seus cinco irmãos e evitar que eles cometam os mesmos erros que o levaram a esse local de padecimento. No que lhe responde Abraão:

²⁹ Mas, filho, eles têm Moisés e os Profetas; que os ouçam.

> *³⁰ E disse o rico: Não, pai Abraão;* **mas se algum dos mortos fosse ter com eles, certamente se arrependeriam.**
>
> *³¹ Porém, o pai Abraão concluiu: Meu filho,* **se não ouvem a Moisés e aos Profetas, tampouco acreditarão**, *ainda* **que alguém se levantasse de entre os mortos.**

Essa incredulidade, mesmo ante fatos incontestes, ocorre até os dias atuais. O Evangelho, segundo Mateus, 27:52 e 53, relata o que se deu nos instantes derradeiros da crucificação de Jesus:

> *⁵² E abriram-se os sepulcros, e muitos corpos de santos, que dormiam, foram ressuscitados;*
>
> *⁵³ e,* **saindo dos sepulcros depois da ressurreição de Jesus, entraram na cidade santa e apareceram a muitos.**

Jean-Baptiste Roustaing (1805-1879), advogado e jurisconsulto francês, presidente da Ordem dos Advogados de Bordeaux, autor de *Os Quatro Evangelhos, Revelação das Revelações*, no terceiro tomo dessa obra comenta acerca do trecho bíblico em pauta:

> **Essa parte da narrativa evangélica**, *despojado da* letra o espírito, *se reduz,* em espírito e verdade, a isto: **Espíritos se tornaram visíveis aos homens.**

Foram vistos por muitas pessoas: *Pelas que inconscientemente possuíam a faculdade mediúnica da vidência.*

(Os destaques são meus.)

No Fim dos Tempos, que culminará na Volta Triunfal do Cristo ao orbe terrestre, teremos este marcante episódio:

— *E deu o mar os mortos que estavam nele. A morte e o além entregaram os mortos que neles havia. E foram julgados, um por um, segundo as suas obras* (Apocalipse, 20:13).

Deus tem designado tantos mensageiros nas inúmeras áreas do saber espiritual-humano. Eles são os novos Moisés e os Profetas multiplicados pelas culturas do planeta, anunciando essas verdades, e ainda assim muitos ficarão atônitos quando se depararem com esses acontecimentos. As manifestações espirituais desde sempre estão aí, em todo canto, na Religião, na Ciência, na Filosofia, na Política, na Economia, na Arte, no Esporte, enfim, e a turma teima em não se convencer. Depois, não haverá justificativa plausível para lamentações.

SOBREPUJAR CONVENCIONALISMOS

Há quem possa sorrir dessas modestas ilações. No entanto, indispensáveis cultores do intelecto não se podem designar a si próprios, digamos para argumentar, como partidários de convicções inamovíveis. Semelhante postura não se apraz com a boa índole de seu labor. De outra maneira, seu juízo deixaria de ser ciência, visto que a incessante investigação, liberta do convencionalismo cerceador, provoca justamente o crescimento da cultura.

No prefácio de *A Física de Jornada nas Estrelas* — livro de **Lawrence M. Krauss** —, o dr. **Stephen Hawking** (1942-2018), renomado físico britânico, que ocupou a cátedra de **Isaac Newton** (1643-1727) como professor lucasiano emérito de Matemática na Universidade de Cambridge, um irmão cético, a certa altura, além de afirmar que *"a ficção científica de hoje é muitas vezes o fato da ciência de amanhã"*, oferece-nos este raciocínio:

— *Restringir nossa atenção aos assuntos terrestres seria limitar o espírito humano.*

É pertinente citar o trabalho do respeitado psicólogo norte-americano e Ph.D. em Filosofia dr. Raymond Moody, M.D., sobre as experiências de quase-morte — que também analisaremos mais adiante nesta obra. Em seu livro *A Vida depois da Vida*, ao apresentar o resultado de centenas de casos pesquisados por ele, argumenta:

— *Parece-me estar aberta a possibilidade de que nossa incapacidade atual de construir "provas" pode não representar uma limitação imposta pela natureza das experiências de quase-morte em si. Em vez disso, talvez seja uma limitação dos modos de pensamento científico e lógico* **atualmente aceitos**. *Talvez a perspectiva dos cientistas e lógicos do futuro será muito diferente — deve-se lembrar que historicamente a metodologia lógica e científica não são sistemas fixos e estáticos, mas sim processos dinâmicos e crescentes. (...)* **Aquilo que aprendemos sobre a morte pode fazer uma importante diferença na maneira como vivemos nossa vida.** *Se as experiências do tipo que discuti aqui* [no livro] *são reais, elas têm implicações profundas naquilo que cada um de nós vai fazer com sua vida. Então seria verdade afirmar que* **não podemos entender essa vida completamente até ter um vislumbre do que acontece além dela.**

(Os destaques são meus.)

A vida prossegue mesmo no cadáver, que se dispõe na multidão de corpúsculos. Reitero que não devemos fugir da pesquisa imparcial sobre a morte. Se existe uma impossibilidade neste orbe, é a de alguém conseguir desviá-la do próprio caminho.

AMOR SOLIDÁRIO E RETA JUSTIÇA

Há décadas, o sempre lembrado Zarur concluiu que

— *Deus criou o ser humano de tal forma que ele só pode ser feliz praticando o Bem.*

Razão por que necessária se faz a constância do Amor Solidário e do respeito à reta Justiça (que não se confunde com vingança), desde o coração da pessoa de pensamento mais refinado até o do ser mais simples, a fim de derruir **a mentalidade esterilizadora do ódio**. Ele **vive a castrar o avanço não delituoso da civilização**, que, nos tempos atuais, lançada à condição excessivamente carnal, sucumbe na irrealidade desesperadora.

Urge levar em alta conta que **a reforma do social vem pelo espiritual**. Não somos apenas corpo, porém, acima de tudo, Espírito. Na negativa sistemática dessa concepção, também reside o fundamento de todas as crises, incluída a econômico-financeira que, na atualidade, sobressalta os povos.

O individualismo exacerbado anuncia o coração estéril, haja vista os escabrosos casos de pedofilia, contra os quais inocentes aguardam ser fortemente defendidos. Um desvio comportamental que requer tratamento e aplicação rigorosa da Lei.

DEUS É DEUS DE VIVOS

A morte não é o término da existência humana. Você não acredita? Tem todo o direito. Mas, e se for verídico?! Premie-se, minha amiga, meu amigo, com o benefício da dúvida, base do discurso científico, que, graças à perquirição incessante, prossegue desbravando estradas novas para a humanidade.

Pondero ainda: você não é obrigado ou obrigada a crer na existência das Almas, apesar do fato de que **você é Espírito mesmo agora**, estando na carne, e o será amanhã, quando Dona Morte vier bater à sua porta, seja rei ou súdito, fiel ou sacerdote, enfermo ou médico, civil ou militar... Também não é forçada ou forçado a concluir que os entes espirituais possam dirigir-se aos seres terrestres, **o que ocorre quando há Permissão Divina**. Os livros sagrados das religiões — e hoje de diversos cientistas renomados — estudam a matéria e estão cheios de comprovações.

Contudo, minha Irmã, meu Irmão, sua descrença não significa que eles não existam ou que estejam condenados à mudez permanente.

Diz Jesus, o Médium de Deus na Terra, no Seu Evangelho, segundo **Marcos**, 12:27, e temos aqui enfatizado:

Evangelista Marcos

— *Deus é Deus de vivos, não de mortos. Como não credes nisso, andais muito enganados.*

É o Cristo quem está afirmando! Portanto, Deus não é morte. É vida. E Vida Eterna. Com isso, o próprio Mestre revelou que o Pai Celestial universalmente governa seres imortais.

ESPIRITUALIZAÇÃO ECUMÊNICA

Ratifico que a morte não interrompe a vida; portanto, o aprendizado não tem fim. Na Terra ou no Céu da Terra, prosseguimos trilhando o caminho da Eternidade. De acordo com o nobre médico e político brasileiro dr. Adolfo Bezerra de Menezes Cavalcanti,

> *— a morte é como um sopro que realiza o transporte da Alma do estado de dimensão física para o de vibração espiritual. A Vida é Eterna.*

O já citado pastor norte-americano Billy Graham, confiante, sinalizou:

> *— Este mundo não é o nosso lar definitivo. Se nossa esperança está verdadeiramente em Cristo, somos peregrinos neste mundo, a caminho de nosso lar eterno no céu.*

Entretanto, **de modo algum, essa consciência deve ser pretexto para o suicídio**, porquanto essa triste atitude é uma tremenda violência contra a própria Alma e uma atrocidade contra o corpo humano — que nos serve de instrumento educativo.

Tão grave e preocupante é o assunto, que o Reino Unido instituiu, no dia 10 de outubro de 2018, pela primeira vez na história, o **Ministério de Prevenção do Suicídio**, como parte do esforço para reduzir o número de pessoas que, infelizmente, tiram suas próprias vidas no país.

Em meu livro *As Profecias sem Mistério* (1998), no capítulo "Progresso sem destruição", pondero — como todos os que querem o bem de seu povo — que nenhum país progride sem boas escolas, posto que, entre outros benefícios, elas exalçam o pendor criativo do estudante, promovendo a adequada capacitação dele. E, no milênio terceiro, a **Espiritualização Ecumênica** das massas tornar-se-á fator inarredável. **Desce das Alturas a certidão de óbito da era macabra da intolerância religiosa ou acadêmica, tanta vez semeada no altar ou na banca de estudo.**

Que a Paz de Deus esteja agora e sempre com todos! E vamos em frente, trabalhando, realizando e atuando com decisão, coragem, solidariedade, generosidade, porque Deus está presente para vivos, "mortos", crentes e ateus!

MENSAGEIROS DO SABER ESPIRITUAL-HUMANO

Deus tem designado tantos mensageiros nas inúmeras áreas do saber espiritual-humano. Eles são os novos Moisés e os Profetas multiplicados pelas culturas do planeta, anunciando essas verdades, e ainda assim muitos ficarão atônitos quando se depararem com esses acontecimentos. As manifestações espirituais desde sempre estão aí, em todo canto, na Religião, na Ciência, na Filosofia, na Política, na Economia, na Arte, no Esporte, enfim, e a turma teima em não se convencer. Depois, não haverá justificativa plausível para lamentações.

Finados e Vida Eterna – Parte IV

COELHO NETO, MADAME DE STAËL E O DESAFIO À CIÊNCIA

Companheiro constante de **José do Patrocínio** (1853-1905) na campanha abolicionista, **Henrique Maximiano Coelho Neto** (1864-1934), notável romancista, político, crítico e teatrólogo maranhense, membro-fundador da Academia Brasileira de Letras (ABL), foi um forte defensor da sobrevivência da Alma após a morte do corpo físico e sua manifestação entre os "vivos". Dois anos antes de ocupar a cadeira número 2 da ABL, o Príncipe dos Prosadores Brasileiros realizou memorável conferência, com o título "A Vida além da Morte", no antigo Abrigo Thereza de Jesus, em 14 de setembro de 1924, no Rio de Janeiro/RJ. Fui buscar no acervo da Biblioteca

Nacional o opúsculo de 45 páginas, rodado pelas oficinas gráficas de *A Noite* especialmente para a ocasião, oferecido pelo próprio autor. Escreve Coelho Neto:

Quando se está de posse da Verdade para impô-la no mundo não são necessários mais que doze apóstolos.

Os conventículos de bruxos e feiticeiros são hoje sociedades de altos estudos psíquicos. **A Ciência tomou a semente das mãos dos rústicos para cultivá-la e fazê-la florir.**

O grande **Bacon** *já se referia a duas séries de fenômenos: os explicáveis, ou ostensivos e os clandestinos ou, como os apelidou* **Boirac***: faneroides e criptoides.*

Spinoza *afirmou: "Tudo que existe tende a perseverar no seu* **eu***".*

Mme. de Staël *escrevia, em 1814, no seu livro* De l'Allemagne*:*

"O que chamamos erros e superstições prendia-se, talvez, a **leis do universo que nos são ainda desconhecidas***. As relações dos planetas com os metais, a influência de tais relações, ou os próprios oráculos e presságios não poderiam ter causa em forças ocultas das quais não temos a mínima ideia?*

"E quem sabe se não há um gérmen de ideias oculto em todos os apólogos, em todas as crenças inquinadas com o nome de loucura?

*"Disso não se segue que se deva renunciar ao **método experimental, tão necessário nas ciências**, mas **por que não** se há de **dar por guia a esse método uma filosofia mais ampla** que abrace o universo no seu todo não desprezando o 'lado noturno' da natureza até que o possamos iluminar, espalhando por ele claridade?"*

E que lado noturno da natureza é esse a que se refere a autora de *Corina*? É o hemisfério do arcano, é o rosto velado da **Ísis** misteriosa, cujo corpo se mostrava aos crentes — é a sombra na qual começam a bruxulear os primeiros clarões, prenunciando a próxima alvorada e o dia da esplêndida Verdade. E nessa hora radiosa toda a negação cessará (...).

(Os destaques são meus.)

A CIÊNCIA TERÁ SUAS PROVAS

Um dia, por força de tantos exemplos, a Ciência acadêmica, tão sequiosa de provas — como é do seu papel —, por isso mesmo, ver-se-á diante da Verdade, que resplandece, apesar das sombras que ainda sufocam tantas consciências brilhantes na Terra.

Os mortos não morrem! Então, os cientistas, por serem espirituais-humanos, proclamarão essa realidade, porquanto eles também "morrerão" um dia.

A sadia curiosidade — que é um aspecto marcante no caráter de um bom pesquisador — **os defronta-**

rá com o **Mundo Espiritual, de onde vieram e para onde retornarão**.

Vladimir Nabokov (1899-1977), russo-americano, autor do trágico *Lolita*, concluiu, pela voz do personagem **John Shade**, em sua obra *Fogo Pálido*:

— A vida é uma grande surpresa. Não vejo por que a morte não seria uma surpresa ainda maior.

CONHECIMENTO OU PERSPECTIVA DE CONHECIMENTO?

Numa palestra que realizei para jovens do Conjunto Educacional Boa Vontade, em São Paulo/SP, instiguei-lhes a raciocinar sobre a seguinte questão:

Há, neste mundo, **conhecimento ou perspectiva de conhecimento**?

Um pouquinho da velha **humildade** só nos traz benefícios.

Assim pensava o marquês **Pierre Simon de Laplace** (1749-1827), matemático e astrônomo francês:

Pierre Simon de Laplace

*— Estamos a uma tal distância do conhecimento de todos os agentes da natureza e seus diversos modos de ação, que não seria filosófico negar os fenômenos, unicamente **porque eles são***

inexplicáveis no atual estágio de nosso conhecimento.

(O destaque é meu.)

FILÓSOFOS MARXISTAS MANIFESTAM-SE

No pensamento de muitos pesquisadores enxergamos a presença dessa grande virtude. Inúmeros perceberam a importância de investigar o mundo da psique, desbastando seus mistérios em busca da **origem espiritual** das coisas.

Em 1968, **Sheila Ostrander** e **Lynn Schroeder**, jornalistas e pesquisadoras norte-americanas, visitaram a Bulgária[3], a então República da Tchecoslováquia e a ex-União Soviética, com o fito de estudar os programas de pesquisa psíquica realizados pelos laboratórios desses países. Em *Experiências psíquicas além da cortina de ferro*, elas transcreveram trechos do número 3 da revista *Ciência e Religião*, de 1966, que traz diversos relatórios sobre os estudos no campo da telepatia, realizados na Rússia. Naquele período, respeitadíssimos acadêmicos, entre estes o dr. **Nikolay Semyonov** (1896-1986), Prêmio Nobel de Química (1956) e vice-presidente da Academia de Ciências da ex-URSS, reclamavam novas análises nesse campo, como o fez

---

[3] **Bulgária** — Leia também, na parte dois de "O Mundo Espiritual não é um dormitório", o subtítulo "A médium da Bulgária".

o dr. **Vasilii Petrovich Tugarinov** (1898-1978), chefe do Departamento de Filosofia da Universidade de Leningrado. As autoras anotaram:

— *Filósofos marxistas manifestaram-se com clareza meridiana. "Todos os que criticam a pesquisa sobre a telepatia estão apenas utilizando o marxismo-leninismo para amparar o seu conservantismo científico. Todos os que colocam obstáculos no caminho do progresso científico deveriam pagar por isso", trovejou o dr. V. Tugarinov, chefe do Departamento de Filosofia da Universidade de Leningrado.*

Eis a razão por que registrei em página de rosto, na abertura deste livro, a oportuna reflexão de nada mais nada menos que Karl Marx:

— *Toda vez que o trem da vida faz uma curva, os pensadores caem pela janela.*

> Finados e Vida Eterna – Parte V

CREMAÇÃO, PRUDÊNCIA E CARIDADE

A nossa responsabilidade com o envoltório físico que Deus nos ofereceu é deveras séria. E isso se aplica a todas as etapas da existência, incluindo a morte e a transição para o lado ainda invisível da Vida Eterna. Os instantes que se seguem imediatamente após o desenlace também inspiram cuidados. Por isso, fui buscar no primeiro volume das *Sagradas Diretrizes Espirituais da Religião de Deus, do Cristo e do Espírito Santo* (1987) nosso ponto de vista contra a cremação dos corpos. Há consequências terríveis para o Espírito que começará sua adaptação à nova esfera, como vocês poderão ler:

Sem a Alma, o corpo é o cadáver. Porém, essa minha afirmativa não significa dizer que os despojos, pelo menos nos primeiros tempos da morte, não sejam instrumentos de condução de sensibilidades ao Ser Espiritual, por meio do perispírito. Para facilitar o entendimento desse ensino, vamos dar a palavra ao Espírito **Emmanuel**, quando nos fala sobre o delicado tema da cremação de corpos defuntos. Ele responde à pergunta 151, constante do seu livro *O Consolador*, pela psicografia do médium brasileiro **Chico Xavier** (1910-2002), Legionário da Boa Vontade nº 15.353:

151 — O espírito desencarnado pode sofrer com a cremação dos elementos cadavéricos?

— Na cremação, faz-se mister exercer a piedade com os cadáveres, procrastinando por mais horas o ato de destruição das vísceras materiais, pois, de certo modo, existem sempre muitos ecos de sensibilidade entre o Espírito desencarnado e o corpo onde se extinguiu o "tônus vital", nas primeiras horas sequentes ao desenlace, em vista dos fluidos orgânicos que ainda solicitam a alma para as sensações da existência material.

Em 28 de julho de 1971, durante sua famosa entrevista para o programa *Pinga-Fogo*, da antiga TV Tupi, em São Paulo/SP, Chico Xavier, ao responder a questionamento de uma telespectadora, lido pelo jornalista **Almyr Guimarães** (1924-1991), ressaltou o que Emmanuel aconselha:

— *O tempo de expectativa deve ser nada menos que 72 horas, numa câmara fria, para o nosso veículo carnal, quando nos desvencilhamos dele, no caso de optarmos pela cremação.*

Apresento também, para a análise de vocês, algumas considerações dos nobres amigos do Mundo da Verdade Flexa Dourada (Espírito) e dr. Bezerra de Menezes (Espírito). Trata-se de comunicações mediúnicas por intermédio do sensitivo Cristão do Novo Mandamento Chico Periotto. São ressalvas que merecem dedicada atenção.

Diz Flexa Dourada:

— *Sobre a instrução de Emmanuel de que só se deveria cremar corpos depois de 72 horas — e olhe lá —, isso seria boa condição para um Espírito completamente [em vida] desapegado da carne. O melhor é enterrar o corpo da pessoa que desencarnou. Vai para debaixo da terra aquilo que vem da terra. Isso é uma lei da Natureza.*

E reforça o dr. Bezerra:

— *Espalhem sempre que a cremação não é vista com bons olhos no Mundo Espiritual. Mesmo quan-*

do o Espírito já deixou totalmente o vaso físico, as lembranças ficam registradas na memória espiritual. Deixemos a Terra consumir aquilo que ela trouxe sem agressões. Tudo que radicalize, tudo que afronte a vestidura humana, interfere no equilíbrio espiritual. Tratemos bem de nosso vaso corpóreo. Façamos dele a morada de Deus. (...) Imaginem o acidente de um caminhão em alta velocidade, batendo contra uma muralha. A cremação é algumas vezes pior que isso.

Apresentamos ainda nessa análise a visão do Judaísmo acerca do desligamento entre corpo e Alma. Com a palavra, o rabino **Ilan Stiefelmann**:

— A Lei judaica é inequívoca e intransigente em sua insistência para que o corpo, na sua totalidade, seja devolvido à terra. Com a morte, a alma passa por uma dolorosa separação do corpo que até então lhe servira de abrigo. Esse processo de separação é concomitante à decomposição do corpo. A partir do momento em que o corpo é enterrado, ele se desintegra paulatinamente, fornecendo desta forma um conforto à alma que está se liberando do corpo. (...) O processo gradual do retorno ao solo através do sepultamento é natural e carrega um importante simbolismo: o falecimento de uma geração permite o brotamento de outra, e os vivos são nutridos e inspi-

rados pelo legado daqueles que já se foram. Nossos antepassados são o solo do qual nós brotamos. Mesmo em sua morte, eles são uma fonte de vida!

A fim de contribuir para o debate do tema, recorremos igualmente ao pensamento do Islamismo. O respeitado professor de Estudos Islâmicos, da Universidade de Georgetown (EUA), **John L. Esposito** elucida:

— A cremação é proibida no Islã, porque é considerada desrespeito ao falecido. Alguns estudiosos da religião que acreditam que a cremação é contrária aos ensinamentos do Islã e é uma violação da lei islâmica citam o Alcorão 80, 21: "Depois [Allah] o fez morrer e o sepultou", e um hadith no qual o Profeta teria dito: "O modo de honrar o falecido é enterrá-lo". Assim, é considerado uma obrigação dos muçulmanos, como uma comunidade, garantir que todo muçulmano que morra seja adequadamente limpo, envolvido numa mortalha e enterrado de acordo com os ensinamentos do Islã.

PARA EVITAR PADECIMENTOS CRUÉIS

Minhas Irmãs e meus Irmãos, o dever de Caridade nos impele a trazer para a reflexão esses alertamentos. Alguém pode naturalmente argumentar que não acredita em nada disso. E a Fraternidade Ecumênica, que deve ser a bandeira do diálogo, nos leva a respeitar a crença de cada um. Mas, e se estivermos abordando aqui uma realidade? Há tanto ainda por se conhecer melhor! A cada dia, a própria Ciência descobre fatos novos ou corrige teorias antes inegociáveis, superando antigas controvérsias...

Em nome do Amor que devotamos aos nossos entes queridos, não custa nada repensarmos um pouco sobre o assunto e, assim, evitar padecimentos cruéis a eles depois que fizeram sua passagem para a Outra Vida.

ETERNA TRAJETÓRIA DA VIDA

Existir é uma jornada infinita, ora aqui, na Terra, ora acolá, no Espaço. É compreensível que sintamos saudade dos que partiram, mas não nos devemos exceder em lágrimas, porque a nossa aceitável dor pode perturbar-lhes, no Plano Espiritual, a adaptação à nova conjuntura.

Finados e Vida Eterna – Parte VI (final)

A MORTE DA "MORTE"

O Livro da Revelação, repleto dos marcantes simbolismos narrados pelo sensitivo de Patmos[4], surpreende-nos com um evento inesperado. No versículo 14 do capítulo 20, **vemos o inacreditável acontecer: a morte da "morte"**.

> *— Então, a morte e o inferno foram lançados para dentro do lago de fogo.* ***E esta é a segunda morte****, o lago de fogo.*

Não é o desaparecimento dela como desejam alguns, até bem-intencionados, que pensam eternizar a vida material na conservação do corpo perecível, congelado, como ambiciona a criônica[5], mas a morte da "mor-

---

[4] **Sensitivo de Patmos** — João Evangelista.
[5] **Criônica** — É o processo de preservação em baixas temperaturas de seres humanos e animais. A ambição da técnica é a conservação do corpo físico até que surja a cura de determinada enfermidade que o fez perecer. Então, conforme seus defensores, por não perder as suas propriedades físicas, o corpo seria, pela elevação da temperatura, "ressuscitado", curado e retornaria

te", *"o último inimigo a ser vencido"*, na visão inspirada do Apóstolo dos Gentios (Primeira Epístola aos Coríntios, 15:26). **Quanto mais espiritualmente nos esclarecemos, mais a derrotamos.**

Morrerá a "morte" que sustentava o reino infeliz da ignorância espiritual em toda a Terra.

Agora, os seres humanos começam a saber por que vivem, morrem, reencarnam **e que os mortos não morrem**! Daí a Revolução Mundial dos Espíritos de Luz⁶ em marcha, anunciada, em 1953, por Alziro Zarur. E tenho

---

→ à vida comum. Controversas, as tecnologias de reanimação futura assumidas pela criônica ainda são hipotéticas e não muito conhecidas ou reconhecidas. Os Estados Unidos possuem em suas leis regulamentação do congelamento de humanos. Apenas podem ser criopreservados os corpos que legalmente são atestados mortos. Do contrário, se incorreria em assassinato ou suicídio.

⁶ **Revolução Mundial dos Espíritos de Luz, na Quarta Revelação** — Anunciada em 1953, por Alziro Zarur (1914-1979), abrange um amplo movimento de caráter ecumênico total, que promove o intercâmbio consciente entre as duas Humanidades: a da Terra e a do Céu da Terra. A iniciativa ganhou corpo a partir da década de 1990, quando o escritor Paiva Netto, acrescentando ao título a expressão "de Luz", deu maior desenvoltura às reuniões práticas do Centro Espiritual Universalista (CEU), criando, em 6 de janeiro de 1992, o primeiro grupo efetivo de mediunidade direta da Religião do Amor Universal. Sob o comando do presidente-pregador da Religião de Deus, do Cristo e do Espírito Santo, o dr. Bezerra de Menezes coordena, no Mundo Espiritual, esse vanguardeiro trabalho. Em 3 de abril de 1993, esse bondoso clínico do Céu assim se expressou: *"A equipe médica da Medicina Divina está olhando a todos, não somente aqueles que estão dentro dos recintos das Igrejas Ecumênicas da Religião de Deus, do Cristo e do Espírito Santo, mas também a todos aqueles que não puderam se deslocar, por dificuldades físicas, dificuldades orgânicas, materiais. Estamos com 50 mil médicos do Etéreo trabalhando, a todo vapor, para a libertação dos males físicos e espirituais do Brasil e do mundo".*

afirmado que não é possível concretizá-la escondendo-se os Espíritos. Eis o objetivo de colocar à disposição deles os potentes microfones da Super Rede Boa Vontade de Rádio e da Boa Vontade TV; os espaços nas nossas publicações e nos nossos portais na internet; enfim, para sempre trazerem os seus fraterníssimos recados.

Acerca do "*lago de fogo*", citado no versículo 14 do capítulo 20 do Apocalipse, trata-se do remorso, porque este, sim, é uma morte dorida para a consciência culpada.

A FRUSTRANTE CRIÔNICA

Quanto à criônica, ainda há quem pretenda com ela alcançar a longevidade da roupagem física. Entretanto, não é assim que a banda toca...

Ao estudarmos o funcionamento do mecanismo espiritual, aprendemos que há o corpo etéreo, que dirige, por intermédio da Alma, todo o governo de nossos sentidos. E o congelamento pode aprisionar o Espírito ao corpo somático. Aliás, o Apóstolo Paulo, em sua Primeira Epístola aos Coríntios, 15:39 e 40, admoesta:

³⁹ Nem toda carne é a mesma; porém, uma é a carne dos homens, outra, a dos animais, outra, a das aves, e outra, a dos peixes.

⁴⁰ **Também há corpos celestes e corpos terrestres**; *e, sem dúvida, uma é a glória dos celestiais, e outra, a dos terrenos.*

Como a humanidade ainda permanece em atraso imenso no tocante às questões divinas, parte da Ciência — por preconceito, melindre ou tabus —, de certa forma, tem sofrido bloqueio de muitos dos seus melhores pares, no avanço sobre os chamados "ocultismo" e "mistério". **O progresso em direção às coisas do Espírito ainda se arrasta com muita indolência.** Mas, conforme diz o nosso amigo Flexa Dourada (Espírito):

— *Quando Jesus quer, Ele faz. Estala os dedos, e as coisas se mesclam, e se transformam* [e se ecumenizam].

Caso não nos atentemos à Moral Divina e à existência da Alma, o Professor Sofrimento entrará em ação para nos fazer enxergar essa realidade extrafísica, esse Determinismo Divino. Porquanto, a Verdade, incluída a dos assuntos espirituais, quando não é aceita pela convocação do Amor Celestial, solicita a presença da Justiça Excelsa a fim de devolver o ser humano ao caminho acertado para o seu esclarecimento pleno. E não se trata de punição — algumas pessoas têm horror a esse negócio: *"Ah, Deus castiga!"*, exclamam. Contudo, assim o fazem por não ter lido com atenção o que Jesus afirma aos integrantes da Igreja de Laodiceia (Apocalipse, 3:19):

— *Aqueles a quem amo, repreendo e castigo. Sê, pois, zeloso e arrepende-te.*

Na verdade, a Lei Divina não pune, apenas corrige. Todavia, para ouvidos moucos, de *"um povo de dura cerviz"* (Êxodo, 32:9), só a linguagem eloquentíssima do desafio, da Dor.

VENCER AS CRISES

Urge levar em alta conta que a reforma do social vem pelo espiritual. Não somos apenas corpo, porém, acima de tudo, Espírito. Na negativa sistemática dessa concepção, também reside o fundamento de todas as crises, incluída a econômico-financeira que, na atualidade, sobressalta os povos.

O MUNDO ESPIRITUAL, SÓCRATES, PLATÃO E *A REPÚBLICA*

Partes de I a VI

Fragmentos de *A República de Platão*, datados do século 3 d.C. (referência LII 3679). Fazem parte dos Papiros de Oxirrinco, que são um grupo de manuscritos descobertos, no final do século 19 e começo do 20, por arqueólogos perto da cidade de Oxirrinco, no Egito.

O Mundo Espiritual, Sócrates, Platão e *A República*
– Parte I

A FILOSOFIA GREGA E A IMORTALIDADE DA ALMA

Dedico este capítulo à análise de importantíssimo diálogo socrático anotado por um dos maiores filósofos da antiga Grécia, **Platão** (aprox. 427-347 a.C.) — o brilhante discípulo de **Sócrates** (aprox. 470-399 a.C.) —, constante de sua obra *A República*.

E por que trazemos uma peça escrita há milênios ao nosso estudo sobre a perenidade da vida no além-túmulo? Atentem à leitura e ficarão surpresos com o que nela consta.

Acerca da filosofia e da escola de Platão, bem como da sobrevivência das ideias defendidas por ele ao longo do tempo, assim se expressou o pensador político francês **Alexis de Tocqueville** (1805-1859), em *A Democracia na América*:

Alexis de Tocqueville

— Apenas a crença na qual se tinham fixado, de que a alma nada tem em comum com o corpo e que sobrevive a ele, bastou, para dar à filosofia platônica essa espécie de aspiração sublime que a distingue. Quando se lê Platão, percebe-se que, em épocas anteriores a ele e em seu tempo, existiam muitos escritores que preconizavam o materialismo. Tais escritores não chegaram até nós ou só chegaram muito incompletamente. Foi assim em quase todos os séculos: a maior parte das grandes reputações literárias juntou-se ao espiritualismo. O instinto e o gosto pelo gênero humano apoiam essa doutrina: muitas vezes, salvam-na a despeito dos próprios homens e fazem sobrenadar os nomes daqueles que se prendem a ela. Por isso, não é conveniente acreditar que, em tempo algum e seja qual for o estado político, a paixão dos gostos materiais e as opiniões que se prendem a ela poderão bastar a todo um povo.

Antes de avançarmos, porém, em atenção àqueles que ainda não tiveram contato com a literatura platônica, faço um resumo. Os diálogos socráticos — integrantes principalmente da obra literária de Platão, mas também presentes nos trabalhos de **Xenofonte** (aprox. 430-354 a.C.) — registram as conversas que Sócrates manteve com interlocutores gregos, maneira pela qual se empenhou em lhes despertar o pensamento filosófico.

Em *A República*, podemos ver alguns desses colóquios. Os principais são os de Sócrates com os irmãos de Platão, **Glauco** e **Adimanto**; além de **Nicerato, Polemarco, Lísias, Céfalo** e **Trasímaco**. Teriam ocorrido na casa de Polemarco, irmão de Lísias e de **Eutidemo**, filhos do velho Céfalo.

JUSTIÇA, VIRTUDES DA ALMA E A CIDADE-ESTADO IDEAL

No referido título, produzido por volta de 380 a.C., Platão busca, por meio dessas conversas, tratar dos conceitos de justiça e de cidade-estado ideal. Para tanto, desenvolve analogia entre a **Alma humana** — a qual divide em três partes distintas: apetite/desejo, emoção e razão —; suas **virtudes**, que seriam a temperança, a coragem e a sabedoria; e a **cidade**, a qual se subdivide em três essenciais classes: a dos produtores, a dos guardiães e a dos governantes. Segundo ele, é justamente da harmonia entre as virtudes da Alma e a função de cada classe que surgem a saúde, a justiça, o bem-estar e o equilíbrio tanto na Alma quanto na pólis (cidade). O contrário disso estabelece o caos pessoal e coletivo. Logo, a saúde, as virtudes e os valores dos indivíduos são os mesmos do corpo social.

SÓCRATES: "TODA ALMA É IMORTAL"

Pois bem, no último livro de *A República*, o décimo, Platão replica o diálogo de Sócrates com Glauco, por meio do qual o instrui a respeito da imortalidade da Alma, da recompensa aos justos (neste e no Outro Mundo), do julgamento dos mortos e do renascimento das Almas. E é nesse mesmo texto que nos defrontamos com um verdadeiro caso de experiência de quase-morte (EQM), tão pesquisada nos dias atuais. A narrativa é extensa, mas vale por suas particularidades, porque descreve aspectos do Plano Invisível, dentro de uma ótica da cultura grega antiga, com impressionantes pormenores.

Contudo, para entendermos a natureza da Alma, que aparecerá muito fortemente nessa interação de Sócrates com seus admiradores, recorramos à compreensão dele próprio, transcrita por Platão em *Fedro*:

> ***Toda alma é imortal.*** *Com efeito, o que se move a si mesmo é imortal. (...) Assim, pois, o princípio do movimento é o que a si mesmo se move. E este não pode nem perecer nem morrer, caso contrário todo o céu e todo o mundo da geração se precipitariam juntamente e parariam; e não haveria de onde pudessem*

retomar o movimento. Portanto, tendo-se manifestado imortal o que se move a si mesmo, ninguém tenha receio de dizer que essa é a essência da alma. (...)

O que se move a si mesmo não pode ser outra coisa senão a alma, de onde se segue necessariamente que a alma é simultaneamente incriada e imortal.

(O destaque é meu.)

Quer dizer, há o entendimento claro de Sócrates acerca da imortalidade da Alma; portanto, da **natureza espiritual do ser humano** e de como isso afeta o campo social. O indivíduo multiplicado, digo sempre, forma o organismo chamado sociedade. Daí não me cansar de repetir: **o governo da Terra começa no Céu**.

REENCARNAÇÃO – NORMA CELESTE

A clareza dos diálogos socráticos, dispostos por Platão em *A República*, leva-nos a inferir que a Lei Universal da Reencarnação era uma Norma Celeste já intuída pelos gregos antigos. Pratiquemos o Bem, portanto, não por fajuta esperteza, todavia porque é justo diante de Deus.

O Mundo Espiritual, Sócrates, Platão e *A República*
– Parte II

O DESTINO DOS JUSTOS E DOS INJUSTOS DEPOIS DA MORTE

Em determinado trecho de *A República*, Sócrates apresenta a Glauco explanação sobre o que está reservado aos justos e aos injustos nesta e na Outra Vida. Em resumo, o Príncipe dos Filósofos argumenta que a recompensa virá às pessoas de acordo com o que tiverem praticado, por mais desafiadora que seja a condição em que se encontrem, sendo elas sempre observadas pelos Céus:

Sócrates — Assim, deve entender-se, relativamente ao homem justo, que, se ficar na miséria, doente ou sob a alçada de qualquer outro desses estados considerados como maus, tal situação acabará num be-

nefício para ele, quer em vida, quer depois de morto. Efetivamente, os deuses nunca descuram quem quiser empenhar-se em ser justo e em se igualar ao deus, até onde isso é possível a um homem, na prática da virtude.

Antes de prosseguir desvendando o que ocorre após o falecimento, Sócrates analisa a questão em pauta pelo prisma humano. Chega, com Glauco, ao consenso de que os injustos, por usarem de artimanhas nas aparentes vitórias, possuem reconhecimento mundano efêmero, sendo que, no fim das contas, sofrerão a vergonha de nada ter efetivamente conquistado com os seus atos trapaceiros. Enquanto isso, os justos, permanecendo fiéis à postura correta por toda a vida, receberão merecidos prêmios e glórias. No entanto, Sócrates arremata a explicação demonstrando que as respectivas recompensas ou punições na Terra não são equivalentes ao que aguarda os justos e os injustos nos Céus:

Sócrates — *Serão assim os prêmios, recompensas e dádivas que o justo recebe, em vida, dos deuses e dos homens, além daqueles bens que a própria justiça lhe proporciona.*
Glauco — *São belas e sólidas recompensas, bem o vejo. (...)*
Sócrates — **Porém esses nada são, em número nem em grandeza, em comparação com os que**

aguardam cada um deles depois da morte. *É isso que é preciso escutar, para que cada um receba exatamente aquilo que, por força da argumentação, lhe é devido.*

(O destaque é meu.)

É vital, portanto, ter a clareza de que há indissociável correspondência entre nossos atos na Terra e aquilo com que iremos nos defrontar no Mundo Espiritual, quando chegar a nossa hora de para lá retornarmos. Daí a importância de sustentarmos a retidão em vida a fim de não sermos surpreendidos após a morte.

Uma vez que é da natureza humana reagir a estímulos, torna-se relevante a noção de recompensas boas ou más de acordo com as nossas ações. Se os sistemas jurídicos estão aí para mediar e disciplinar a convivência social, quanto mais o **Judiciário Divino**!

Não obstante, viver apenas em torno de uma aguardada compensação é caminho para desilusões ou ansiedades desnecessárias.

Em *Como Vencer o Sofrimento* (1990), escrevi: Os antigos ensinavam que a felicidade consiste em praticar o Bem e **não esperar recompensa. Esperar?! Só de Deus! As outras expectativas podem trazer-nos resultados frustrantes**.

Na trilha da **iniciação espiritual**, para manter o coração tranquilo, é aconselhável não aguardar a gratidão dos outros. Entretanto, onde esta se faz presente, frutifica o espírito solidário na comunidade.

PENSAMENTO CRÍTICO E A MORTE DE SÓCRATES

Por sua visão abrangente e perscrutadora acerca das várias questões da vida na Terra e no Céu, Sócrates acabou sentenciado à morte, pela ingestão de cicuta. Foi acusado de corromper os jovens ao contestar os sofistas e a educação acrítica que era imposta à mocidade.

Aliás, o pensamento acrítico é algo que combato a todo momento. Sempre digo aos jovens Cristãos do Novo Mandamento, Amigos de Jesus: quero uma juventude que pense, que seja instruída no intelecto, mas principalmente reeducada no coração; tenha consciência crítica, garra e leve adiante as propostas vanguardeiras, ecumênicas e libertárias da Religião de Deus, do Cristo e do Espírito Santo. Moças e moços esclarecidos que saibam expandir os fraterníssimos ideais da Boa Vontade Divina. Contudo, não de maneira repetitiva, fanática, imbecilizada, mentecapta. Quero todos expondo os seus raciocínios com educação e cultura espiritualizadas, para que haja uma saúde psicológica nos países.

Ainda sobre a sentença imposta ao célebre filósofo grego, há um fato curioso em sua vida. Emmanuel (Espírito), em *A Caminho da Luz*, conta-nos que, nas horas mais ásperas e agudas que antecederam o seu martírio, quando a esposa, **Xantipa**, chega às grades do cárcere para comunicar-lhe a abjeta condenação à morte pela cicuta (que é um veneno terrível), ela exclama no fastígio da angústia e do desespero:

— *Sócrates, Sócrates, os juízes te condenaram à morte...*

— *Que tem isso?* — responde resignadamente o filósofo — *eles também estão condenados pela Natureza.* [Filósofo até à morte, estão vendo?!]

A morte de Sócrates (1787), por Jacques-Louis David (1748-1825).

— Mas essa condenação é injusta, Sócrates... — soluça ainda a inconformada esposa.

E ele replica com um olhar terno e paciente:

— E quererias, Xantipa, que ela fosse justa?

PARA NÃO SER SURPREENDIDO APÓS A MORTE

É vital ter a clareza de que há indissociável correspondência entre nossos atos na Terra e aquilo com que iremos nos defrontar no Mundo Espiritual, quando chegar a nossa hora de para lá retornarmos. Daí a importância de sustentarmos a retidão em vida a fim de não sermos surpreendidos após a morte.

O Mundo Espiritual, Sócrates, Platão e *A República*
– Parte III

A EXPERIÊNCIA DE QUASE-MORTE DO GUERREIRO ER

Prosseguindo na leitura de *A República*, chegamos ao trecho em que Sócrates narra uma impressionante experiência de quase-morte (EQM), que é o termo usado quando alguém, por exemplo, enfrentando uma parada cardiorrespiratória ou estando em coma por algum acometimento grave, passa por um desprendimento espiritual. Sua Alma, então, toma contato com o Outro Lado da Vida e, passado um tempo, ela volta ao corpo.

Mas sigamos adiante. Incluirei algumas intervenções para o aprofundamento de nosso estudo.

Sócrates — *Não é a história de **Alcino** que te vou contar* [Glauco], *mas a de um homem valoroso: **Er**, filho de **Armênio**, originário de Panfí-*

*lia. Ele morrera numa batalha; dez dias depois, quando recolhiam os cadáveres já putrefatos, o seu foi encontrado intacto. Levaram-no para casa, a fim de o enterrarem, mas, **ao décimo segundo dia**, quando estava estendido na pira, **ressuscitou**.*

(Os destaques são meus.)

Aqui já temos algo que pode fazer alguém pular do sofá (risos). Mas continuemos.

*Assim que recuperou os sentidos, **contou o que tinha visto no além**.*

*Quando **a sua alma deixara o corpo**, disse ele, pusera-se a caminhar com muitas outras, e juntas **chegaram a um lugar divino** onde se viam na terra duas aberturas situadas lado a lado e no céu, ao alto, duas outras que lhes ficavam fronteiras. No meio estavam **sentados juízes**, que, tendo **dado a sua sentença**, ordenavam **aos justos que se dirigissem à direita** na estrada que subia até o céu, depois de terem posto à sua frente um letreiro contendo o seu julgamento; e **aos injustos que se dirigissem à esquerda** na estrada descendente, levando, eles também, mas atrás, um letreiro em que estavam indicadas todas as suas ações.*

(Os destaques são meus.)

O Juízo Final (1537-1541), por Michelangelo (1475-1564).

O JUÍZO FINAL

Talvez muitos de vocês estejam se lembrando, nesse instante, do Novo Testamento. Lá é possível ler no Evangelho de Jesus, segundo Mateus, 25:31 a 33 e de 37 a 46, **o Juízo Final**:

³¹ Quando voltar o Filho de Deus na Sua majestade, e todos os Anjos com Ele, então se sentará no trono da Sua glória.

³² Todas as nações serão reunidas na Sua presença, para Ele separar uns dos outros, como o pastor separa dos cabritos as ovelhas:

³³ **porá as ovelhas à Sua direita, mas os cabritos, à esquerda.**

[Já esclareci que não se trata de esquerda ou direita política.]

³⁷ Então, os justos hão de perguntar: — Senhor, quando foi que Te vimos com fome e Te demos de comer? Ou com sede e Te demos de beber?
³⁸ E quando Te vimos forasteiro e Te hospedamos? Ou nu e Te vestimos?
³⁹ E quando Te vimos enfermo ou preso e Te fomos visitar?
⁴⁰ O Rei, respondendo, lhes dirá: — Em verdade, em verdade vos digo que, sempre que o fizestes a um destes meus pequeninos Irmãos, vós o fizestes a mim mesmo.
⁴¹ Então, o Rei dirá também aos que estiverem à Sua esquerda: — Apartai-vos de mim, malditos, para o fogo eterno, preparado para satanás e seus anjos!
⁴² Porque tive fome, e não me destes de comer; tive sede, e não me destes de beber;
⁴³ sendo forasteiro, não me hospedastes; estando nu, não me vestistes; enfermo e preso, e não me fostes ver.
⁴⁴ E eles Lhe perguntarão: — Senhor, quando foi que Te vimos com fome, e com sede, e forasteiro, e nu, e enfermo ou preso e não Te assistimos?
⁴⁵ Então, o Rei lhes dirá: — Em verdade, em verdade vos digo que, sempre que o deixastes de fazer a um destes pequeninos, a mim mesmo é que o deixastes de fazer.

Detalhe da cerâmica da Ática de figuras negras — século 6 a.C.

⁴⁶ *E irão estes para o castigo eterno, mas os justos para a Vida Eterna.*

OBSERVAÇÕES DE ER ACERCA DA MORTE

Retomemos agora o relato de Sócrates sobre Er, soldado grego que estava aparentemente morto lá no Mundo Espiritual.

*Como Er se aproximasse, por seu turno, **os juízes disseram-lhe que devia ser para os homens o mensageiro do além e recomendaram-lhe que ouvisse e observasse tudo o que se passava na-***

quele lugar. Viu as almas que se iam, uma vez julgadas, pelas duas aberturas correspondentes do céu e da terra; pelas duas outras entravam almas que, de um lado, subiam das profundezas da terra, cobertas de sujeira e pó. ***Do outro, desciam, puras, do céu***, *e todas essas aí que chegavam sem cessar, pareciam ter feito uma longa viagem. Chegavam à planície com alegria e acampavam aí, como num dia de festa.*
As que se conheciam cumprimentavam-se mutuamente, e as que vinham da terra faziam perguntas às outras sobre o que se passava no além, e as que vinham do céu, sobre o que sucedia na terra.

(Os destaques são meus.)

É um verdadeiro reencontro que ocorre com os seres reencarnados quando regressam ao Mundo da Verdade na hora certa. Chegando lá, são encaminhados para as regiões com as quais espiritualmente se afinam e vivenciam um período de ajuste. **Tudo é atração.** Reaprendem os costumes da nossa Pátria de origem, repassam suas experiências e ações enquanto vestiam a roupagem física, trazem informes sobre o que se passa na Terra ou ainda recebem notícias de seus entes queridos que estão no Plano Espiritual.

Umas contavam as suas aventuras gemendo e chorando, à lembrança dos inúmeros males e de tudo que tinham sofrido ou visto sofrer, durante a sua viagem por baixo da terra, que tem mil anos de duração, ao passo que as outras, que vinham do céu, falavam de experiências deliciosas e de visões de **extraordinário esplendor. Diziam muitas coisas***, Glauco, que exigiriam muito tempo para ser relatadas.*

TUDO DEPENDE DE NOSSOS ATOS NA TERRA

Observem vocês que interessante e pormenorizado fato. Há nesse trecho muita similitude com o que aprendemos nos livros espirituais, a exemplo dos ditados pelo prestimoso André Luiz (Espírito), e por tantos outros Irmãos, acerca das zonas de luz e de trevas, em que muitos Espíritos estacionam ou ascendem. Tudo depende de nossos atos na Terra, como veremos na narrativa que esse soldado da antiguidade faz. Quer dizer, são acontecimentos que sempre estiveram presentes no cotidiano de todos os povos. Nossas ações nesta dimensão da vida têm total correspondência com o Lado de Lá. Quem nos instruiu acerca disso foi Jesus, o Mestre dos mestres:

— *Em verdade, em verdade vos digo que tudo o que ligardes na Terra será ligado no Céu, e tudo o que desligardes na Terra será desligado no Céu* (Evangelho, segundo Mateus, 18:18).

Notem quão séria é nossa responsabilidade perante a Lei de Deus. Prestaremos contas de todos os nossos atos. Prossegue Sócrates:

> *Mas aqui está o resumo, segundo Er. Por determinado número de injustiças que tinha cometido em detrimento de uma pessoa e por determinado número de pessoas em detrimento das quais tinha cometido a injustiça,* **cada alma recebia, para cada falta, dez vezes a sua punição e cada punição durava cem anos, ou seja, a duração da vida humana**, *a fim de que a expiação fosse o décuplo do crime.*
>
> (O destaque é meu.)

Daí a sensação do "castigo eterno". A relatividade do tempo é enorme. No sofrimento, a pessoa tem a impressão de que a dor nunca cessa. É o Postulado das Vidas Sucessivas[1] em franca atividade, concedendo *"a cada um de acordo com as suas obras"* (Evangelho de Jesus, consoante Mateus, 16:27). A clareza dos diálogos socráticos, dispostos por Platão em *A República*, leva-nos a inferir que a Lei Universal da Reencarnação era uma Norma Celeste já intuída pelos gregos antigos.

Pratiquemos o Bem, portanto, não por fajuta esperteza, todavia porque é justo diante de Deus.

---

[1] **Postulado das Vidas Sucessivas** — Outra forma de se referir à Lei Universal da Reencarnação. Ainda encontramos Lei Universal das Vidas Múltiplas.

Os que, *em vez disso*, [diz Er] ***tinham praticado o bem à sua volta, tinham sido justos e piedosos, recebiam, na mesma proporção, a recompensa merecida***. *A respeito dos que foram mortos ainda na infância ou que viveram apenas alguns dias, Er dava outros pormenores que não merece a pena referir.*

Para a impiedade e a piedade em relação aos deuses e aos pais e para o homicídio, havia, segundo ele, castigos e recompensas ainda maiores.

Ele dizia ter estado presente quando uma alma perguntou a outra onde estava Ardieu, o Grande. Este Ardieu fora tirano de uma cidade de Panfília mil anos antes dessa época. Havia matado o seu velho pai, o irmão primogênito e cometido, dizia-se, muitas outras impiedades. Bem, a alma interrogada respondeu: "Não veio, não virá nunca a este lugar".

(O destaque é meu.)

Isso é lógico, porquanto o impiedoso déspota não fazia jus a estar naquela região, que, conforme lemos, era de melhor estágio espiritual.

Aqui, uma ressalva ao que foi dito a respeito do tirano: **Ardieu**, o Grande (só se for no crime), um dia, na Eternidade, depois de pagar muito justamente a sua imensa dívida, *"até o último ceitil"*[2] — como admoesta

---

[2] *"Em verdade, em verdade te digo que de maneira nenhuma sairás dali enquanto não pagares o último ceitil."* Jesus (Mateus, 5:26).

Jesus —, alcançará o direito, pelo processo inafastável da Lei Universal das Múltiplas Vidas, de ser conduzido a esferas mais elevadas. Oportunidade para a redenção jamais falta na Justiça Divina. O próprio Cristo asseverou:

— Os sãos não necessitam de médico, mas, sim, os que estão doentes; Eu não vim chamar os justos, mas, sim, os pecadores ao arrependimento.
Jesus (Marcos, 2:17)

TUDO É ATRAÇÃO

É um verdadeiro reencontro que ocorre com os seres reencarnados quando regressam ao Mundo da Verdade na hora certa. Chegando lá, são encaminhados para as regiões com as quais espiritualmente se afinam e vivenciam um período de ajuste. Tudo é atração.

O Mundo Espiritual, Sócrates, Platão e *A República*
– Parte IV

PODERIAM AS ALMAS INJUSTAS INVADIR O CÉU?

O jovem guerreiro Er está interrogando uma Alma no Mundo Espiritual. Ela agora vai narrar a ele a sua própria chegada e de outros Espíritos, saindo de um território de purgação, possivelmente o Umbral[3], para aquela paisagem mais feliz e bela do início de seu relato, após o julgamento que recebiam.

---

[3] **Nota de Paiva Netto**
Umbral — Em minha obra *A Missão dos Setenta e o "lobo invisível"* (2018), escrevi: Segundo nos relata o Espírito André Luiz, em *Ação e Reação*, *"situado entre a Terra e o Céu,* [o Umbral] *é dolorosa região de sombras, erguida e cultivada pela mente humana, em geral rebelde e ociosa, desvairada e enfermiça"*. É onde o Espírito, pelo sofrimento provocado por ele mesmo, revê os erros que praticou e se prepara para novas oportunidades de crescimento espiritual. A existência do Umbral é mais generosa do que a ideia do inferno eterno, porque aquele propicia nova oportunidade ao infrator; este, não. O nobre Irmão dr. Bezerra de Menezes faz sempre questão de salientar: *"Umbral também é Caridade"*.

[Prossegue a Alma interpelada por Er:] "*Porque, entre outros espetáculos horríveis, vimos este:* **quando estávamos perto da abertura e prestes a subir, depois de termos sofrido as nossas penas**, *vimos de súbito esse tal Ardieu com outros, a maior parte, tiranos como ele, mas havia também particulares que se tinham tornado culpados de grandes crimes. Estes julgavam poder subir, mas a abertura recusou-lhes a passagem e mugia sempre que tentava sair um desses homens incuráveis na sua maldade ou que não tinham expiado o suficiente. Então, seres selvagens, com os corpos em chamas, que estavam ali perto, ouvindo o mugido, agarraram e levaram alguns.*

"*Quanto a Ardieu e aos outros, depois de lhes algemarem as mãos, pés e cabeça, derrubaram-nos, esfolaram-nos, depois arrastaram-nos para fora do caminho e fizeram-nos dobrar sobre arbustos espinhosos, declarando a todos os que passavam por que motivo os tratavam assim e que iam precipitá-los no Tártaro* [inferno]".

Retoma a palavra o soldado Er:

Nesse lugar, acrescentava, tinham sentido terrores de toda espécie, *mas este sobrepunha-se a todos:* **cada um temia que o mugido se fizesse ouvir no momento em que deveria subir e foi para eles uma viva alegria poderem subir sem que ele rompesse o silêncio**. *Tais eram, mais ou menos, as* *penas e os castigos, assim como as recompensas correspondentes.*

Cada grupo passava sete dias na planície. Ao oitavo, devia levantar o acampamento e pôr-se a caminho para chegar, quatro dias mais tarde, a um lugar de onde se via uma luz direita como uma coluna estendendo-se desde o alto, através de todo o céu e de toda a terra, muito semelhante ao arco-íris, mas ainda mais brilhante e mais pura. Chegaram lá após um dia de marcha; e aí, no meio da luz, viram as extremidades dos vínculos do céu, porque essa luz é o laço do céu que, como as armaduras que cingem os flancos das trirremes, mantém o conjunto de tudo o que arrasta na sua revolução.

(Os destaques são meus.)

Reparem bem na hierarquia presente e em pleno funcionamento na narrativa: as Almas que são recalcitrantes na maldade e que se amotinam não conseguem ascender pela brutalidade da força. Apenas as que, pelas boas ações, conquistaram certo grau de merecimento, conforme o relato socrático, podem atravessar a referida abertura para ter uma vida espiritual mais frutuosa.

ESCOLHAS, DESTINO E RENASCIMENTO

No trecho a seguir, Sócrates demonstra que o jovem guerreiro Er, tal qual se dera com João Evangelista na Ilha de Patmos, faz uso de linguagem simbólica, tentando traduzir para os seus contemporâneos aquilo a que os olhos dele assistiam. Muita vez ocorre isso em revelações mediúnicas, e procura-se explicar o que se vê por meio de analogias com elementos existentes no plano material.

> *A essas extremidades está suspenso o fuso da Necessidade, que faz girar todas as esferas; a haste e o gancho[4] são de aço, e o contrapeso, uma mistura de aço e outras matérias. (...) Todo o fuso gira com um mesmo movimento circular, mas, no conjunto arrastado por este movimento, os sete círculos interiores realizam lentas revoluções de sentido contrário ao do todo. (...)*
> *O próprio fuso gira sobre os joelhos da Necessidade. No alto de cada círculo está uma Sereia, que gira com ele, fazendo ouvir um único som, uma única nota; e estas oito notas compõem em conjunto uma única harmonia. Três outras mulheres, sentadas ao redor a intervalos iguais, cada uma num trono, as filhas da Necessidade, ou seja, as Moiras[5], vestidas de branco, com a cabeça*

---

[4] **Nota do tradutor da versão em português** — Os fusos gregos constavam de uma haste vertical, cuja extremidade superior terminava num gancho, sob o qual passava a lã, que depois se ia enrolar na referida haste; na parte inferior desta, ficava o contrapeso, que facilitava a rotação, enquanto se fiava.

[5] **Moiras** — O professor **Zeferino Rocha**, em sua obra *Freud: Novas aproximações*, define: *"Na Grécia arcaica, a Moira representava, de forma impessoal, a força inexorável do Destino, ao qual estavam sujeitos os homens e os deuses, os mortais e os imortais. Depois da epopeia homérica, ela passou a ser representada sob a forma de três figuras femininas, denominadas: Klotó (a fiandeira), Láquesis (aquela cuja função era sortear o nome dos que deviam morrer) e Áthopros (a inflexível, ou seja,*

Os três destinos: Cloto, Láquesis e Átropos (1558-59), por Giorgio Ghisi (c. 1520-1582).

coroada de grinaldas. Elas cantam acompanhando a harmonia das Sereias e são três: **Láquesis** *canta o passado,* **Cloto**, *o presente, e* **Átropos**, *o futuro. (...)*

A RESPONSABILIDADE DE NOSSAS DECISÕES

O que se segue é ainda mais interessante: Er vai descrever de que forma as Almas escolhem o seu renascimento neste mundo, além de dar notícia de todas as

---

aquela que não voltava atrás e cuja função era cortar o fio da vida). Breve, as Moiras eram divindades cuja missão era fiar, sortear e cortar o fio da vida e executar o destino dos mortais. Na Mitologia romana, as Moiras encontraram suas correspondentes nas figuras femininas das Parcas. Estas foram representadas, na maioria das vezes, como três velhas, cuja função era também tecer o fio da vida humana".

espécies de vida que o indivíduo pode incorporar e das consequências boas ou más dessas decisões. Podemos notar a presença de um hierofante, termo empregado para designar os sacerdotes da alta hierarquia dos mistérios da Grécia e do Egito, cuja missão era revelar as coisas sagradas. Nesse contexto, parece assumir papel de Espírito Guia, Alma Bendita, Anjo Guardião, Nume Tutelar e outras denominações dadas a Amigos do Espaço que trabalham pelo nosso Bem.

E vejam que tudo isso foi escrito por Platão, ao registrar os diálogos socráticos, cerca de 380 anos antes da Primeira Vinda Visível de Jesus ao planeta Terra e mais de 1.900 anos antes de Allan Kardec lançar *O Livro dos Espíritos*.

Voltemos ao trecho de *A República* que trata das Almas que estão para retornar ao mundo material:

> *Assim, quando chegaram, tiveram de se apresentar imediatamente a Láquesis. Antes disso, um hierofante os pôs por ordem; depois, tirando dos joelhos de Láquesis destinos e modelos de vida, subiu a um estrado elevado e falou assim:*
>
> *"Declaração da virgem Láquesis, filha da Necessidade:* ***'Almas efêmeras, ides começar uma nova carreira e renascer para a condição mortal****. Não é um gênio que vos escolherá,* ***vós mesmos escolhereis o vosso gênio****. Que o primeiro designado pela sorte seja o primeiro a escolher a vida a que ficará*

ligado pela necessidade. A virtude não tem senhor: **cada um de vós, consoante a venera ou a desdenha, terá mais ou menos. A responsabilidade é daquele que escolhe. Deus não é responsável'"**.

(Os destaques são meus.)

Adiante, refletiremos sobre o funcionamento da Lei Divina de Causa e Efeito, examinando o uso que se faz do inviolável livre-arbítrio, concedido pelo Pai Celestial, na sincronização perfeita entre passado, presente e futuro — o Tempo, o *Grande Ministro de Deus*, analisado pelo prisma espiritual.

ESPÍRITO NO CENTRO DAS DECISÕES DO CORPO

Precisamos compreender e entronizar o conceito fundamental de que a matéria obedece ao que o Espírito decide. Retira-se a parte imperecível do corpo, o que sobra, senão o cadáver? O centro das decisões está na Alma, que anima o corpo transitório.

O Mundo Espiritual, Sócrates, Platão e *A República*
– Parte V

TODO DIA É DIA DE RENOVAR NOSSO DESTINO

Na sequência da exposição de Er, feita por Sócrates a Glauco, a respeito de sua experiência de quase-morte, Láquesis lançou os destinos, e cada indivíduo — menos o próprio Er, pois, enquanto mensageiro-observador, não lhe foi autorizado — recebeu o que lhe coube dentro de ampla gama de possibilidades, desde uma vida de tirania até uma de mendicância. Atenção, no entanto, a este pormenor:

> *Parece que é* **aqui, Glauco, que reside para o homem o maior perigo**. *Aqui está a razão por que cada um de nós, pondo de lado qualquer outro estudo, deve, sobretudo, preocupar-se em procurar e cultivar este, ver se é capaz de saber e descobrir quem lhe dará a possibilidade e a*

ciência de distinguir uma vida honesta da que é má e de escolher sempre, em toda a parte, tanto quanto possível, a melhor.

(Os destaques são meus.)

No prosseguimento, encontramos esta advertência de Sócrates a Glauco acerca de escolhas acertadas a serem feitas e o impacto delas em nosso destino de governante ou cidadão:

Tendo em mente qual é o efeito dos elementos de que acabamos de falar, tomados juntos e depois em separado, sobre a virtude de uma vida, conhecerá o bem e o mal que proporciona certa beleza, unida à pobreza ou à riqueza e acompanhada desta ou daquela disposição da alma; **quais são as consequências de um nascimento ilustre ou modesto, de uma condição privada ou pública, da força ou da fraqueza, da facilidade ou da dificuldade** *em aprender e de todas as qualidades semelhantes da alma, naturais ou adquiridas, quando se misturam umas com as outras, para que, confrontando todas estas considerações e não perdendo de vista a natureza da alma, possa escolher entre uma vida má e* **uma vida boa**, *chamando má à que* **possa tornar a alma** *mais injusta; e boa à que a torne* **mais justa**, *sem atender ao resto. Na verdade,* **vimos que, durante esta vida e depois da morte, é a melhor**

escolha que se pode fazer*. E é preciso defender esta opinião com absoluta inflexibilidade ao descer ao Hades, para que também lá não se deixe deslumbrar pelas riquezas e pelos miseráveis objetos desta natureza;* **não se exponha, lançando-se sobre tiranias** *ou condições afins, causando, assim, males sem número e sem remédio e* **sofrendo, por conseguinte***, outros ainda maiores; para saber, pelo contrário, escolher sempre uma condição intermediária e evitar os excessos nos dois sentidos,* **nesta vida***, tanto quanto possível,* **e em toda a vida futura***, porque é a isto que se liga a maior felicidade humana.*

(Os destaques são meus.)

A VIDA MATERIAL TAMBÉM É ESPIRITUAL

Geralmente, pensa-se sobre a morada espiritual quando se está próximo do fenômeno da morte. Triste engano, pois a vida na matéria é continuidade no ciclo eterno da existência.

Voltando ao guerreiro Er, ele vem reproduzindo tudo quanto viu na sua experiência de quase-morte, com riqueza admirável de informações. Há de se observar, pelas culturas afora, a preocupação em se compreender os mecanismos da vida, o que ocorre além dela e o que influencia diretamente no retorno de um Espírito ao plano material. Tudo está interligado. E fica claro que somos senhores do nosso destino, não podendo blasfemar contra os Céus pelas más escolhas que fazemos ou pelos erros em que incorremos, como no caso a seguir:

> *Pois bem, segundo o relato do mensageiro do além, o hierofante dissera, ao lançar os destinos: "Mesmo para o último a chegar, se fizer uma escolha sensata **e perseverar com ardor na existência honesta escolhida, há uma condição agradável, e não má**. Nem o primeiro deixe de escolher com prudência, nem o último com coragem".*
> *Quando acabou de pronunciar estas palavras, disse Er, **aquele a quem coubera o primeiro destino escolheu de imediato a maior tirania** e, arrebatado pela loucura e avidez, apossou-se dela sem prestar a devida atenção ao que fazia; e **não viu que o destino implicava que o seu possuidor comeria os próprios filhos e cometeria outros horrores**. Mas, depois de cair em si, bateu no peito e deplorou a sua escolha, **esquecendo os avisos do hierofante**, pois que, **em vez de acusar a si mesmo por seus males, voltava-se contra a sorte, as divindades e tudo o mais**.*
>
> (Os destaques são meus.)

Na continuidade da história, o guerreiro Er surpreende-se com a prudência das Almas vindas da Terra na escolha da reencarnação, pelo fato de muitas terem purgado sofrimentos em vidas anteriores.

A maior parte das [Almas] *que chegavam da terra, havendo sofrido e visto sofrer as outras* [referindo-se aos Espíritos que fizeram escolhas péssimas antes delas]*, não se precipitavam na escolha.*

Daí que, como dos acasos do sorteio, a maior parte das almas trocava um bom destino por um mau e vice-versa. E assim, se sempre que um homem nascesse para a vida terrestre se dedicasse salutarmente à filosofia e o destino não o convocasse a escolher entre os últimos, parece, segundo o que se conta do além, que não só seria feliz neste mundo, mas que a sua passagem deste mundo para o outro e o regresso se fariam não pela aspereza da terra, mas pela lisura do céu.

NÃO CULPE A DEUS POR SUAS MÁS ESCOLHAS

Urge realçar que muita gente que toma decisões impetuosas e, por consequência, comete equívocos, depois, quer sempre pôr a culpa em Deus, cuja existência, em geral, paradoxalmente nega. O ser humano até agora não aprendeu a amar e, dessa forma, mata, suicida-se, envenena, acaba com tudo, não é solidário, mas, sim, solitário, porque ainda se comporta egoisticamente. Depois, com imaturidade, responsabiliza o Pai Celestial, o Cristo, o Espírito Santo, o Evangelho, o Apocalipse e tudo o que estiver à sua frente, menos a si próprio. E vai-se dando mal por agir assim, inadvertidamente. É necessário, cada vez mais, conscientizarmo-nos de que **a morte não extingue a vida** e de que a nossa conduta impacta a saúde espiritual, política e social dos povos. A existência é eterna e contínua. **As escolhas de hoje moldam os nossos destinos e os das gerações no amanhã.**

Daí ter, muito sabiamente, Zarur encerrado o seu poema *A voz do Apocalipse* com as seguintes estrofes:

> *— (...) Sejamos todos um no Pai que tudo vê!*
> *Um só rebanho existe, alerta, ao chamamento*
> *Do Pastor Celestial, nosso Bem, nosso Norte!*
>
> *Venham, porque terão na sua LBV,*
> ***Marchando sempre à luz do Novo***
> ***[Mandamento,***
> ***Segurança na vida e salvação na morte!...***
>
> (O destaque é meu.)

A Legião da Boa Vontade e a Religião de Deus, do Cristo e do Espírito Santo acolhem ecumenicamente — sem conflitos nem sectarismos — a todos os que desejam seguir pelas estradas do Amor Fraterno e da Justiça de Deus, percorrendo-as com passos firmes, seguros e solidários, jamais se envergonhando de seus atos, pois fundamentados estarão na Ordem Máxima do Cristo:

— *Amai-vos como Eu vos amei. Somente assim podereis ser reconhecidos como meus discípulos, se tiverdes o mesmo Amor uns pelos outros. Não há maior Amor do que doar a própria vida pelos seus amigos. E vós sereis meus amigos se fizerdes o que Eu vos mando. E Eu vos mando isto: amai-vos como Eu vos amei* (Evangelho, segundo João, 13:34 e 35; e 15:13, 14 e 17).

ESCOLHAS DE HOJE MOLDAM O AMANHÃ

É necessário, cada vez mais, conscientizarmo-nos de que a morte não extingue a vida e de que a nossa conduta impacta a saúde espiritual, política e social dos povos. A existência é eterna e contínua. As escolhas de hoje moldam os nossos destinos e os das gerações no amanhã.

O Mundo Espiritual, Sócrates, Platão e *A República*
— Parte VI (final)

LIVRE-ARBÍTRIO GERA DETERMINISMO

Afirmei em *As Profecias sem Mistério* (1998) que **livre-arbítrio gera determinismo**[6]. Portanto, a relativa liberdade de escolha[7] — ou seja, liberdade essa que não é absoluta — tece o nosso porvir.

Uns acham que temos apenas livre-arbítrio e que podemos fazer o que quisermos, sem que haja consequências. No entanto, é só observar o mundo para perceber quão errados estão. Essa esbórnia que ameaça o planeta é justamente derivada disso,

— Ora, eu não tenho livre-arbítrio?! Faço o que quiser! Eu, eu, eu!... Ademais, eu não preciso de nin-

---

[6] **Livre-arbítrio gera determinismo** — Leia o subtítulo com mesmo nome em *As Profecias sem Mistério* (1998), do escritor Paiva Netto. Adquira o seu exemplar no *site* www.PaivaNetto.com/livros ou ligue 0300 10 07 940.
[7] **Relativa liberdade de escolha** — Aprofunde-se no tema lendo também o capítulo "Deus, livre-arbítrio relativo e responsabilidade", constante desta obra.

guém! Eu não devo nada a ninguém! Eu valho por mim mesmo (ou por mim mesma)! Quero é saber de mim! Eu, eu, eu!... Os outros que se lixem!

Como se o que acontece com os outros não o afetasse...

Meu Irmão, será que você não deve mesmo nada a ninguém?! E você, minha Irmã?! Ah, é?! Então, vejamos: a roupa que você veste não foi feita por você. Rarissimamente as pessoas confeccionam as próprias vestimentas. Só se forem costureiras ou alfaiates. Ainda assim, e o tecido? E os botões? Também não foram produzidos por você nem por eles, mas, sim, vieram de alguma fábrica, de uma micro, média ou grande empresa. E a pasta e a escova de dentes? E mais: o feijão, o arroz? Foi você quem os plantou, meu Irmão? Foi você, minha Irmã? É fundamental derrubar a sociedade do ser humano solitário, para fazer surgir a Sociedade do Ser Humano **Solidário Altruístico Ecumênico**.

A propósito, recordemos a máxima de Zarur que concilia determinismo e livre-arbítrio. Diz o ilustre poeta e pregador:

— *A Lei Divina, julgando o passado de homens, povos e nações, determina-lhes o futuro.*

Juntou o livre-arbítrio da criatura humana, a ser medido por Deus (*"A Lei Divina, julgando o passado de ho-*

mens, povos e nações"), ao determinismo resultante dos atos, bons ou maus, que praticamos (*"determina-lhes o futuro"*). Daí surge o determinismo (bem diferente do fatalismo), mas não como algo aleatório ou uma bomba voadora que não sabemos onde cairá, decisão de um "deus" insano, que, de repente, resolve dividir benesses e torturas entre seres terrestres ou celestes, conforme o seu bestunto alienado. Não! O Deus Divino — assim exaltado por Zarur —, que em nada se assemelha ao atabalhoado deus antropomórfico, nos favorece com a liberdade, mas somos nós que edificamos o nosso destino, de acordo com o emprego que fizermos do livre-arbítrio que Dele obtivemos. As Normas Celestes são perfeitas, por isso justíssimas. Jesus, o Sublime Legislador, testificou:

> — *Não penseis que vim revogar a Lei ou os profetas: não vim para revogar, vim para cumprir. Porque em verdade, em verdade vos digo: passará o Céu, passará a Terra, mas nem um i ou um til jamais passará da Lei, até que se cumpram todas as coisas* (Evangelho, segundo Mateus, 5:17 e 18).

Evidentemente, o Cristo respalda-se na Constituição Sublime do Cosmos e não em códigos humanos, que, por mais bem-intencionados que sejam, ainda são falhos.

PLANEJAMENTO ESPIRITUAL PARA A PRÓXIMA VIDA

Ao finalizarmos a transcrição do importante trecho da obra *A República*, de Platão, que relata o diálogo entre Sócrates e Glauco, por meio do qual o Príncipe dos Filósofos salienta a experiência de quase-morte do guerreiro Er, observamos, entremeada por símbolos e elementos culturais da Grécia antiga, a consolidação do planejamento realizado em Espírito para a vida dos seres regressantes ao plano físico.

> *O espetáculo das almas que escolhem a sua condição, acrescentava Er, valia a pena ser visto, porque era digno de piedade, mas também ridículo e surpreendente. Com efeito,* **era segundo os hábitos da vida anterior que, na maioria das vezes, faziam a sua escolha.** *(...)*
>
> *Depois que todas as almas escolheram a sua vida, avançaram para Láquesis pela ordem que a sorte lhes fixara. Esta* **deu a cada uma o gênio que tinha preferido, para lhe servir de guardião durante a existência** *e realizar o seu destino. O gênio conduzia-a primeiramente a Cloto e, fazendo-a passar por baixo da mão desta e sob o turbilhão do fuso em movimento, ratificava o destino que ela havia escolhido. Depois de ter tocado o fuso, levava-a para a trama de Átropos, para tornar irrevogável o que tinha sido fia-*

O MUNDO ESPIRITUAL, SÓCRATES, PLATÃO E *A REPÚBLICA* – PARTE VI (FINAL)

As águas do Lete pelos Campos Elísios (c. 1880), por John Roddam Spencer-Stanhope (1829-1908).

do por Cloto. Então, sem poder voltar atrás, a alma passava por baixo do trono da Necessidade; e, quando todas chegaram ao outro lado, dirigiram-se para a planície do Lete⁸, passando por um calor terrível que queimava e sufocava.

Pois esta planície está despida de árvores e de tudo o que nasce da terra. Ao anoitecer, acamparam nas margens do rio Ameles⁹, cuja água nenhum vaso pode conter. **Cada alma é obrigada a beber uma certa quantidade dessa água**, mas as que não usam de prudência bebem mais do que deviam. **Ao beberem, perdem a memória de tudo.** Então, quando todas adormeceram e a noite chegou à metade, um trovão se fez ouvir, acompanhado de um tremor de terra,

---

[8] **Lete** — Palavra grega que significa "esquecimento". Na mitologia grega, Lete é um dos rios do Hades. Aqueles que bebessem de sua água ou, até mesmo, tocassem nela experimentariam o completo esquecimento.
[9] **Rio Ameles** — Como também é conhecido o rio do Lete.

*e as almas, cada uma por uma via diferente, lançadas de repente nos espaços superiores para o lugar do seu nascimento, faiscaram como estrelas. **Quanto a ele, dizia Er, tinham-no impedido de beber a água.** Contudo, ele **não sabia por onde nem como a sua alma se juntara ao corpo: abrindo de repente os olhos, ao alvorecer, vira-se estendido na pira**.*

*Foi assim, ó Glauco, que a história se salvou e não pereceu. E poderá salvar-nos, se lhe prestarmos fé, e fazer-nos passar a salvo o rio do Lete e não poluir a alma. Se acreditarem em mim, crendo que **a alma é imortal e capaz de suportar todos os males e todos os bens, seguiremos sempre o caminho para o alto e praticaremos por todas as formas a justiça com sabedoria**. Assim estaremos de acordo conosco e com os deuses, enquanto permanecermos aqui; e, depois de termos conseguido os prêmios da justiça, como os vencedores dos jogos que andam em volta a recolher as prendas da multidão, tanto aqui como na viagem de mil anos que descrevemos, havemos de ser felizes.*

(Os destaques são meus.)

Aí está, minhas Amigas e meus Irmãos, minhas Irmãs e meus Amigos, a fascinante narrativa de Er, registrada por Platão em *A República*. Ao soldado grego não foi permitido beber da água do rio Ameles, pois, como ainda estava ligado ao seu corpo, portanto, encarnado, ali apenas se encontrava transitoriamente. Além disso, precisava reter em sua memória tudo aquilo de que fora testemunha. Era alguém que passava por uma experiência de quase-morte, fenômeno que pesquisadores de diversos países vêm investigando, como veremos no próximo capítulo.

OS MECANISMOS JUSTOS DA VIDA ETERNA

Muitos podem considerar injusto o esquecimento temporário das vidas anteriores quando ocorre o processo do renascimento, questionando:

— *O que vale reencarnar e esquecer o passado?*

No entanto, conforme expliquei na série radiofônica "Ação e Reação", no início da década de 1990, ao comentar passagens do livro homônimo de André Luiz (Espírito), pela psicografia do médium brasileiro Chico Xavier, a Sabedoria, a Bondade e a Justiça de Deus são realmente infinitas, porquanto o Pai Celestial tudo faz para aplacar o ódio, mesmo com atitudes ou mecanismos ainda incompreendidos por nós. E o esquecimento temporário das dívidas passadas é um deles. Imaginem se regressássemos ao corpo físico sabendo que fulano de tal nos prejudicou em outra existência ou se alguém tem conhecimento de que nós fizemos isso ou aquilo de ruim a ele... Dessa forma, a reconciliação ou o pagamento das dívidas, enfim, a derrota definitiva do mal pelo plantio do Bem demoraria muito mais.

Quando paramos para pensar, deduzimos que a melhor solução é olvidar mesmo os fatos anteriores, procurarmos saldar os débitos do pretérito e seguirmos adiante.

É verdade que alguns têm ciência, por meio das terapias de regressão de vidas passadas, sonhos e premonições, de determinados eventos, mas de certa maneira velada, porque a psicologia humana é bem diferente da do Espaço, isto é, da Psicologia **além** da psicologia. Um dia, serão semelhantes ou iguais à medida que o mundo evoluir e a União das Duas Humanidades[10], pregada pelo saudoso Alziro Zarur, for uma realidade para todos.

POLÍTICA DE DEUS – UMA NECESSIDADE PREMENTE DA ALMA

Estamos trabalhando humildemente para que esse desiderato se cumpra o mais breve possível, exercendo na Terra a Política de Deus, que cuida não somente de corpos — o que constitui apenas parte de sua tarefa —,

---

[10] **União das Duas Humanidades** — A de baixo, esta de que fazemos parte, com a do Alto, a dos chamados "mortos", mas que permanecem tão vivos quanto nós.

pois nutre, sobretudo, a sua essência, o que representa o seu real e venturoso desígnio.

De uma vez por todas, precisamos compreender e entronizar o conceito fundamental de que **a matéria obedece ao que o Espírito decide**. Retira-se a parte imperecível do corpo, o que sobra, senão o cadáver? O centro das decisões está na Alma, que anima o corpo transitório.

Por isso, valendo-me do espírito de *A República*, de Platão, que discute o conceito de justiça na formação do indivíduo e do Estado ideal, afirmo que **a Política de Deus é uma necessidade premente da Alma** na época em que vivemos. Um de seus nobres objetivos é este: unir a humanidade da Terra à Humanidade do Céu, estabelecendo um intercâmbio consciente com as Forças do Bem. **Só então teremos o dinâmico Governo Espiritual de Deus, do Cristo Estadista — o Jesus Ecumênico — e do Espírito Santo, aceito definitivamente por todos.** Trata-se do já mencionado **Determinismo Divino**, acima de qualquer determinismo ou planejamento humano levantado como obstáculo. Por isso, se a peleja é árdua, maior será o galardão. **Por Jesus vale a pena lutar e vencer!**

Acertadamente poetizou Fernando Pessoa, o famoso vate português:

— *Tudo vale a pena se a alma não é pequena.*

E a Alma do Divino Mestre — que está vivo, para todo o sempre — é imensa, infinita! Ela envolve o planeta Terra por inteiro e ama os seus diversos povos indistintamente, sendo religiosos ou ateus.

Portanto, caríssimas leitoras, estimados leitores, **para a frente e para o Cristo é a nossa destinação**!

A BUSCA PELA COMPREENSÃO CORRETA DA NOSSA ESSÊNCIA

Ao longo das décadas, tenho defendido na imprensa brasileira e do exterior que, aos poucos, a criatura humana vai aumentando a consciência de que a continuidade da vida após a "morte" não é um conceito que interessa apenas aos que professam alguma crença religiosa ou filosófica, mas é objeto de estudo sério para todos. A compreensão correta de que somos, antes de mais nada, Espírito intensifica a força de vontade no enfrentamento de tudo o que não seja recomendável à nossa existência, coletiva ou individual.

EXPERIÊNCIAS DE QUASE-MORTE E A REALIDADE DO ESPÍRITO

Partes de I a V

Experiências de quase-morte e a realidade do
Espírito – Parte I

EXPERIÊNCIAS DE QUASE-MORTE (EQMs)

Nos capítulos anteriores, pudemos estudar vários pontos da narrativa do soldado Er sobre os momentos em que permaneceu aparentemente morto. Todavia, a ligação de seu Espírito com o vaso físico não se havia encerrado. Para a surpresa da comunidade, o guerreiro grego, cujo corpo já recebia as homenagens finais, retorna do suposto óbito e descreve em minúcias o que viu do Outro Lado da Vida.

Conceituados pesquisadores pelo mundo, de diversas áreas acadêmicas, têm investigado fenômenos iguais a esse, ocorrido na Grécia antiga. O antes mencionado dr. Raymond Moody, psiquiatra e filósofo norte-americano, é um dos principais especialistas no tema. Foi ele quem primeiro usou a expressão "experiência de quase-morte" (EQM) em seus estudos. O interesse pelo assunto deu-se a partir de 1962, quando frequentava, na Universidade da Virgínia, nos Estados Unidos, um curso de Filosofia no qual analisou justamente *A República*, de Platão. Ao ler o último livro, impressionou-se com a história de Er e, de lá para cá, não parou mais de examinar esses eventos, tendo tomado ciência de milhares de relatos. Em sua obra *A Vida depois da Vida*, assim resumiu a perspectiva platônica:

> *— De acordo com Platão, a alma vem ao corpo físico de um reino superior e divino do ser. Para ele é o* nascimento *que é o dormir e o esquecer, uma vez que a alma, ao ser nascida no corpo, vai de um estado de maior consciência para um bem menos consciente, e nesse meio-tempo esquece a verdade que sabia no estado anterior fora do corpo. A morte, por implicação, é um* despertar *e um* relembrar. *Platão observa que a alma que com a morte foi separada do corpo pode pensar e raciocinar ainda mais claramente do que antes, e que pode mais facilmente reconhecer as coisas na sua verdadeira natureza. Além disso, logo depois da morte depara-se com um "julgamento", em que um ser divino exibe diante da alma todas as coisas — tanto boas quanto más — que ela fez durante a sua vida, e faz com que a alma as encare.*

O programa *Conexão Jesus — O Ecumenismo Divino*, da Super Rede Boa Vontade de Comunicação (rádio, TV, internet e publicações), realizou uma entrevista exclusiva com o renomado professor, cujo conteúdo reproduziremos, em trechos, aqui. Na oportunidade, ele nos trouxe a explicação clássica do que é uma EQM:

> ***Experiência de quase-morte (EQM)*** *é uma forma de consciência transcendental ou um estado alterado de consciência que acomete as pessoas quando elas se encontram em um estado fisiológico extremo: o coração pode parar e a respiração também, mas mesmo assim, do ponto de vista delas, elas entram num estado muito profundo de consciência transcendental. E é isso que chamamos de experiência de quase-morte. (...)*
> *Em 1973, quando comecei a palestrar mais formalmente sobre esses temas em sociedades médicas, ficou evidente que essa experiência era muito comum e que ela precisava de alguma espécie de denominação. Pensei em vários nomes, mas o primeiro que surgiu foi* experiências visionárias paramortais. *Quando falei o nome para um dos meus professores, o dr.* **Ross Morse**, *professor de Hematologia, que estava interessado no meu trabalho, ele disse: "Não soa muito como um termo médico". Então, tentei pensar em outro termo e não queria dizer "Experiências de Morte", porque essas pessoas não estavam mortas; estavam próximas da morte, mas normalmente dizemos que alguém está*

quase morto. Por isso, pareceu sensato chamá-las de "Experiências de Quase-Morte".

ASPECTOS ESTRUTURAIS DAS EQMs

Tendo em vista tantos casos catalogados, o dr. Moody buscou organizá-los pelos aspectos estruturais que eles apresentam em comum.

As pessoas deixam seu corpo físico e passam por um túnel e entram em uma dimensão na qual — não importa quão articuladas e educadas elas sejam — todas dizem que simplesmente não existem palavras para descrever essa sensação, pois está além da linguagem, e elas entram em uma dimensão que é muito mais real que esta dimensão física na qual estamos agora.

Elas dizem que percebem uma luz que traz muito conforto, alegria e amor e que encontraram parentes ou amigos que já haviam morrido e que pareciam estar lá para recebê-las, saudá-las e ajudá-las durante a transição. Elas se identificaram empaticamente com a pessoa com quem interagiram naquele momento. Elas nos contam que, em um instante, elas veem tudo que já fizeram em um tipo de holograma e recapitulam cada ato de sua vida, não do ponto de vista que tinham quando fizeram aquela ação, mas num ângulo diferente desse. Então, ao rever os episódios da vida, caso elas se vejam fazendo algo maldoso para alguém, elas sentem tristeza. Caso elas se vejam fazendo algo gentil para alguém, elas sentem os bons sentimentos do que fizeram. (...)

Pessoas de todo o mundo me contam que, muito frequentemente, essa retrospectiva de suas vidas acontece na companhia de um "ser de luz", dotado de total compaixão e amor, que as ajuda durante esse panorama e chama a atenção delas para determinados aspectos e as auxilia a entendê-los. E, mundialmente, a descrição desse "ser" é a mesma: uma luz brilhante cheia de compaixão e amor. Às vezes, as pessoas parecem defini-lo de acordo com o seu contexto cultural, mas a descrição desse ser de compaixão parece similar em todo o mundo.

A PERCEPÇÃO DO TEMPO DURANTE A EQM

Um aspecto que chamou a atenção do psiquiatra norte-americano em suas pesquisas foi a questão do tempo durante a EQM. Sendo uma experiência transcendental ou um estado alterado de consciência, essa percepção não é sentida da mesma forma que transcorre na Terra.

Ele destaca ainda na entrevista à Super Rede Boa Vontade de Comunicação:

Em primeiro lugar, talvez não seja tão exato falar sobre a duração de uma EQM, porque as pessoas dizem que, assim que entram nesse estado, o tempo desaparece. Uma mulher me disse: "Raymond, você pode dizer que minha experiência durou um segundo ou pode dizer que durou dez mil anos, não faz a menor diferença a maneira que disser isso".

Portanto, o tempo não é um fator, exceto quando as pessoas dizem que, quando narram a experiência, elas precisam narrá-la em uma sequência, porque a linguagem é sequencial. **Porém, elas dizem que, durante a experiência, o tempo não passa.** *Agora, uma coisa que podemos dizer é que, como regra geral, quanto mais tempo durar a parada cardíaca de uma pessoa, mais a EQM aparentemente se torna envolvente e complexa. (...) Mas o que dizemos é: o tempo nesta nossa dimensão parece estar expresso na narrativa da EQM mais pelo aspecto da complexidade do que pelo tempo em si, porque a experiência não tem uma duração.*

(O destaque é meu.)

O EFEITO TRANSFORMADOR DE UMA EXPERIÊNCIA DE QUASE-MORTE

Algo que é interessante notar nos relatos é a transformação íntima que ocorre naqueles que vivenciam uma EQM. Estes passam a ter outra relação com a própria vida ao vislumbrar a eternidade dela.

> *Então, as pessoas voltam dizendo que não têm mais medo da morte, porque a experiência que tiveram as convenceu de que o que chamamos de morte **é uma transição para outra realidade**. Para aqueles que estão com saudade de seus entes queridos que morreram, as pessoas que passaram por EQMs me disseram que nós os veremos novamente e nos contam que não importa o que estavam buscando para si antes. **A importância desta vida que estamos vivendo é aprender a amar.** É isso que escuto das pessoas em todo o mundo. (...)*
>
> *Tenho concluído que este episódio pelo qual passamos aqui e que chamamos de vida é apenas uma pequena parte de algo bem maior. E, como estou começando a entender, no momento da morte nossa consciência é, de alguma forma, transmitida para um estado de realidade maior e mais inclusivo. E o objetivo parece ser, de algum modo, algo que achamos muito difícil de conceituar no estado em que nos encontramos agora, que isso faz parte de um progresso. **Ouço pessoas dizer que o desenvolvimento não cessa quando você morre; que o desenvolvimento de nossa alma e de nossa vida continua em outra dimensão da realidade após o evento que chamamos de morte.***
>
> (Os destaques são meus.)

Muito interessantes essas ponderações. De fato, o milagre que Deus espera dos seres espirituais e humanos é que aprendam a amar-se. Assimilemos essa urgente lição sublime.

CONSCIÊNCIA DA VIDA ESPIRITUAL E EXPERIÊNCIAS DE QUASE-MORTE

É importante reforçar um fato que temos com insistência esclarecido nesta obra: quando o ilustre psiquiatra diz que, "*para aqueles que estão com saudade de seus entes queridos que morreram, as pessoas que passaram por EQMs me disseram que nós os veremos novamente...*", isso apenas se dará se não encurtarmos a nossa vida pelo desastroso suicídio. **Não ter mais medo do fenômeno chamado morte** — uma transição ao prosseguimento de nossa jornada evolutiva no Mundo Espiritual — **não deve ser convite para interromper a existência física antes da hora, pois se trata de grave infração contra as Leis de Deus, que nos sustentam.** Portanto, **não se mate. Viver é melhor!**

O dr. Moody salientou, em sua palavra à Super Rede Boa Vontade de Comunicação, que o aprendizado advindo das EQMs tem contribuído para a redução dos índices de suicídio.

Já foram realizados estudos que indicam que o conhecimento sobre EQMs tende a diminuir a idea-

*ção suicida. Mas também sabemos de pessoas que, por exemplo, tiveram EQMs como resultado de uma tentativa de suicídio e nos disseram que **nunca mais tentarão se matar**. Porque aprenderam com a experiência que, mesmo quando os tempos são difíceis, a vida tem um propósito. Elas também nos falaram que perceberam que, **caso sua tentativa de suicídio tivesse dado certo, teriam que ter visto a tristeza e a dor que aquela ação causaria nas pessoas queridas que deixariam para trás**. Portanto, essas EQMs tendem a fazer com que pessoas que tenham tentado o suicídio não tentem mais.*

(Os destaques são meus.)

Reitero o que venho afirmando há décadas: o Amor estabelece a simpatia. E este é o atrativo que não perece, a graça eterna do Espírito. Nem a morte separa os que se amam. Menos quando há suicídio.

SUICÍDIO – GRAVE INFRAÇÃO CONTRA AS LEIS DE DEUS

Não ter mais medo do fenômeno chamado morte — uma transição ao prosseguimento de nossa jornada evolutiva no Mundo Espiritual — não deve ser convite para interromper a existência física antes da hora, pois se trata de grave infração contra as Leis de Deus, que nos sustentam. Portanto, não se mate. Viver é melhor!

> Experiências de quase-morte e a realidade do
> Espírito – Parte II

CIÊNCIA ADOGMÁTICA: MUDAR AS PERSPECTIVAS ANTE NOVAS EVIDÊNCIAS

Nosso desejo é que a Ciência, a Filosofia, a Religião, a Psicologia, entre tantas outras áreas fundamentais do saber humano, prossigam avançando, cada vez mais, na análise do Mundo Espiritual. E que constantemente o façam sob as melhores manifestações de Fraternidade, Amor, Compaixão, Generosidade e de outros elevados sentimentos. Tal atitude só trará progresso e sabedoria aos povos. Devemos pôr abaixo as barreiras, principalmente as mentais, que nos impedem de ascender à dimensão do Espírito. Daí a urgência de se removerem quaisquer dogmas do campo acadêmico, pois **ciência adogmática significa mudar as perspectivas ante novas evidências.** E os indícios sobre a Vida Eterna sempre estiveram aí e persistem em crescer exponencialmente aos que têm *"olhos de ver e ouvidos de ouvir"*.

O próprio dr. Raymond Moody, psiquiatra e filósofo norte-americano, cuja entrevista à Super Rede Boa Vontade de Comunicação aqui estamos comentando, salienta que os correntes parâmetros racionais precisam ser revistos:

Acho que o que vai acontecer é que teremos que expandir nossa lógica. Não apenas de uma forma que se revele como queremos, mas, em vez disso, investigar a objeção real que talvez seja a mais séria levantada contra a questão da vida após a morte. Tradicionalmente, a objeção tem sido que ela é ininteligível. Mas acredito muito que podemos trabalhar em cima dessa questão agora, pois o fato de algo ser ininteligível não é mais um obstáculo para a investigação racional. Penso que temos que conduzir um novo sistema de lógica que nos permita pensar logicamente sobre coisas que até agora não fizeram sentido. E, nessas condições, o que encontraremos é que existem aspectos de nossa mente que não sabíamos que tínhamos. A mente tem capacidade plena para computar ou pensar sobre coisas ininteligíveis de uma forma racional, coerente e lógica. (...)

Portanto, o importante agora é desenvolver meios rigorosamente racionais de investigação que sejam adequados para o tema. E ao criar um novo conjun-

to de conceitos, com o tempo, poderemos abrir novos caminhos para que a ciência investigue isso.

NEUROCIENTISTA CÉTICO RELATA SUA EXPERIÊNCIA DE QUASE-MORTE

Para ilustrar a necessidade de não se reduzir a pesquisa acadêmica ao paradigma materialista momentâneo, todavia ir além na compreensão dos fenômenos da consciência espiritual, recorro à narrativa de uma experiência de quase-morte ocorrida em novembro de 2008, a partir de raro quadro clínico, o qual intrigou o meio científico e suscitou alguma controvérsia.

Refiro-me ao relato do neurocirurgião norte-americano dr. **Eben Alexander III**, até então cético e incrédulo, que contraiu meningite bacteriana e permaneceu durante uma semana em coma, conforme descrito no seu livro *Uma Prova do Céu*, cujos extratos traremos a seguir. O infectologista dr. **Scott Wade**, que o atendeu, assim se pronunciou:

> *O dr. Alexander adoeceu rapidamente com sintomas parecidos com os de uma gripe, dor nas costas e dor de cabeça. Foi transferido para a emergência, onde foram feitas uma tomografia e uma punção lombar, cujo resultado indicou uma* **meningite gram-negativa** *[um tipo de bactéria muito mais difícil de se combater]. Imediatamente, ele foi me-*

dicado com antibióticos intravenosos específicos e colocado num respirador devido à sua situação crítica.

Vinte e quatro horas depois, a bactéria gram-negativa no líquido cefalorraquidiano foi confirmada como sendo Escherichia coli. *Ainda que relativamente comum em bebês, a meningite causada por* E. coli *é raríssima em adultos (a incidência é de menos de um caso em cada 10 milhões de pessoas anualmente nos Estados Unidos), sobretudo quando não sofreram lesões na cabeça, não passaram por neurocirurgia nem apresentaram problemas subjacentes como diabetes. Dr. Alexander era uma pessoa muito saudável na ocasião e não foi identificada nenhuma causa provável para essa meningite.*

A taxa de mortalidade para meningite gram-negativa em crianças e adultos varia de 40% a 80%. Dr. Alexander chegou ao hospital tendo convulsões e com um estado mental nitidamente alterado, sendo ambos os sintomas fatores de risco para complicações neurológicas ou óbito (mortalidade acima de 90%). Apesar do tratamento com antibióticos agressivos para combater a doença, além de cuidados médicos permanentes na unidade de terapia intensiva, ele permaneceu em coma por seis dias, após os quais a esperança por uma recuperação se esvaiu (probabilidade de morte acima de 97%).

Porém, na manhã do sétimo dia, o milagre aconteceu — seus olhos se abriram e ele despertou do coma.
O fato de o dr. Eben ter se restabelecido de todo,

após ter ficado em coma por uma semana, é verdadeiramente impressionante.
(Os destaques são meus.)

Tratava-se de um caso médico sem precedentes, conforme o próprio dr. Eben explicou:

> *O nível de glicose no líquido cefalorraquidiano de uma pessoa saudável está em torno de 80 miligramas por decilitro. A taxa de uma pessoa muito doente, com risco de morte iminente por meningite bacteriana, pode chegar a 20 mg/dl. Meu nível de glicose no liquor estava em 1 mg/dl. (...)*
> *Os poucos pacientes que sobrevivem a um caso tão grave quanto o meu em geral precisam de assistência 24 horas pelo resto da vida. Oficialmente, meu caso era de "Caso Único", um termo que se refere a estudos médicos nos quais um único paciente representa toda a ocorrência. Simplesmente não havia ninguém com quem os médicos pudessem comparar minha doença.*

A ação da bactéria sobre o cérebro tem efeito devastador. A região do neocórtex, que é a superfície externa, ficou sem nenhum funcionamento. O dr. Eben esclareceu em pormenores a situação:

> *Nos casos de meningite bacteriana, a bactéria ataca primeiro a camada externa do cérebro, o córtex.*

*(...) **O córtex é responsável pela memória, linguagem, emoção, consciência visual e auditiva, e pela lógica.** Logo, quando um organismo como a E. coli ataca o cérebro, **o dano inicial acontece nas áreas que executam as funções mais cruciais para a manutenção de nossas faculdades humanas**. (...)*

A meningite bacteriana é indiscutivelmente a melhor doença que se pode encontrar para representar a morte de um corpo sem que, na verdade, ela tenha ocorrido — embora ela geralmente ocorra. (...)

Eu podia ver isso nas imagens, nos números do laboratório, nos exames neurológicos — em todos os dados recolhidos naquela semana no hospital. Então eu logo comecei a perceber que a minha experiência de quase-morte era tecnicamente quase impecável, e talvez um dos casos mais convincentes na história moderna do fenômeno. O que mais importava no meu caso não era o que tinha acontecido comigo pessoalmente, mas a impossibilidade de afirmar — a partir do ponto de vista médico — que tudo não passava de fantasia.

(Os destaques são meus.)

Pela ótica clínica, fica evidente a gravidade do ocorrido. Com o cérebro nessas condições, a experiência do dr. Eben, cujo resumo veremos adiante, traz à Ciência um desafio, entre tantos: onde são, de fato, produzidos os pensamentos e a própria consciência? Estando temporariamente inativo, por causa da atuação da bactéria, o cérebro não poderia ser o responsável por criar tudo aquilo que o neurocirurgião norte-americano vivenciou (ainda que alguns críticos sustentem que tenha sido uma alucinação cerebral). Aliás, negativas aos fatos difíceis de serem explicados são sempre uma cômoda saída. Mas o próprio dr. Eben afirmou:

> *No meu caso o neocórtex estava fora de área.* **Eu estava conhecendo uma dimensão da consciência que existia** completamente à parte das limitações do meu cérebro físico. *(...)*
> *Vale lembrar que, quando estive em coma,* meu cérebro não estava funcionando. *A parte responsável por criar o mundo em que eu vivia e por fazer as informações chegarem aos meus sentidos estava simplesmente desligada. E, no entanto, eu estava vivo, desperto,* verdadeiramente consciente, *em um Universo marcado pelo amor, pela consciência e pela realidade.*
> (O destaque é meu.)

MUDAR PERSPECTIVAS

Devemos pôr abaixo as barreiras, principalmente as mentais, que nos impedem de ascender à dimensão do Espírito. Daí a urgência de se removerem quaisquer dogmas do campo acadêmico, pois ciência adogmática significa mudar as perspectivas ante novas evidências.

Experiências de quase-morte e a realidade do Espírito – Parte III

VIVO NA DIMENSÃO ESPIRITUAL

O aspecto médico do caso do dr. Eben seria por si só o suficiente para impressionar: contraiu uma doença rara de forma inexplicável, cuja probabilidade de morte era de mais de 90%, e retornou do coma doze horas antes do prazo previsto para ser encerrado o tratamento, conseguindo recuperar todas as funções cerebrais, sem sequelas. No entanto, em meio a esse cenário, o neurocirurgião vivenciou uma experiência rica, plena de sensações e de conhecimentos diversos — tal qual se dera com o guerreiro Er, registrado por Platão, que vimos anteriormente aqui nesta obra —, que o marcaria por toda a vida. Ei-la em resumo feito pelo próprio doutor:

> *Aquelas memórias começaram **numa realidade primitiva, grosseira, inerte da qual fui resgatado por uma luz branca clara giratória, associada a***

uma melodia musical, que serviu como um portal, que me levou a realidades ricas e ultrarreais. *A campina do portal estava repleta de vários elementos terrestres e espirituais: vida vegetal vibrante e dinâmica, com flores e seus botões florescendo ricamente e sem sinais de morte ou deterioração; cachoeiras em piscinas de cristal espumantes; milhares de seres que dançavam abaixo com grande alegria e festividade, todos abastecidos por órbitas douradas no céu acima; coros angelicais que emanavam cantos e hinos que trovejavam pela minha consciência; e uma linda moça sobre uma superfície intrincada, adornada por cores vivas indescritíveis — como as asas de uma borboleta —, que provou meses depois ser fundamental para a minha compreensão da realidade da experiência (como relatado em detalhes no final do meu livro* Uma Prova do Céu*). Os cantos e hinos que trovejavam daqueles coros angelicais proporcionaram mais um portal para os reinos mais elevados, eventualmente **conduzindo minha consciência ao Núcleo, um local com um incessante aspecto escuro translúcido, que transbordava infinito poder de cura da Fonte de Divindade, que é todo amor**. Alguns podem denominar de Deus (ou Alá, Vishnu, Jeová, Javé — os nomes podem atrapalhar e os detalhes conflitantes de religiões ortodoxas obscurecem a realidade dessa Fonte tão infinitamente amorosa e criativa).*

(Os destaques são meus.)

Chama a atenção o fato de o dr. Eben transitar por entre esferas espirituais, inicialmente, por um lugar sombrio, que ele descreve marcado por uma espécie de som de metal contra metal profundo e ritmado, impregnado por um odor biológico de morte. Nesse ambiente, o autor se sente da mesma forma que um verme na terra, e todo o panorama lhe causa medo.

> *Quanto mais tempo ficava ali, menos confortável me sentia. No começo, eu estava tão imerso que não havia diferença entre "mim" e o elemento meio repulsivo e ligeiramente familiar que me rodeava. Mas, aos poucos, essa sensação de imersão profunda, atemporal e sem fronteiras deu lugar a outra coisa: o sentimento de que eu não fazia parte daquele mundo subterrâneo, embora estivesse dentro dele.*
>
> *Caras grotescas de animais borbulhavam na lama, grunhiam, guinchavam e desapareciam de novo. Escutei urros medonhos. Algumas vezes, esses urros e grunhidos davam lugar a cânticos rítmicos e obscuros que eram, ao mesmo tempo, assustadores e curiosamente conhecidos — como se, em algum momento, eu mesmo os tivesse cantado.*
>
> *(...) Quanto mais me sentia como um eu — como alguma coisa separada do ambiente frio, úmido e escuro à minha volta —, mais os rostos que borbulhavam na massa pegajosa se tornavam feios e ameaçadores. As batidas ritmadas do ferreiro*

também ficaram mais intensas: pareciam britadeiras de trabalhadores subterrâneos, tipo ogros, executando uma tarefa interminável e massacrantemente monótona. O movimento à minha volta se tornou menos visual e mais palpável, como se criaturas parecidas com vermes e répteis estivessem passando em bandos e, de vez em quando, esfregassem suas peles macias ou espinhosas em mim. (...) À medida que minha consciência se aguçava, eu me aproximava mais do pânico. Eu não pertencia àquele lugar. Precisava escapar.

E ele conseguiu ser libertado desse local por uma luminosidade esplendorosa. (Conforme vimos, o dr. Raymond Moody, em seus estudos das experiências de quase-morte, apurou surgir com recorrência essa presença fulgurante, que é descrita como um "*ser de luz*', dotado de total compaixão e amor".) Depois, tal qual numa escala ascendente, caracterizada por um aumento gradativo de frequência e vibração, passou a contemplar a Natureza na sua exuberância divina e os entes de luz que lá habitam. Por fim, chegou ao que ele denomina Núcleo, onde se encontrou com a fonte da Sabedoria Divina.

— *Toda essa aventura, comecei a entender, era um tipo de excursão, um tipo de visão panorâmica do mundo invisível, o lado espiritual da existência. E como qualquer boa excursão, ela incluía todos os aspectos e todos os níveis.*

REENCONTRO COM A FAMÍLIA ESPIRITUAL

Um fator interessante da narrativa é o aparecimento da bela moça que acompanhou o neurocirurgião norte-americano durante sua experiência, tida por ele como um Anjo da Guarda. A princípio, a fisionomia dela, embora familiar, não era a de alguém que o médico conhecia em vida.

Aqui, algumas considerações importantes: o dr. Eben Alexander III foi adotado, ainda recém-nascido, pelo casal **Eben Alexander Jr.** e **Beth** e tinha três irmãs: **Jean** (também adotada), **Betsy** e **Phyllis**. Somente em outubro de 2007 ele foi apresentado à sua família biológica: os pais, **Ann** e **Richard**; e os irmãos, **Kathy**, **David** e **Betsy** (falecida em 1998). Entretanto, apenas quatro meses depois de sair do hospital, ele recebeu de sua irmã biológica Kathy uma fotografia da saudosa Betsy — de quem, até então, só ouvira falar. Para sua surpresa, identificou no retrato a linda jovem que esteve com ele e o ajudou durante a inesquecível jornada pelo Mundo Espiritual. Mais um fato singular nessa intrigante história.

PRECISAMOS AVANÇAR NO ENTENDIMENTO SOBRE A NATUREZA DIVINA

Tenho, há décadas, ressaltado que um dos maiores óbices a serem vencidos pelos indivíduos na grande trajetória para a compreensão de Deus, sob o ponto de vista da Ciência, é deliberar a respeito de que estão pesquisando: sobre Que ou Quem? Ou sobre o Deus Quem e/ou Quê? Não podemos mais admitir que o deus antropomórfico, isto é, criado à imagem e semelhança do ser humano, continue causando os estragos que temos visto ao longo da História. Precisamos avançar no entendimento da natureza espiritual do Criador.

> Experiências de quase-morte e a realidade do Espírito – Parte IV

UM APRENDIZADO PARA A ETERNIDADE

O principal ponto em comum entre a descrição do dr. Eben — que, ao transitar pelo Mundo Espiritual, pôde divisar aspectos relativos à nossa existência a partir de um contexto muito mais amplo, o da perspectiva da Eternidade — e os eventos narrados, milhares de anos antes, acerca do soldado Er em *A República*, de Platão, é a certeza da imortalidade da Alma.

Vejamos o testemunho do dr. Eben:

> *Minha experiência me mostrou que a morte do corpo e do cérebro não é o fim da consciência, e que a existência humana continua no além-túmulo. E, mais importante ainda, ela se perpetua sob o olhar de um Deus que nos ama e que se importa com cada um de nós, com o destino do Universo e de todos os seres contidos nele. (...)*

O lugar onde estive era real. Tão real a ponto de fazer a vida no aqui e agora parecer uma ilusão. **Isso não significa, entretanto, que eu não valorize a vida que levo agora. Pelo contrário, prezo-a até mais do que antes. E o faço porque consigo enxergá-la em seu verdadeiro contexto.** *(...)*
Se eu tivesse que resumir toda essa mensagem em uma frase, ela seria:
Você é amado.
E se tivesse que enxugar ainda mais, para apenas uma palavra, ela seria simplesmente:
Amor. *(...)*
Um pouco longe do padrão científico? Não acho. Voltei daquele lugar, e nada poderá me convencer de que esta não é somente a verdade emocional mais importante do Universo, como também **a verdade** *científica* **mais fundamental de todas***.*

(Os destaques são meus.)

Recordo-me, por oportuno, deste inspirado pensamento do saudoso Irmão Zarur:

— *O Novo Mandamento de Jesus* — "Amai-vos como Eu vos amei" — ***é a Essência de Deus***.

Logo, a Ordem Suprema do Cristo Ecumênico, o Divino Estadista (Evangelho, segundo João, 13:34 e

35), é a essência de toda a criação do Pai Eterno, de tudo o que existe nos Universos.

ENCONTRO COM DEUS

Tenho, há décadas, ressaltado que um dos maiores óbices a serem vencidos pelos indivíduos na grande trajetória para a compreensão de Deus, sob o ponto de vista da Ciência, é deliberar a respeito de que estão pesquisando: sobre Que ou Quem? Ou sobre o Deus Quem e/ou Quê? Não podemos mais admitir que o deus antropomórfico, isto é, aquele criado à imagem e semelhança do ser humano, continue causando os estragos que temos visto ao longo da História. Precisamos avançar no entendimento da natureza espiritual do Criador.

Enquanto permaneceu em coma na matéria, o dr. Eben Alexander teve, durante sua passagem pelo Mundo Espiritual, alguns marcantes vislumbres, que podem servir de contribuição para esse debate, somando-se a tantas outras vozes que reuni no meu ensaio *Ecce Deus!* (2000) (Eis Deus!, Aqui está Deus!). Suas conclusões não mais permitiam a ele manter-se adepto do ceticismo:

> *Minha situação era como a de um feto no útero. Ele flutua com a parceria silenciosa da placenta, que o nutre e medeia seu relacionamento com tudo à sua volta e também com a mãe, até então invisível.*

Neste caso, a "mãe" era Deus, o Criador, a Fonte — ou qualquer nome que se queira dar para o Ser dos seres que é responsável pela existência do Universo e tudo o que há nele. Este Ser estava tão perto que parecia não haver distância alguma entre Ele e mim. Porém, eu podia sentir Sua infinita vastidão e perceber o tamanho da minha insignificância diante de tanta grandeza. (...)

Um dos maiores equívocos das pessoas quando pensam sobre Deus — ou como você preferir chamar a Fonte de poder absoluto, o Criador que governa o Universo — é imaginar Om[1] *como impessoal. Sim, Deus está por trás dos números, da perfeição do Universo que a ciência luta para entender. Mas, paradoxalmente,* Om *é também "humano", até mais humano do que você e eu.*

Om *compreende e se solidariza com a nossa condição humana mais profundamente do que podemos imaginar, pois Ele sabe que nós nos esquecemos disso — e Ele sabe como é terrível viver sem se lembrar da natureza de Deus por um momento que seja. (...)*

Compreendi que sou parte do Divino e que nada, absolutamente nada, pode tirar isso de mim. A suspeita (falsa) de que estamos separados de Deus é a raiz de todas as formas de ansiedade no Universo; a cura para isso — que eu comecei a perceber no Por-

---

[1] **Om** — Termo empregado pelo dr. Eben para designar Deus. Ele explicou: *"Usarei* Om *para me referir a Deus, pois esse era o som que eu lembrava ter ouvido associado Àquele Ser consciente, onipresente e incondicionalmente amoroso"*.

tal e depois no Núcleo — é a certeza de que **nada é capaz de nos separar do amor de Deus**.
(O destaque é meu.)

Não foi sem motivo que Jesus, o Divino Mestre, se dirigiu a Deus chamando-O de **Pai Nosso** (Evangelho, segundo Mateus, 6:9). O Cristo ainda revelou, por intermédio de João Evangelista, que *"Deus é Amor"* (Primeira Epístola de João, 4:8) e que *"Deus é Espírito"* (Boa Nova, segundo João, 4:24). Ou seja, nada mais humano, fraterno, espiritual e divino para nos ensinar, com simplicidade, acerca da essência Daquele que é Onipotente, Onisciente, Onipresente e Onidirigente.

UNIVERSOS INFINITOS

Para o dr. Eben, um dos tópicos de aprendizado em sua experiência de quase-morte foi a percepção da quantidade de Universos que ele viu existir, sendo o Amor o eixo central de todos eles.

> *Vi a abundância da vida nos incontáveis universos, incluindo alguns cuja inteligência estava muito além da nossa. Vi que existem incontáveis dimensões superiores, mas que a única maneira de conhecê-las é experimentando-as diretamente. (...)*
>
> *Seria necessário o restante de minha vida, e um pouco mais, para relatar o que aprendi ali. O conhe-*

cimento transmitido a mim não foi "ensinado" como se ensina História ou Matemática. Os ensinamentos vinham diretamente, sem que eu precisasse ser convencido. O conhecimento era armazenado sem memorização, instantaneamente e sem esforço. Ele não desaparecia, como acontece com a informação comum — e até o dia de hoje eu o retenho, com mais clareza do que guardo as informações que acumulei em todos os meus anos de estudo. (...)

A parte física do Universo é um grão de areia comparada à parte espiritual e invisível. *Antigamente, eu jamais usaria a palavra espiritual no meio de uma conversa científica. Hoje acho que não podemos deixá-la de fora.*

(O destaque é meu.)

SERÃO VIBRACIONAIS OS LIMITES DO UNIVERSO?

O esclarecedor relato do dr. Eben fez-me recordar de uma provocação que lancei às mentes ávidas por conhecer o funcionamento das realidades espirituais. Em 21 de dezembro de 1981, em Porto Alegre/RS, proferi um discurso, de improviso, quando proclamei a Decodificação do *Pai-Nosso*. Na ocasião, argumentei:

Eis uma pequena demonstração de que a Ciência humana, a despeito dos respeitáveis esforços de tantos abnegados idealistas, encontra-se no início de sua brilhante trajetória, apesar do extraordinário progresso a que nos tem conduzido: o justificado deslumbramento de suas mais importantes figuras ante a restrita parcela do Cosmos que se vê. Mas e diante da imensidade que não se enxerga, que não se descobriu ainda?... Não aludimos apenas ao Universo físico, com suas galáxias, que é algo realmente de assombrar: só a Via Láctea, da qual fazemos parte, abarca bilhões de estrelas... É incrível a sua abrangência!... E os mais poderosos telescópios e radiotelescópios alcançam a mínima parte deste Universo físico. Os seres humanos, e mesmo os invisíveis de razoável elevação espiritual — pois estes são muitos no Outro Lado da Vida —, ficam do mesmo modo fascinados, com muita razão... Entretanto, e a amplitude que ainda não perlustramos? Aqui está a filigrana: quando arguimos o que falta desbravar, não estamos unicamente nos referindo à composição material dos corpos celestes que vagam pelo Espaço, essa enormidade que os maiores cientistas não puderam, até o presente momento, pesquisar nem sequer enxergar o todo[2]. Falamos também do **UNIVERSO INVISÍVEL**, ultradimensional, onde as Almas residem, que, no estágio evolutivo da civilização contemporânea, não pôde, por ora, ser devidamente percebido pelos olhos somáticos nem acreditado, em boa parte, pela Ciência

---

[2] **Nota de Paiva Netto**
 Cerca de 95% da estrutura do Universo ainda é uma incógnita para a atual Física. Não se sabe o que seria a energia escura, responsável pela aceleração do Universo, e a matéria escura, que reveste o interior das galáxias.

terrestre. E o mais surpreendente: nem por alguns religiosos que pregam a Vida Eterna. Todavia, quando diversos pioneiros começam a analisar e estudar as possíveis dimensões em que habitam os Espíritos, há quem procure depreciar sua labuta. Na verdade, temem avançar na direção descortinada pelos precursores. De certa forma, é como na fábula de **Esopo** (aprox. 620-560 a.C.): *Vulpes et uva*[3]. O teólogo e filósofo britânico **William Paley** (1743-1805) acertou quando definiu que

> *— Há um princípio que é utilizado como uma barreira contra qualquer informação, como prova contra qualquer tipo de argumento. Esse princípio nunca pode falhar, de modo a manter a humanidade numa ignorância contínua e perpétua. Esse princípio chama-se: condenar antes de investigar.*

A Ciência convencional terá de ser reapreciada para absorver os muitos dados novos coligidos pela Ciência de ponta. Além disso, terá de incluir também nas novidades **o reconhecimento do Mundo Espiritual**, não como

---

[3] ***Vulpes et uva*** **(A raposa e as uvas)** — A famosa fábula de Esopo conta a história da raposa que, não podendo alcançar as almejadas uvas, pois estas se encontravam muito altas, as acusa de estarem verdes, embora estivessem maduras.

resultado de químicas cerebrais que excitariam a mente humana na região do ilusório, pois essa conclusão é muito cômoda, contudo como realidade pluridimensional, onde existe o prolongamento da vida consciente e ativa do Ser, nas esferas ainda invisíveis ao sentido visório.

Depois de muito meditar sobre essa questão das dimensões materiais do Universo (até hoje os astrônomos debatem e se batem sem chegar a uma conclusão decisiva, ignorando a origem espiritual do Cosmos), certa feita, observei: Meu Deus, cogita-se de grandeza, dimensão, distância **FÍSICAS**... No entanto, os limites do Universo podem igualmente ser **VIBRACIONAIS**... O ser humano falece, o corpo fica... O Espírito (ou como o queiram chamar), que não pode ser reduzido ao território da mente, migra para outro Universo ou outros Universos, que não se veem... É um desafio lançado à mesa de discussão. **A Ciência, em seus elevados termos, *a posteriori* comprova o que a Religião, de maneira intuitiva, bem antes percebera. A primeira conceitua; a segunda ilumina, quando realmente Religião e nunca reserva de tabus e preconceitos.** Afinal, **a Intuição**[4], conforme afirmamos, é sempre mais rápida que a razão humana, por se tratar do efeito da Razão Divina em cada criatura. É a Inteligência de Deus em nós.

---

[4] **Nota de Paiva Netto**
A Intuição – Leia "Einstein e Intuição", no terceiro volume das *Sagradas Diretrizes Espirituais da Religião de Deus, do Cristo e do Espírito Santo* (1991).

Na trilha desse instigante assunto acerca dos limites vibracionais do Espaço, registrei a seguinte ponderação no meu ensaio literário *Ciência de Deus*: o Universo possui **esferas ainda invisíveis**, que, em termos filosóficos, podem ser **sobrepostas, não apenas paralelas**. E quanto mais o Cosmos há de nos reservar?

DESBRAVAR O UNIVERSO INVISÍVEL

Quando arguimos o que falta desbravar, não estamos unicamente nos referindo à composição material dos corpos celestes que vagam pelo Espaço, essa enormidade que os maiores cientistas não puderam, até o presente momento, pesquisar nem sequer enxergar o todo. Falamos também do UNIVERSO INVISÍVEL, ultradimensional, onde as Almas residem, que, no estágio evolutivo da civilização contemporânea, não pôde, por ora, ser devidamente percebido pelos olhos somáticos nem acreditado, em boa parte, pela Ciência terrestre.

> **Experiências de quase-morte e a realidade do Espírito – Parte V (final)**

ESPÍRITO, MENTE, CONSCIÊNCIA E CÉREBRO

A relação mente–cérebro tem sido debatida de maneira ampla desde a Antiguidade até os dias atuais. Entre as várias correntes de estudo, há as que defendem a hipótese de que os pensamentos e a consciência são exclusivamente produtos do incrível maquinário cerebral e de suas intrincadas conexões neurais. No entanto, episódios iguais ao que ocorreu com o dr. Eben abalam essa convicção. O próprio neurocientista norte-americano foi obrigado a rever seus conceitos. Prossigamos com sua narrativa:

> — *Era impossível buscar a natureza do Universo sem usar a consciência. Longe de ser um subproduto do processo físico (como eu acreditava antes da minha EQM), a consciência não é apenas real, mas é, na verdade,* **mais real** *do que o restante da exis-*

tência física, e muito provavelmente a base dessa existência. (...)

O PENSAMENTO ESPIRITUAL

A Religião de Deus, do Cristo e do Espírito Santo vem proclamando, principalmente por meio das fundamentais lições de seu Centro Espiritual Universalista (CEU), que **a origem do pensamento é espiritual**. O cérebro constitui divina interface entre o (ainda) invisível e o (até agora) visível. Contudo, **não podemos mais**, a pretexto de não dispor das ferramentas necessárias, tanto conceituais quanto tecnológicas, **confundir o todo com a parte**.

O estimado dr. Bezerra de Menezes (Espírito), durante reunião do CEU da Religião do Terceiro Milênio, em 15 de janeiro de 2011, assim se expressou:

*— **O pensamento é a maior força do Universo**, porque o pensamento é o Espírito encarnado **de Deus**, que habita em cada um. Portanto, **é a maior potência que temos**. Construir o caminho **depende disso**. Não podemos dar trégua aos pensamentos maus. Com pensamentos sempre bons, firmes, fortes, positivos, encaminharemos todas as soluções, TODAS, todos os dias, todas as horas, todos os momentos. Do contrário, é a teimosia, a desobediência e o orgulho exacerbado.*

Em virtude de sua rica experiência de quase-morte, o dr. Eben Alexander pôde também refletir sobre essa importante questão, **agora pelo prisma espiritual**:

Pensamento verdadeiro não tem a ver com o cérebro. Mas temos sido tão treinados (em parte pelo próprio cérebro) a associar a mente com quem somos e com o que pensamos que perdemos a capacidade de perceber **que somos muito mais do que nosso cérebro e nosso corpo físico determinam.**

O pensamento verdadeiro **é pré-físico.** *Ele é o pensamento por trás do pensamento, responsável pelas escolhas que trazem consequências para o mundo. É um pensamento que age independentemente do método dedutivo e linear, que se move rápido como um raio, fazendo conexões em diferentes níveis. Diante dessa inteligência autônoma e oculta, o pensamento comum é extremamente lento e vacilante. É o pensamento verdadeiro que decide o jogo nos momentos finais da partida, que leva a uma descoberta científica extraordinária ou inspira uma canção inesquecível. Esse pensamento subliminar está sempre lá quando realmente precisamos dele, embora a maioria das pessoas tenha perdido a capacidade de crer nele e acessá-lo.*

(Os destaques são meus.)

Desde garoto, a velocidade do pensamento me intrigou. Em *Jesus, o Profeta Divino* (2011), contei que minha saudosa mãe, Idalina Cecília de Paiva, sempre que precisava, com certa urgência, de alguma pequena ajuda, falava: *"José, **rápido como o pensamento!**"* Essa exclamação ficava ecoando na minha mente de criança curiosa. Já naquela época, pude perceber que não corremos somente com os pés, mas, com o sentimento, com a vontade de realizar e, acima de tudo, com o Espírito, sinônimo de Deus, como revelou Jesus à mulher samaritana (João, 4:24). Daí ser primordial tudo pesquisar e entender partindo dessa premissa. Doravante, avançaremos na compreensão de que, **em termos espirituais, a velocidade não existe** da forma que atualmente a consideramos. Esse é um desafio para a Ciência além da ciência[5].

REUNIFICANDO ESPÍRITO E MATÉRIA

Não podemos perder de vista que a **aparente** cisão entre Espírito e matéria só existe porque o ser humano, fragmentado em si mesmo, distanciou o campo espiritual do material. Na verdade, como tenho afirmado há décadas, **matéria também é Espírito**[6]. Indo

---

[5] Leia mais sobre o assunto no subtítulo "Ciência do Novo Mandamento de Jesus", do capítulo "Partículas atômicas e subatômicas na Espiritualidade", constante da obra *Jesus, o Profeta Divino* (2011), de Paiva Netto.
[6] **Matéria também é Espírito** — Frase grafada por Paiva Netto na mensagem escrita por ele em Lisboa, capital portuguesa, a 21 de junho de 1992. No ano seguinte, fez dessa afirmativa título de um dos artigos dele, redigidos em Santa Maria de Arnoso, Lugar de Lages, Portugal. A página foi publicada primeiramente nesse país pelo *Jornal de Notícias* e pelo *Jornal da Maia* e, em

além, posso asseverar que **tudo é espiritual**. Portanto, trata-se de uma unidade indissociável.

É imprescindível que o cérebro não seja mais visto como impeditivo para essa unificação. Com efeito, precisamos finalmente decifrar os mecanismos desse compulsório intercâmbio entre Terra e Céu. Assim, enquanto encarnados, alcançaremos as frequências etéreas que nos permeiam e que desde sempre se comunicam conosco, não excluindo o cérebro, mas também por meio dele e de suas infinitas capacidades, que até o momento desconhecemos.

As tradições espirituais têm indicado um vasto caminho para o deslindamento empírico. Não nos cansamos de bradar: **o que a Religião intui a Ciência, um dia, comprovará em laboratório**.

---

seguida, reproduzida em milhares de periódicos, *sites* e revistas do Brasil e do exterior.

ORIGEM ESPIRITUAL DO PENSAMENTO

A Religião de Deus, do Cristo e do Espírito Santo vem proclamando, principalmente por meio das fundamentais lições de seu Centro Espiritual Universalista (CEU), que a origem do pensamento é espiritual. O cérebro constitui divina interface entre o (ainda) invisível e o (até agora) visível. Contudo, não podemos mais, a pretexto de não dispor das ferramentas necessárias, tanto conceituais quanto tecnológicas, confundir o todo com a parte.

ESPÍRITO, CIÊNCIA E MEDIUNIDADE

Partes de I a VI

Espírito, Ciência e Mediunidade – Parte I

FENÔMENOS *PSI* E EXPERIÊNCIAS ESPIRITUAIS

Uma área acadêmica que vem investigando as capacidades espirituais dos seres humanos — os chamados fenômenos *psi* ou, ainda, as percepções extrassensoriais — é a da Psicologia Anomalística. Os psicólogos **Etzel Cardeña**, **Steven Jay Lynn** e **Stanley Krippner**, autores da obra *Varieties of Anomalous Experience: Examining the Scientific Evidence* (Variedades da experiência anômala: examinando a evidência científica), apresentam a seguinte definição para esse campo:

> — *Experiências anômalas ou "paranormais" são definidas, ainda, como experiências incomuns, irregulares, ou que, **apesar de poderem ser vivenciadas por uma parcela substancial da população**, são interpretadas como desviantes da experiência or-*

dinária ou das explicações geralmente aceitas para a compreensão da realidade.

(O destaque é meu.)

Na página de internet do Inter Psi — Laboratório de Psicologia Anomalística e Processos Psicossociais, da Universidade de São Paulo (USP), encontramos alguns tópicos de pesquisa da área:

— Dentre as experiências listadas como anômalas destacam-se as experiências fora do corpo, as experiências próximas da morte, as experiências alucinatórias, as experiências sinestésicas, as experiências de sonhos lúcidos, as experiências de percepção extrassensorial, as experiências extramotoras e as experiências místicas ou espirituais. Tais experiências são objeto de estudo da chamada Psicologia Anomalística, cujas raízes históricas remontam aos princípios da Psicologia.

Uma das principais questões de debate, a partir da análise das experiências consideradas anômalas, ainda que reconhecidamente habituais para os indivíduos, é aquilo que vimos refletindo em nosso estudo: a interação entre Espírito e matéria.

Ao discorrer sobre esse assunto, no meu mencionado artigo de 1993, intitulado "Matéria também é Espírito", declarei que, dentro da relatividade dos conhecimentos terrenos mais avançados, ainda cativos da humilhante pobreza da linguagem humana, podemos afirmar que **tudo é "matéria". Entretanto, não como a humanidade a vem imaginando, desde que um primata mais ousado levantou os olhos do chão, imprimindo erectilidade à sua coluna recurvada, e elevou os olhos surpresos ao céu, maravilhando-se com o festival de estrelas** que poetizam a magnificência de Deus e a Sua Infinita Misericórdia. Naquele momento, a criatura (matéria ainda bruta), clareada pelo primeiro lampejo de sua inteligência erguida às razões superiores, iniciou a sua difícil e tortuosa ascensão ao Criador (*matéria* supinamente quintessenciada). (...)

Ela, a matéria, é Sagrada. Mais que isso: Sacratíssima. O mau uso ou a visão enferma que se tem a seu respeito é que está equivocado. Na verdade, não existindo, da maneira como a vinham concebendo em lucubrações terrenas restritas, já faz ver a sua presença verídica na área espiritual, à medida que a compreensão dos seres humanos se ilumina. Graças a Deus, havendo o indivíduo começado a perceber a irrealidade da matéria como forma definitiva ($E = mc^2$), ela passará a ser analisada nas regiões da Vida Real.

Aproveito o ensejo dessa citação para trazer-lhes palavras do coordenador do Inter Psi, o professor doutor **Wellington Zangari**, do Instituto de Psicologia da USP. O programa *Conexão Jesus — O Ecumenismo Divino*, da Super Rede Boa Vontade de Comunicação (rádio, TV, internet e publicações), conversou com esse pesquisador brasileiro, que se declara ateu. Na oportunidade, ponderou:

> *Eu diria que esses fenômenos* psi *que estudamos, os fenômenos da Psicologia Anomalística, apontam cada vez mais para uma compreensão desta relação [mente–cérebro], como demonstrando uma unidade tão profunda entre corpo e mente. Aliando estudos das neurociências e mesmo da física, a gente pode dizer, talvez, algo mais radical: que aquilo que consideramos mente talvez esteja nas propriedades daquilo que tradicionalmente chamamos de matéria. E que aquilo que chamamos de matéria esteja presente naquelas propriedades daquilo que nós considerávamos apenas como sendo mente, mostrando uma integração entre essas instâncias, que tradicionalmente tendemos a separar, mas que, na prática, e mesmo teoricamente, são impossíveis de ser dissociadas. O ser humano parece algo tão integral, que é difícil falar de duas instâncias.*
>
> *Outra questão fundamental é que esta relação corpo–mente se desenvolve na interação com o que chamamos de social. Portanto, a linguagem e a cultura interferem profundamente na ação e nas funções desta unidade corpo–mente. Há uma relação muito mais profunda do que imaginávamos há 20 anos.*

Retomo, então, o que escrevi em 1993, agora em outro trecho: **Deus é Espírito**, consequentemente **Sua Política é espiritual**; porquanto, no final do raciocínio filosófico mais apurado, **até matéria é Espírito**. Qual o seu significado? Da fartamente imaginada como concreta, depois de Einstein, nada restou. O que permaneceu foi a Energia, nome científico do Espírito.

Há muitas gradações de matéria, algumas das quais ainda imperceptíveis aos sentidos humanos. Existem em outras dimensões. E lá são "matéria", pois visível aos olhos dos que por suas esferas habitam. Jesus e os Profetas não são vistos por nós. Mas onde vivem?

(...) A revolução de Einstein no campo da Física foi nessa mesma direção: $E = mc^2$. A conceituação moderna de matéria é nuclear. A imagem da solidez foi substituída pelo circuito fissão/fusão. A liberação da energia, contida no dinamismo dos núcleos acelerados, passa pelos dedos e escapa às mãos dos que desejariam segurar a matéria, firmados em ultrapassados conceitos do materialismo dialético. **Eis uma descoberta científica com sérias consequências morais, como todas o são em profundidade.**

INVESTIGAÇÃO CIENTÍFICA DA MEDIUNIDADE DE CHICO XAVIER

No campo da Espiritualidade — como em todas as esferas —, são muito bem-vindos estudos sérios, que não partem de conclusões *a priori*, mas examinam, sem receios, experiências admitidas como corriqueiras — as espirituais —, todavia atualmente à margem do escopo central das fronteiras da Ciência. Uma pesquisa que obteve reconhecimento internacional ao ser publicada, em 2014, na revista científica *Explore* foi a empreendida por cientistas brasileiros da Universidade de São Paulo (USP) e do Núcleo de Pesquisa em Espiritualidade e Saúde (Nupes), da Universidade Federal de Juiz de Fora (UFJF). Eles se dedicaram a investigar a sensitividade do famoso médium brasileiro Chico Xavier.

A pós-doutoranda em psicologia **Elizabeth Schmitt Freire**, do Nupes-UFJF, durante entrevista à Super Rede Boa Vontade de Comunicação (rádio, TV, internet e publicações), explicou:

> *Chico Xavier é um fenômeno no Brasil. Vendeu milhões de livros e infelizmente houve poucas pesquisas científicas em relação ao fenômeno da mediunidade dele. Então, na pesquisa que foi realizada, pós-doutorandos da Universidade de São Paulo,* **Alexandre Caroli Rocha** *e* **Denise Paraná**, *e nós, do Nupes, entrevistamos pessoas que receberam cartas* [de parentes falecidos] *por intermédio de Chico Xavier.*

Então, investigamos se as informações contidas nas cartas eram precisas, específicas e verdadeiras. Também exploramos com esses familiares de que forma o Chico poderia ter tido acesso às informações. No estudo que publicamos, referente a 13 cartas de **Jair Presente**, *98% das informações eram verdadeiras, corretas, exatas. Houve algumas que não soubemos precisar se eram verdadeiras ou não. Mas não houve nenhuma falsa ou equivocada. Isso, por si só, já é um dado bem relevante pela quantidade de informações comunicadas nessas cartas: identificamos 99 ao total.*

Também recolhemos de alguns familiares desse indivíduo quais informações um médium poderia ter acessado de forma convencional — que tenham sido conversadas ou comunicadas a ele ou que estavam nos jornais que ele poderia ter lido. E, por essa análise, concluímos que as explicações convencionais para essa obtenção de informações são muito remotas. Igualmente, a probabilidade de fraude é muito remota. A probabilidade de coincidências, de acasos, é mais remota ainda. Portanto, ficou em aberto a possibilidade de uma obtenção não convencional das informações.

Significativa pesquisa. Mesmo que não tenha sido o objetivo desse estudo afirmar categoricamente que houve ou não comunicação com os "mortos", os achados apontam que as informações transmitidas por intermédio de Chico Xavier não partiram dele próprio, o que foi denominado pelos pesquisadores de *"obtenção não convencional das informações"*. Podemos inferir que o Espírito Jair Presente se valeu de um canal de interação: a mediunidade de Chico, que possibilitou o diálogo entre a Dimensão Espiritual — aquela em que habitam os que seguiram antes de nós para o Lado de Lá — e a material, esta em que ainda permanecemos, até quando Deus assim o desejar.

Isso abre perspectivas novas, que extrapolam as vertentes tradicionais, conforme a própria dra. Elizabeth explicitou:

> *O paradigma dominante da ciência materialista concebe que a mente é apenas um produto do cérebro, e, que, se não há cérebro, não pode haver a mente. Dentro desse paradigma dominante, qualquer investigação a respeito de fenômenos anômalos é considerada algo inútil, estéril. Mas, aos poucos, se conhece a importância dessa investigação, de se explorar hipóteses alternativas para a relação mente–cérebro. Vamos, então, reconhecendo que essa afirmativa de que a mente é o produto do cérebro não é uma afirmação científica, comprovada empiricamente. Vão se abrindo espaços para explorar outras hipóteses, como a de que o cérebro é um transmissor da mente, que*

a mente não estaria vinculada necessariamente ao cérebro.

O fundador e diretor do Nupes e professor associado de Psiquiatria da Faculdade de Medicina da Universidade Federal de Juiz de Fora (UFJF), o dr. **Alexander Moreira-Almeida**, também em entrevista à Super Rede Boa Vontade de Comunicação (rádio, TV, internet e publicações), analisou esses estudos, que vêm chamando a atenção da comunidade científica:

> *O que nós e vários pesquisadores pelo mundo inteiro temos tentado explorar é se há indícios de que a consciência possa, de alguma forma, estar funcionando, independentemente do cérebro. Por exemplo, nos casos de experiência de quase-morte. Há vários relatos durante a parada cardíaca, quando o coração ou o cérebro param de funcionar, e as pessoas têm descrições verídicas do que aconteceu naquele período. Ora, se o cérebro produz a consciência e o cérebro não está funcionando, não pode existir consciência ou memória, e, se a pessoa descreve coisas verídicas daquele momento, aquilo não pode ser uma mera fantasia do indivíduo. Então, esse é um exemplo de investigação.*
>
> *O mesmo ocorre com os fenômenos mediúnicos. Há mais de 100 anos, pesquisadores sérios se dedicaram mais a fundo sobre isso. A maioria deles concluiu que as hipóteses convencionais (fraudes ou o acaso)*

não explicam os melhores dados, sugerindo que, de alguma forma, o médium capta essas informações ou telepaticamente ou mesmo de uma outra consciência não física. Ou seja, esses dois exemplos sugerem que a consciência pode, sim, de alguma forma, transcender o cérebro. É uma área extremamente complexa, controversa e que precisa de muito mais investigações, com seriedade.

ESPÍRITO, CÉREBRO E COMANDO

Ao longo das décadas, tenho defendido na imprensa brasileira e do exterior que, aos poucos, a criatura humana vai aumentando a consciência de que a continuidade da vida após a "morte" não é um conceito que interessa apenas aos que professam alguma crença religiosa ou filosófica, mas é objeto de estudo sério para todos. A compreensão correta de que somos, antes de mais nada, Espírito intensifica a força de vontade no enfrentamento de tudo o que não seja recomendável à nossa existência, coletiva ou individual.

Para ilustrar convenientemente esse poder de que dispomos, observem este ensinamento do dr. André Luiz (Espírito), na obra *Evolução em dois mundos*, psicografia de Chico Xavier e Waldo Vieira (1932-2015):

— O Espírito encontra no cérebro o gabinete de comando das energias que o servem, como aparelho

de expressão dos seus sentimentos e pensamentos, com os quais, no regime de responsabilidade e de autoescolha, plasmará, no espaço e no tempo, o seu próprio caminho de ascensão para Deus.

A MENTE DO ESPÍRITO

Na publicação *Ciência e Fé na trilha do equilíbrio* (2000), que escrevi para a primeira sessão plenária do Fórum Mundial Espírito e Ciência, da LBV, assevero que a inteligência se situa além da estrutura física, como se houvesse um cérebro psíquico fora do somático. Por conseguinte, conclui-se — e venho reiterando no decorrer desta obra — que a essência espiritual não é uma projeção do cérebro humano nem resultado de algumas reações neuroquímicas e que o homem não é um corpo que tem um Espírito. Contudo, um Espírito Eterno que possui um corpo passageiro.

"*Ah!, mas a Ciência ainda não comprovou nada*"... Porém, como asseverou o astrofísico norte-americano ateu **Carl Sagan** (1934-1996):

— A ausência da evidência não significa evidência da ausência.

Em *É Urgente Reeducar!* (2010), argumentei que não nos podemos ancorar apenas em nossos limitadíssimos cinco sentidos físicos. Eles não são bastantes para nos fazer devidamente avançados, pois a Cultura tem origem verdadeira no Mundo Espiritual. Quando soubermos estabelecer a perfeita sintonia Terra–Céu para merecer a ligação permanente Céu–Terra, receberemos de lá conhecimento crescente. **Antes de tudo, somos Espírito.**

MATÉRIA E ESPÍRITO: UNIDADE INDISSOCIÁVEL

Não podemos perder de vista que a aparente cisão entre Espírito e matéria só existe porque o ser humano, fragmentado em si mesmo, distanciou o campo espiritual do material. Na verdade, como tenho afirmado há décadas, matéria também é Espírito. Indo além, posso asseverar que tudo é espiritual. Portanto, trata-se de uma unidade indissociável.

Espírito, Ciência e Mediunidade – Parte II

HUMILDADE ANTE A SABEDORIA

Os sacerdotes, os educadores, os políticos, os cientistas, os filósofos, os analfabetos, os eruditos, todos, enfim, devem aprender a lição da humildade de espírito diante da Verdade e do Amor Fraterno, sem os quais não poderemos crescer em conhecimento, que é ilimitado. Jesus, o Cristo Ecumênico, o Sublime Estadista, rendeu glórias a tal virtude — a simplicidade da Alma —, capaz de nos fazer acessar o Infinito Conhecimento, que emana de Deus:

> — *Graças Te dou, ó Pai, Senhor do Céu e da Terra, porque ocultaste estas coisas aos sábios e doutores do mundo e as revelaste aos pequeninos* (Evangelho, segundo Mateus, 11:25).

Heráclito de Éfeso, nascido no sexto século a.C., foi um filósofo pré-socrático grego, considerado o "pai da dialética" e membro da aristocracia de sua cidade —

na qual, segundo a tradição, morreu João, Evangelista e Profeta, quase centenário. O pensador helênico assim preconizava:

— Tudo flui, nada permanece. Não podemos entrar duas vezes no mesmo rio, pois suas águas não são mais as mesmas e nós não somos mais os mesmos.

Heráclito de Éfeso

Realmente, assim o é, porque as águas do saber não distinguem fronteiras e transformam todos aqueles que têm coragem de beber de sua fonte. Contudo, quem a ela recorre jamais poderá prescindir da Ética para que não a torne em antissaber, isto é, o emprego criminoso da informação e do conhecimento, que ainda tanto se pratica na Terra.

TERESA NEUMANN E OS ESTIGMAS

Teresa Neumann

Quem verdadeiramente se dispõe à humildade perante a Sabedoria liberta-se das limitações da arrogância. Um cientista realmente sábio jamais se negaria à análise, sem *parti pris*, isto é, sem ideia preconcebida, de um fenômeno como o de **Teresa Neumann** (1898-1962), livre da presunção de tentar, de início, reduzir o caso a uma questão de histeria. Como ignorar os fatos ocorridos com essa extraordinária mulher que, até a sua morte em 1962, foi alvo de surpreendentes manifestações espirituais? Conhecidos como estigmas — cicatrizes que correspondem às cinco chagas que marcaram o corpo de Jesus após a crucificação —, esses *stigmatas* começaram a surgir na Sexta-feira Santa de 5 de março de 1926 e se repetiam a cada ano na mesma data sagrada.

Teresa Neumann nasceu em 9 de abril de 1898, em Konnersreuth, Baviera, hoje um dos dezesseis estados federais da Alemanha. Foi acompanhada por um grupo de cientistas e pesquisadores, que tentou, de todas as formas, explicar o prodígio. Segundo alguns relatos, a partir do Natal de 1922, deixou de se alimentar com comida sólida e, exatamente quatro anos depois, também abandonou os líquidos, se restringindo apenas a um gole de água por dia, embora mantivesse seus 55 quilos. O dr. **Ludovico Kannmüller** escreveu no jornal *Del Danubio*:

— *A ciência não pode explicar o jejum da estigmatizada de Konnersreuth.*

Os médicos mais famosos da época tentaram achar justificativas para o seu jejum, mas se renderam às evidências do ainda considerado sobrenatural.

Teresa reviveu centenas de vezes, sob a forma de visão, cenas da caminhada do Calvário à Crucificação de Jesus, ao passo que presenciou também as inesquecíveis prédicas do Mestre de Nazaré ao povo humilde e sofredor, além de marcantes acontecimentos descritos no Novo Testamento.

A escritora francesa **Paulette Leblanc**, em artigo, acrescenta:

> *— Durante trinta e cinco anos, para além das terríveis visões da Paixão de Jesus Cristo, teve a graça de contemplar a vida de Jesus sobre a Terra, e os Seus milagres. Viu o país onde Ele viveu, trabalhou e viajou, bem como as pessoas que O cercavam; conheceu os Seus costumes e ouviu-O falar na Sua língua: o aramaico. Viveu cenas da viagem dos Reis Magos, o massacre dos Inocentes, a fuga para o Egito, a vida em Nazaré e a maior parte dos episódios da vida pública. Teresa contemplou também numerosas cenas da vida de Maria após a ressurreição de Seu Filho, nomeadamente em Éfeso, com S. João, seguidamente em Jerusalém, donde foi elevada ao Céu. Assistiu ainda à lapidação de Santo Estêvão e foi testemunha da pregação e do martírio dos Apóstolos e de numerosos Santos.*

Outro fator que mereceu a atenção de investigadores foi **a sua capacidade de falar vários idiomas durante os transes mediúnicos**: sendo uma jovem que **fora obrigada a deixar cedo os estudos**, tendo somente concluído a escola obrigatória, de que maneira **dominava com tanta correção o grego, o latim, o francês e, pasmem, o aramaico**? São ocorrências confirmadas pelo professor de filologia semítica **Johannes Bauer**, pelo orientalista e papirólogo vienense prof. dr. **Wessely** e pelo arcebispo católico de Ernakulam na Índia, dr. **Joseph Parecatill** (1912-1987). Os três concordavam que Teresa se exprimia na língua falada na Palestina ao tempo do Cristo.

OS MILAGRES DE PADRE PIO

Outro exemplo emblemático de tal espécie de acometimento, a esperar explicações não simplistas, é o do religioso italiano **Padre Pio** (1887-1968). Devoto de São Francisco de Assis, o jovem Francesco Forgione, inspirado por uma visão, entrou para a Ordem dos Frades Menores Capuchinhos. Ordenado sacerdote, passou a ser chamado de Pio. Em 20 de setembro de 1918, no convento em San Giovanni Rotondo, estigmas começaram a aparecer nele. Ao finalizar suas investigações, os médicos não tinham uma causa para o fato. Além dos muitos casos de cura milagrosa que lhe foram atribuídos, da sua capacidade de ser visto em vários lugares ao mesmo tempo e de deixar um forte perfume de rosas nos locais onde passava, dizia-se ainda de sua inusitada habilidade de levitar.

Padre Pio (com as ataduras nas mãos) e os militares norte-americanos, alguns deles testemunhas de seus milagres.

No livro *Padre Pio de Pietrelcina*, do padre **Stefano Manelli**, fundador da Congregação dos Frades Franciscanos da Imaculada, é narrado o seguinte episódio:

*— Um célebre exemplo de bilocação do Padre Pio ocorreu quando ele permanecia no convento, mas ao mesmo tempo esteve com o General **Cadorna**, que estava sendo tentado a cometer suicídio após sua derrota em Caporetto. Padre Pio apareceu em sua tenda e o convenceu a pôr de lado sua pistola. Quando o general, que não conhecia Padre Pio, visitou o convento de San Giovanni Rotondo, reconheceu de imediato o Padre Pio como o frade que entrara em sua tenda na noite em que foi tentado. "Este é o frade que veio me ver!"*

E Padre Pio escolheu lembrá-lo explicitamente: "General, aquela foi uma noite difícil que tivemos!"

Durante a Segunda Guerra Mundial, na batalha pelo sul da Itália, muitas tentativas de bombardear a pequena cidade de San Giovanni Rotondo teriam sido feitas pela Força Aérea dos Aliados, por conta de dados da inteligência que falavam de um esconderijo de munições alemãs nas proximidades.

Na obra *Padre Pio e a América*, **Frank M. Rega** revela-nos a preocupação que os moradores tinham com uma possível destruição da cidade e trata da profecia do sacerdote:

> *— Padre Pio muitas vezes profetizou que San Giovanni Rotondo permaneceria ilesa da guerra e que nenhuma bomba cairia sobre ela. As pessoas da cidade estavam muito preocupadas, porque estavam tão perto da grande base aérea de Foggia, e o Santo garantiu-lhes que a cidade deles seria poupada. O medo dos sangiovaneses era legítimo, já que Foggia, considerada uma fortaleza inimiga ítalo-alemã, sofreu grandes danos durante os bombardeios Aliados, resultando na perda trágica de mais de 20.000 vidas civis.*

E o autor descreve mais especificamente as tentativas de bombardeios da pequena localidade:

— *Nenhum dos aviões aliados mandados para bombardear a área de San Giovanni Rotondo foi capaz de completar suas missões com sucesso. Muitas vezes havia misterioso mau funcionamento, fazendo com que as bombas caíssem inofensivamente nos campos, ou falhas mecânicas que faziam os aviões desviarem do curso. Mas a verdadeira história é contada pelos pilotos que conseguiram chegar perto da cidade: eles relataram que receberam um aceno de uma aparição nos céus, indicando-lhes para retornar — uma visão de um "monge voador" que os dispensara. A maioria dos aviadores temia mencionar isso até depois da Guerra, quando muitos grupos de soldados americanos e britânicos vieram prestar seus respeitos ao famoso Frade. Foi então que ele foi identificado como aquele mesmo "monge voador" pelos que o viram no céu!*

Para dizer o mínimo, muitos acontecimentos inusitados envolveram a vida do taumaturgo italiano. Ainda sobre o mistério do "monge voador", relata o escritor Frank Rega, citando investigação feita pelo soldado americano **Bob Coble**, que pertenceu à Décima Quinta Força Aérea dos Estados Unidos em Foggia, Itália:

— *Bob Coble fez algumas pesquisas em microfilme dos registros do Segundo Grupo de Bombardeiros, que tinha base no norte da África. Ele encontrou um relatório de atividade no ar anômalo, no intervalo de um ou dois dias a partir de 26 de julho de 1943. Essa é a data indicada do avistamento do "monge voador" nos relatórios de* **Mary Pyle**, *quando os aviões não conseguiram deixar cair suas cargas de bombas. Vinte e um aviões B-17 decolaram de Ain M'Lila, na Argélia, em direção a Foggia, estação aérea de San Nicola. Os registros mostram que o esquadrão voou por seis horas e quarenta minutos, e nenhuma bomba foi lançada de nenhum dos aviões. "Zero aviões retornaram cedo, 21 aviões lançaram zero bombas, a zero tempo até o alvo, a zero de altitude." Bob comentou que "a maioria dos relatórios dessa natureza fala sobre o tipo de bombas carregadas, o tempo que elas atingiram o alvo, o tempo sobre o alvo, as armas encontradas, as coisas observadas e algum tipo de relatório sobre aeronaves inimigas. E este diz — NADA, nada".*

San Giovanni Rotondo acabou recebendo muitos militares de vários países que para lá se dirigiam com a esperança de conhecer de perto o "frade voador". Padre Pio foi canonizado pelo papa João Paulo II, em 16 de junho de 2002.

INVESTIGAÇÕES CIENTÍFICAS SOBRE LEONORA PIPER

Uma das médiuns que mais receberam estudos da comunidade científica foi a norte-americana **Leonora**

Piper (1857-1950). Pesquisadores sérios, a exemplo de **Richard Hodgson** (1855-1905), **Oliver Lodge** (1851-1940), **Frederic Myers** (1843-1901) e **James Hyslop** (1854-1920), examinaram os transes mediúnicos dessa mulher simples. O "pai da psicologia americana", **William James** (1842-1910), foi o primeiro a realizar pesquisas sistematizadas com Piper, a partir de 1885. Inicialmente cético, ele foi levado a reconhecer que ela possuía uma habilidade que transcendia as explicações convencionais. Em certa ocasião, concluiu:

— Estou convencido da honestidade da médium, bem como da autenticidade de seu transe; e apesar de, a princípio, estar disposto a pensar que os "acertos" dela fossem coincidências sortudas ou resultado de conhecimento prévio de sua parte a respeito da pessoa presente na sessão e das suas relações familiares, eu agora acredito que ela possui um poder ainda inexplicado.

Em seu discurso por ocasião da 77ª Reunião Geral da Sociedade de Pesquisa Psíquica, em 31 de janeiro de 1896, ele declarou:

— *(...) uma proposição universal pode ser mostrada falsa por um exemplo particular. Se você deseja questionar a lei de que todos os corvos são pretos, você não precisa mostrar que nenhum corvo o é; é suficiente se você provar que um único corvo seja branco. Meu próprio corvo branco é a Sra. Piper. Nos transes dessa médium, não posso resistir à convicção de que surgem conhecimentos os quais ela nunca obteve pelo uso habitual dos seus olhos, ouvidos e sagacidade.*

Poderia transcrever inúmeros casos espirituais protagonizados pela sra. Piper, mas mencionarei interessante aptidão, anotada por seus pesquisadores: a manifestação simultânea de dois Espíritos. Vejamos o relato de Hodgson, no qual cita a presença do dr. **Phinuit**, Espírito que participava com frequência das sessões por psicofonia, e de outro Espírito atuando por intermédio da psicografia:

— *Em uma ocasião em que eu estava presente, Phinuit estava ouvindo o relatório estenográfico de uma entrevista anterior, comentando sobre ela, fazendo adendos às suas declarações sobre alguns obje-*

tos, e, ao mesmo tempo, a mão escrevia livremente e rapidamente sobre outros assuntos e mantinha conversação com outra pessoa presente, a mão passava a ideia de ser "controlada" por um amigo já falecido dessa pessoa.

JAMAIS TEMER A CONVENÇÃO

O cientista, com todas as letras maiúsculas, não pode temer a opressão do que se denomina convencional ou a perda de posição entre os chamados doutos na atualidade. Do contrário, como será visto amanhã?

Quem assim o fizer, agindo com valentia, terá todo o conhecimento, deste e do Outro Mundo, às mãos. E não nos esqueçamos de que a ignorância a respeito dos Assuntos Divinos afasta o ser humano de sua realização efetiva. Para verdadeiramente progredir, a criatura necessita conhecer a sua origem autêntica, a espiritual. Essa é a determinante disciplina que ainda falta aos currículos acadêmicos, afetados, mesmo que não o reconheçam, pelo temor de uma visão limitante a respeito de Deus e Suas Leis. Tal perspectiva restringiu o avanço da pesquisa, base da Ciência moderna, que precisou libertar-se da resistência muitas vezes filosófica disfarçada de ordenamento teológico que não desejava ceder lugar ao novo. **Galileu Galilei** (1564-1642) que o diga. (...)

Ninguém, contudo, pode ser contra o aprimoramento intelectual. Trata-se de uma das maiores aquisições da humanidade. Todavia, *pari passu* ao saber humano, deve sobrevir a evolução do sentimento, o aprimorar de uma educação que não poderá permanentemente prescindir do banho lustral da Espiritualidade Ecumênica. O indivíduo permanecerá como um ente lacerado, até que compreenda que não significa apenas carne, mas também algo superior ao soma. Partindo dessa premissa revolucionária, há de se tornar, *motu-proprio*, isto é, de iniciativa própria, o colosso forjado pelo Deus Divino, repleto de uma satisfação de viver, que nunca lhe será arrebatada. E, assim, saberemos sustentar o Espírito perenemente juvenil.

A maior conquista, nesta era de ceticismo, não é a das armas nem a do intelecto que fale somente a um, dois ou três. É a do coração, que todos, iletrados e cultos, possuem, mesmo que, em certos casos, apenas como ligeira fagulha, a qual amanhã certamente se tornará forte chama, a aquecer a Alma dos que padecem o frio do abandono, da frustração, da amargura e de tudo quanto aflige a criatura humana.

ALERTA CONTRA O EMPREGO CRIMINOSO DO CONHECIMENTO

As águas do saber não distinguem fronteiras e transformam todos aqueles que têm coragem de beber de sua fonte. Contudo, quem a ela recorre jamais poderá prescindir da Ética para que não a torne em antissaber, isto é, o emprego criminoso da informação e do conhecimento, que ainda tanto se pratica na Terra.

Espírito, Ciência e Mediunidade – Parte III

VOZES ELETRÔNICAS DO ALÉM

Um dos grupos de fenômenos pesquisados pela Psicologia Anomalística diz respeito à psicocinesia, que é a ação da mente humana sobre a matéria sem o uso das capacidades físicas. Com o passar do tempo, estudiosos do que ficou conhecido por *transcomunicação instrumental* (TCI) consideraram que uma possível explicação estaria nesse caminho, levando-se em conta a utilização de aparelhos eletrônicos com o fim de manter-se contato com o Além.

Agostino Gemelli

Em 1952, houve a primeira captação desse fenômeno, TCI, feita por dois sacerdotes católicos italianos: o padre **Agostino Gemelli** (1878-1959) e o padre **Pellegrino Ernetti** (1925-1994). Antes

Pellegrino Ernetti

de apresentarmos esse interessante fato, é importante destacar que interações com a Dimensão Invisível por intermédio dos aparelhos, mas sem serem gravadas, já haviam sido descritas e testemunhadas por pesquisadores muito sérios. No Brasil mesmo, devemos ressaltar os experimentos do padre, grande cientista e inventor gaúcho **Roberto Landell de Moura** (1861-1928), que provocou controvérsia em seu tempo. Segundo **Ernani Fornari** (1899-1964), seu primeiro biógrafo e contemporâneo, a mais antiga transmissão pública de som por ondas de rádio teria ocorrido entre 1893 e 1894, quando Landell realizou — antes do italiano **Guglielmo Marconi** (1874-1937) — experimento que percorreu uma distância de oito quilômetros, entre o alto da Avenida Paulista e o Alto de Santana, em São Paulo/SP. Alguns pesquisadores, a exemplo de **Hamilton de Almeida**, dão ênfase também à transmissão empreendida em 1899, por ser a primeira a receber nota num periódico da época, o *Jornal do Commércio*, conforme o próprio biógrafo relatou em entrevista à Super Rede Boa Vontade de Comunicação (rádio, TV, internet e publicações):

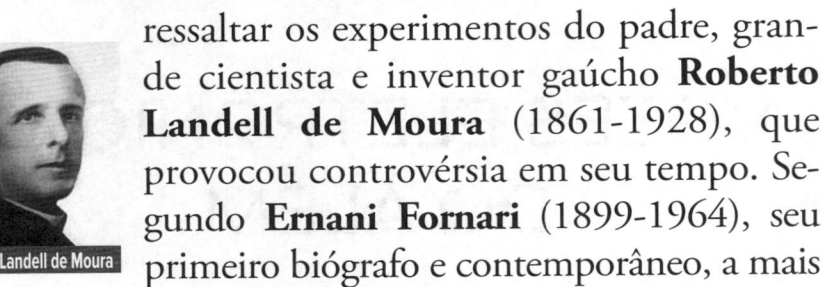

> — *A experiência mais importante que ele fez aconteceu no dia 16 de julho de 1899, em São Paulo. Foi uma transmissão feita do Colégio Santana, que existe ainda hoje, até a Ponte das Bandeiras, em uma distância de uns três quilômetros. Ele convidou empresários, imprensa, intelectuais e cientistas da época para*

Fac-símile do Jornal *The New York Herald*, de 1902, com destaque para o pioneirismo do inventor brasileiro, padre Landell de Moura.

presenciar esse evento, que, na verdade, foi a primeira transmissão de rádio com voz humana no mundo de que se tem notícia [de sua realização na imprensa].

Há testemunhos que garantem que o "padre inventor" chegou mesmo a criar equipamento eletrônico por meio do qual se comunicava com os Espíritos. Além dele, encontramos os trabalhos pioneiros de **Augusto Cambraia**, **Oscar D'Argonnel**, **Próspero Lapagese**, **Cornélio Pires**, **George Magyari**, entre outros.

VOZES ESPIRITUAIS GRAVADAS

Voltando a 1952... Os padres Gemelli e Ernetti, então, gravavam um coro que entoava cantos gregorianos. Todavia, a aparelhagem, bem naquele instante, começou a apresentar defeito. Na tentativa de rapidamente consertá-la, Gemelli suplicou a ajuda de seu falecido pai. Após algum esforço, eles conseguiram pôr o aparelho em funcionamento, e, para a surpresa deles, quando foram escutar a gravação, ouviu-se a voz de seu pai dizendo:

— *Claro que posso ajudá-lo. Estou sempre contigo.*

Ambos ficaram perplexos. Então, decidiram gravar novamente e o padre Gemelli perguntou se era mesmo seu pai, no que este agora responde, dirigindo-se ao filho com um apelido de infância:

— *Zucchini, sou eu... está claro... Você não está me reconhecendo?*

Surpreendidos, se encaminharam ao papa **Pio XII** (1876-1958) para relatar o que ocorrera. O sumo pontífice ouviu a gravação e, após tranquilizar os padres, concentrou-se na tentativa de explicar o fenômeno, conforme publicou a revista italiana *Astro*:

Papa Pio XII

— *O gravador é totalmente objetivo... Ele somente capta e registra as ondas sonoras de onde quer que elas venham. Talvez o experimento possa se tornar o alicerce para a construção de estudos científicos que fortalecerão a fé das pessoas no além.*

Os padres Gemelli e Ernetti não seguiram nessas investigações, mas muitos pesquisadores se debruçaram sobre o "fenômeno das vozes eletrônicas" (conhecido pela sigla em inglês EVP, que significa *electronic voice phenomenon*) e se empenharam em analisar seus efeitos em outros equipamentos, entre estes TVs, caixas acústicas, telefones, computadores etc. Podemos citar ainda outros pioneiros na área que, somados, obtiveram milhares de vozes gravadas: **Friedrich Jürgenson** (que inspirou a poeta brasileira **Hilda Hilst** a também se enveredar por esse estudo), **Konstantin Raudive**, **Ernst Senkowski**, **François Brune**, **George W. Meek**, **Hans Otto König**, **Manfred Boden**, **Ken Webster**, **Klaus Schreiber**, **Franz Seidel**, **Marcello Bacci**, entre muitos outros.

CONSULTOR DA NASA E A TRANSCOMUNICAÇÃO

A propósito, o saudoso professor alemão Ernst Senkowski (1922-2015), consultor da Nasa para assuntos de Física Nuclear e satélites, foi quem criou a expressão "transcomunicação instrumental". Ele palestrou na segunda sessão plenária do Fórum Mundial Espírito e Ciência, da LBV, em outubro de 2004. Com seus estudos, iniciados a partir de 1976, alcançou 25.000 vozes gravadas em diferentes aparelhos.

Nas palavras endereçadas ao público presente no Parlamento Mundial da Fraternidade Ecumênica, o ParlaMundi da LBV, em Brasília/DF, narrou um caso marcante:

> — *Recebi uma ligação bem no momento em que eu estava escrevendo sobre chamadas de telefone no meu computador. Daí atendi, e era um saudoso amigo meu no telefone, e tivemos uma conversa de uns 5 minutos. E não poderia ser falso, porque esse homem que fez contato era conhecido pessoalmente por mim. E ele estava morto; era um bom amigo. Depois dele, veio [pela mesma ligação] um cardeal, originalmente da Polônia. Esse cardeal se referiu a um dizer especial, um apelido meu de infância, que era usado pelo meu pai. E meu pai morreu em 1959. Ninguém sabia daquele dito do meu pai, a não ser eu. Portanto, essa ligação telefônica não poderia ser falsificada por ninguém. Impossível! Realmente foi um efeito paranormal e aparentemente vindo do Outro Lado, porque o cardeal disse: "Seu pai... Ele me disse...". Daí, ele proferiu as palavras do meu pai, e respondi imediatamente: "Isso é correto! Assim falou meu pai!" E tal gravação é uma experiência-chave. (...) Realmente são fatos reais e eles apontam para a vida após a morte.*

Um dos pontos de interrogação dos pesquisadores da transcomunicação instrumental é relativo à origem das mensagens. Algumas hipóteses sobre essa ocorrência são consideradas, consoante ainda explanou o investigador alemão:

— Estou mesmo convencido, de acordo com as aproximadamente 25.000 vozes que gravei durante esses anos, de que, na maioria dos casos, as pessoas do Além estão por trás do fenômeno. Estar por trás significa não estar num corpo material, mas estar por trás mentalmente, sendo capazes de nos transmitir alguns conteúdos que se referem às suas vidas do Outro Lado. E parece que existem três pontos centrais. Primeiro ponto: há vida após a morte. Segundo ponto: há a possibilidade de comunicação entre o Além e nós. E terceiro ponto: não devemos ter medo de falecer, porque, aparentemente, do Outro Lado, eles também são felizes.

O professor Senkowski também propôs alguns caminhos para explicar essas ocorrências:

— Uma possibilidade, por exemplo, é a de pessoas mortas, do Além, influenciando diretamente os nossos equipamentos eletrônicos. Mas, para mim e para minha experiência, e a experiência dos meus amigos em diversos países, não estamos certos de que essa seja

a única possibilidade. Parece mais provável que o verdadeiro receptor das mensagens paranormais do Além são as pessoas vivas, o experimentador vivo, que está operando esses aparelhos eletrônicos. Então, seria um processo de duas etapas: o recebimento da mensagem original por comunicação telepática pela pessoa viva e depois a inserção dessa mensagem no aparelho eletrônico. Esse pode ser um processo que pode ser descrito pela comunidade parapsicológica por psicocinesia.

Fica cada vez mais evidente que, desde as eras primordiais da civilização humana, os Espíritos encontram diversos meios para se comunicar conosco. Não fechemos nossos sentidos para tão preciosos recados. Jesus mesmo nos advertiu que, se nos calarmos no testemunho dos assuntos divinos, *"até as próprias pedras clamarão"* (Boa Nova, segundo Lucas, 19:40). Nesse caso, até os aparelhos eletrônicos. Façamos, portanto, ressoar a nossa voz anunciando que é chegado o Reino de Deus!

A CONVERSÃO DE COELHO NETO

Desejo trazer aqui outro exemplo de TCI, cujo testemunho vem da idoneidade de ninguém menos do que o aclamado romancista, político, crítico e teatrólogo maranhense, membro-fundador da Academia

Fac-símile do *Jornal do Brasil*, de 7 de junho de 1923, edição de número 135, com chamada de capa do artigo de Coelho Neto: "Conversão".

Brasileira de Letras (ABL), Coelho Neto — anteriormente citado.

Autor de *Contos Pátrios* — em parceria com **Olavo Bilac** (1865-1918) —, era colaborador do *Jornal do Brasil*, aplaudido por sua série de novelas publicadas no diário carioca. E, em 7 de junho de 1923, na edição de número 135, com chamada de capa, Coelho Neto escreveu: "Conversão". Na página 11, como se fora arguido por um entrevistador, podemos ler:

CONVERSÃO

Sim. Tens razão. Combati, com todas as minhas forças, o que sempre considerei a mais ridícula das superstições. Essa doutrina, hoje triunfante em todo o mundo, não teve, entre nós, adversário mais intransigente, mais cruel do que eu. (...)

Não tiveram os cristãos inimigo mais acirrado do que Saulo até o momento em que, na estrada de Damasco, por onde ia para a sua campanha de perseguição, o céu abriu-se em luz e uma voz do Alto o chamou à Fé. (...) Pois, meu caro, a minha estrada de Damasco foi o meu escritório e, se nele não irradiou a luz celestial, que deslumbrou S. Paulo, soou uma voz do Além, voz amada, cujo eco não morre em meu coração.

Sabes que, depois da morte da pequenina Esther, que era o nosso enlevo, a vida tornou-se sombria. A casa, dantes alegre com o riso cristalino da criança, mudou-se em jazigo melancólico de saudade. Passei a viver entre sombras lamentosas.

Minha mulher, para quem a netinha era tudo, não fazia outra coisa senão evocá-la, reunindo lembranças. (...)

Júlia... coitada! Nem sei como resistiu a tão fundos desgostos: seis meses depois do marido, a filha.

Pensei perdê-la. Todas as manhãs lá ia ela para o cemitério, cobrir o pequenino túmulo de flores, e lá ficava, horas e horas, conversando com a terra, com o mesmo carinho com que conversava com a filha. Ia depois ao túmulo do marido e assim vivia entre os mortos, alheia ao mais, indiferente a tudo.

E desse modo transcorriam os dias, de infelicidade em infelicidade, no antigo casarão da família, o qual Coelho Neto propôs substituir por outra moradia no elegante bairro de Copacabana, no Rio, sob fortes protestos da filha **Júlia**, que insistira em ficar.

Embora homem tolerante em matéria de fé, era capaz de ásperas atitudes para que não arrastassem a filha para o que considerasse mistificações e severamente advertia a todos da casa, sendo obedecido.

Júlia trancava-se por horas dentro do quarto que fora de **Esther** e de lá Coelho Neto e sua esposa a escutavam falar, rir, contar histórias de fadas à maneira que fazia para a filhinha. Contudo, passado o tempo, transposta sua ilusão, irrompia o desespero. Até que brusca mudança ocorreu.

O próprio autor relata:

> *Uma manhã, porém, com surpresa a todos, Júlia apareceu-nos risonha, posto que os olhos ainda conservassem lágrimas como as rosas conservam o orvalho na carola, ao sol.*
>
> *Interroguei-a; sorriu. Interroguei minha mulher. Nada. Confesso-te que cheguei a pensar na... volta da primavera.*
>
> *Lucílio tornara-se mais assíduo nas visitas, aparecendo-nos duas e três vezes por semana e o amor, bem sabes, renova; o amor é como o sol que abre flores nas próprias covas.*

Já começava a afazer-me a tal ideia quando, numa noite, minha mulher entrou-me pelo escritório, lavada em lágrimas, e disse-me, abraçando-se comigo, que a filha enlouquecera.

— Por quê?! Perguntei.

— Está lá embaixo, ao telefone, falando com Esther.

— Que Esther?

— A filha...

Encarei-a demoradamente, certo de que a louca era ela, não Júlia.

Como se compreendesse o meu pensamento, ela insistiu:

— Lá está. Se queres convencer-te, vem até a escada. Poderás ouvi-la. Fui.

Naquele tempo, era comum se ter extensões de telefone pela residência. Coelho Neto possuía uma em seu gabinete de trabalho. Mas, inicialmente, sua esposa e ele foram até o alto da escada e ficaram os dois tentando ouvir o que a filha dizia ao aparelho, no escuro, baixinho, quase sussurrando, no *hall* abaixo. Num primeiro momento, até pensara ser conversa de enamorados, afinal, **Lucílio**... Mas foi interrompido pela esposa a insistir que Júlia a ela mesma, com enorme felicidade, dissera conversar com a filhinha amada, Esther. O experimentado escritor é quem narra sua própria reação:

Fiquei estatelado, sem compreender o que ouvia. De repente, numa decisão, entrei no escritório, desmontei lentamente o fone do aparelho, apliquei-o ao ouvido e ouvi.

Ouvi, meu amigo. Ouvi minha neta. Reconheci-lhe a voz, doce voz, que era a música da minha casa... Mas não foi a voz que me impressionou, que me fez sorrir e chorar, senão o que ela dizia.

Ainda que eu duvidasse, com toda minha incredulidade, havia de convencer-me, tais eram as referências, as alusões que a pequenina voz do Além fazia a fatos, incidentes da vida em que se calara, da vida que conosco vivera e corpo da qual ela fora o som.

Mistificação? E que mistificador seria esse que conhecia episódios ignorados de nós mesmos, passados na mais estreita intimidade entre mãe e filha. Não! ***Era ela, a minha neta, ou antes: a sua alma visitadora que se comunicava daquele modo com o coração materno****, levantando-o da dor em que jazia para a consolação suprema.*

Ouvi toda a conversa e compreendi que ***nos estamos aproximando da grande era****, que os Tempos se atraem — **o finito defronta o infinito e, das fronteiras que os separam, as almas já se comunicam***.*

E eis como me converti; eis porque te disse que a minha estrada de Damasco foi o escritório onde, se não fui deslumbrado pelo fogo celestial, ouvi a voz do céu, a voz vinda do Além, da outra Vida, do mundo da Perfeição...

(Os destaques são meus.)

Quase ao fim de seu artigo para o *Jornal do Brasil*, de 1923, Coelho Neto fala das esperanças que o fenômeno encerrava em si mesmo:

— *Quando Júlia* — *disse-me ela própria* — *deseja comunicar-se com a filha, invoca-a, chama-a com o coração, ou melhor: com o amor e ouve-lhe imediatamente a voz. Fala, entretêm-se, comunicam a vida espiritual.* **A que está em Cima é feliz na Bem-aventurança**, *e* **a que ficou na orfandade já não sofre**, *como sofria,* **porque o que era esperança tornou-se certeza, absoluta certeza**...

(Os destaques são meus.)

Eis aí, meus prezadíssimos Irmãos e Irmãs! Aqueles que amamos não morrem jamais, mesmo já habitando o Mundo Espiritual. E essa esperança que se tornou certeza é capaz de renovar a face da Terra, com a vivência das Normas Eternas do Governo Espiritual do Cristo! Reverentes diante desse primordial conhecimento, compreendemos bem a lição do Divino Ressuscitado:

— *A um discípulo Jesus disse:* — "*Segue-me!*" — *Ao que este pediu:* — "*Permite-me, Senhor, que vá primeiro enterrar meu pai". Tornou-lhe o Cristo: — "Deixa aos mortos enterrarem seus mortos; tu, porém, vai e anuncia o Reino de Deus"* (Evangelho, segundo Mateus, 8:21 e 22; e Lucas, 9:59 e 60).

Ora, em minhas prédicas fraternas, esclareço que o Mestre dos mestres de forma alguma demonstrou-se insensível à dor do rapaz. No entanto, desvendava-lhe que, ao se imbuir de sua missão, o moço também beneficiaria o Espírito de seu pai, que se encontrava mais vivo do que nunca, porque o necessário sepultamento seria destinado tão somente à matéria inerte.

Assim como a jornada prossegue para quem continua reencarnado, o mesmo ocorre para nossos entes queridos que nos antecederam à Grande Pátria da Verdade. Muitos permanecem invisíveis ao nosso lado, ajudando-nos; outros podem, até mesmo, precisar de nossas preces. Oremos por eles, para que, quando chegar a nossa vez, alguém ore por nós. E agradeçamos a Deus por ser Deus de vivos. Por conseguinte, repito: **os mortos realmente não morrem!** Isso traz nova luz à tremenda responsabilidade dos povos no planeta. A plena convicção de que não há fim é também a autêntica prova de que não haverá jamais a impunidade para os recalcitrantes no erro. Ao passo que a ventura dos que agem com Bondade, Justiça, Dignidade e Compaixão tem a marca da legitimidade pelas eras.

CONTINUAÇÃO SUBLIME DA EXISTÊNCIA

Aqueles que amamos não morrem jamais, mesmo já habitando o Mundo Espiritual. E essa esperança que se tornou certeza é capaz de renovar a face da Terra, com a vivência das Normas Eternas do Governo Espiritual do Cristo!

Espírito, Ciência e Mediunidade – Parte IV

A NEUROCIÊNCIA DA MEDIUNIDADE

Temos acompanhado, com boa expectativa, a contribuição das neurociências a esses pioneiros trabalhos científicos que visam à compreensão dos fenômenos espirituais, sobretudo dos que envolvem o intercâmbio entre o mundo físico e o extrafísico. O dr. **Julio Peres**, psicólogo clínico e doutor em Neurociências e Comportamento pelo Instituto de Psicologia da USP, com pós-doutorado no *Center for Spirituality and the Mind* (Centro para Espiritualidade e a Mente) da Universidade da Pensilvânia, nos EUA, vem se valendo da tecnologia disponível para avançar nas pesquisas referentes ao assunto. O irmão do prezado dr. Mário Peres, aqui já citado, e também filho dos estimados cientistas Maria Júlia e Ney Prieto Peres, declarou aos microfones do programa *Conexão Jesus — O Ecumenismo Divino*, da Super Rede Boa Vontade de Comunicação (rádio, TV, internet e publicações):

— *As neurociências têm se desenvolvido muito nos últimos anos, em especial os métodos de neuroimagem que permitem a captura do que acontece no cérebro durante uma tarefa específica — por exemplo, o resgate de memórias traumáticas pré e pós-psicoterapia —, ou mesmo durante a prece, durante a comunicabilidade espiritual, quer dizer, estados de transe. Então, esses métodos de neuroimagem funcional nos permitem observar os potenciais correlatos neurais entre aquelas tarefas complexas e esses estados de ânimo, estados emocionais, estados psicológicos, que todos nós podemos atravessar.*

Em 2008, o cientista brasileiro iniciou uma pesquisa na Universidade da Pensilvânia em associação com os cientistas Alexander Moreira-Almeida (Nupes-UFJF), **Leonardo Caixeta** (Universidade Federal de Goiás), **Frederico Leão** (USP) e **Andrew Newberg** (Universidade da Pensilvânia). Em novembro de 2012, o experimento resultou na publicação do primeiro estudo mundial sobre neuroimagem e transe mediúnico. Na oportunidade, dez médiuns psicógrafos tiveram o cérebro fotografado no momento da comunicação espiritual e durante a escrita de textos fora do estado sensitivo.

Na palestra que o dr. Julio Peres proferiu em agosto de 2015, no painel temático "Espiritualidade, Saúde e Ciência", evento do Fórum Mundial Espírito e Ciência, da LBV, ele apresentou à plateia que superlotava o plenário do ParlaMundi da LBV, e seu auditório Austregésilo de Athayde, as interessantes conclusões da pesquisa:

— Levamos dez médiuns psicógrafos à Universidade da Pensilvânia para avaliar duas condições em neuroimagem: a psicografia e uma escrita original sobre o mesmo tema. O que aconteceu? Algo surpreendente. A complexidade do texto psicografado foi superior à complexidade do texto fora do transe mediúnico. Contudo, as regiões do cérebro associadas à criatividade, ao planejamento tiveram menor atividade durante a psicografia em comparação ao texto original. Esperávamos que maior atividade acontecesse para a elaboração de textos mais complexos. Na psicografia, o contrário aconteceu. E vale a pena considerar, entre várias outras hipóteses, o que os médiuns falam: "a autoria desses conteúdos psicografados é dos espíritos comunicantes, e não do meu próprio cérebro" — o que faz sentido com esses achados também. Seria então uma autoria espiritual? É importante que consideremos isso e façamos perguntas relacionadas a essa integração entre espiritualidade e ciências.

PROCESSO ESPÍRITO-NEUROFISIOLÓGICO

Após esse primeiro achado, o dr. Julio participou de um segundo experimento, agora conduzido na

Universidade de Aachen, na Alemanha, e liderado pela psicóloga brasileira dra. **Alessandra Ghinato Mainieri**, do Nupes-UFJF, e pelo psicólogo alemão **Nils Kohn**, da Universidade de Aachen. Contou ainda com a colaboração do já mencionado dr. Alexander Moreira-Almeida (Nupes-UFJF) e dos cientistas alemães **Klaus Mathiak** e **Ute Habel**, também da Universidade de Aachen.

Dessa vez, tratou-se de um estudo de neuroimagem desenvolvido com oito médiuns (seis da Alemanha e dois do Brasil), que foi publicado na revista científica *Psychiatry Research: Neuroimaging*, em junho de 2017. A dra. Alessandra Mainieri, em entrevista à Super Rede Boa Vontade de Comunicação (rádio, TV, internet e publicações), explanou acerca dos procedimentos:

Respeitando as condições, as crenças, as ideias religiosas que cada médium tinha, pedimos que eles entrassem no tomógrafo e fizessem três atividades. Em uma delas, eles ficaram treze minutos de olhos fechados sem fazer nada, para vermos o funcionamento geral do cérebro, que chamamos de "estado de repouso". Em outro momento, eles entravam em transe mediúnico, aí só com ideias e sensações, pois pedimos que não escrevessem. E, em outro momento, eles precisavam fazer de conta que estavam em tran-

se, ou seja, eles tinham a tarefa que chamamos de "imaginativa" — as pessoas precisavam simular que estariam em transe mediúnico, com as mesmas percepções que costumeiramente têm quando realizam essa prática nas suas atividades comuns religiosas.

Ela ainda contou o que pôde ser observado:

> *Os resultados foram interessantes. Eles mostraram que o estado de transe e o estado de repouso têm certa similaridade em ativação de áreas posteriores do cérebro e da parte parietal, que é a parte de cima, que envolve o sistema motor e o sistema visual. Quando comparamos a tarefa de transe com a tarefa de imaginação, não encontramos uma ativação maior nas áreas frontais do cérebro, que são responsáveis mais pelo raciocínio, pela organização e pela execução de atividades mentais* [imaginação, criação de ideias e construção de pensamentos] *— o que nos fez perguntar: "O que acontece, então?" Porque, se as pessoas dizem ter mais experiências sensoriais no transe do que durante a imaginação, então precisaria ter maior ativação cerebral durante a tarefa de transe, e não foi isso que aconteceu.*

A conclusão tem similitude com o estudo com médiuns psicógrafos, feito na Universidade da Pensilvânia, que vimos anteriormente. As imagens cerebrais captadas indicam que as informações mediúnicas não são elaboradas nem imaginadas pelo cérebro do sensitivo. Todavia, ele se torna, concluímos e afirmamos nós, uma espécie de receptor das mensagens transmitidas pelas Almas, que continuam vivas e atuantes após o falecimento do corpo carnal — um processo Espírito-neurofisiológico, que aguardamos ser em breve desvendado pela extraordinária Ciência.

Desejamos que esses resultados expostos deem força a novas investigações desbravadoras e que o Brasil continue com sua competente contribuição a tão fundamental tema.

SUBLIME LUMINOSIDADE QUE DÁ VIDA AO CORPO

É flagrante a necessidade de alargar a ótica espiritual do pensamento humano criador, para que finalmente se torne aríete da gigantesca libertação que resta por fazer. Em que bases?! Nas do Espírito, desde que não considerado medíocre projeção da mente, porquanto é a Sublime Luminosidade que dá vida ao corpo.

Espírito, Ciência e Mediunidade – Parte V

AS PESQUISAS DE *SIR* WILLIAM CROOKES

A ação da Ciência no estudo dos fenômenos ligados à morte e, mais que isso, na comprovação do prosseguimento da vida após o desenlace do corpo material é amplamente desenvolvida por cientistas do mundo inteiro e de todas as épocas, conforme temos observado. Isso reforça a imprescindível e fraterna cruzada que os defensores da Verdade devem liderar para extinguir a enganosa ideia de que a morte seja algo fantasmagórico. Não tem nada disso! Precisamos esclarecer a todos no que tange às Leis Divinas que regem a vida nas esferas espiritual e material, a fim de afastar da mente das pessoas quaisquer considerações negativas que são impostas a essa que é uma transição natural da existência infinita.

Outro destacado pioneiro dessas investigações foi *sir* **William Crookes** (1832-1919), químico e físico inglês, membro da Sociedade Real de Londres (1863) e seu presidente de 1913 a 1915. Foi nomeado cavaleiro do Império Britânico, em 1897, pela rainha **Vitória** (1819-1901) e agraciado pelo rei **Jorge V** (1865-1936), em 1910, com a Ordem do Mérito, a mais prestigiosa honraria britânica dada a um civil. *Sir* Crookes, na edição de julho de 1870 do periódico *Quarterly Journal of Science*, anunciou, em seu artigo "Espiritualismo visto pela Luz da Ciência Moderna", que se dedicaria ao exame dos fenômenos espirituais. Na ocasião, foi aclamado unanimemente.

> *Considero este o dever dos homens científicos que aprenderam modos precisos de trabalho: examinar fenômenos que atraem a atenção do público (...).*
>
> *No presente caso, prefiro adentrar a investigação sem quaisquer ideias preconcebidas sobre o que pode ou não ser, mas com todos os meus sentidos alertas e prontos para transmitir informações ao cérebro; crendo, como creio, que, de modo algum, esgotamos todo o conhecimento humano, ou sondamos as profundezas de todas as forças físicas. (...)*

De 1870 a 1873, período em que esteve em contato com médiuns de efeitos físicos, Crookes pôde desenvolver vasta pesquisa de muitos fenômenos espirituais, que buscou catalogar. Entre estes, tem-se materialização de objetos, mãos luminosas, levitação, transporte, voz direta, escrita direta e aparições luminosas.

ESPÍRITO KATIE KING

Especificamente sobre a materialização de Espíritos, podemos destacar sua meticulosa investigação ao lado da médium **Florence Cook** (1856-1904), à época com 15 anos de idade, mas que via e ouvia Espíritos desde a infância. Quando em transe, a senhorita Cook possibilitava a materialização completa do Espírito **Katie King**. Além de ter tirado fotografias desse Espírito, o cientista britânico pôde aferir seus sinais vitais. Reparem no que se encontra em seu artigo "A última aparição de 'Katie King' — A fotografia de 'Katie King' com o auxílio da luz elétrica", publicado na edição de 5 de junho de 1874, em *The Spiritualist Newspaper*:

> *Tendo eu tomado uma parte muito ativa nas últimas sessões da srta. Cook e tendo sido bem-sucedido em tirar várias fotografias de Katie King, com o auxílio da luz elétrica, julguei que a publicação de alguns detalhes seria de interesse dos leitores desta publicação.*
>
> *(...)*
>
> *Tenho a mais absoluta certeza de que a srta. Cook e Katie são duas individualidades distintas, no que se refere a seus corpos. Várias pequenas marcas no rosto da srta. Cook estão ausentes no de Katie. O cabelo*

Foto tirada por *sir* William Crookes, em que captou o cirurgião dr. **James M. Gully** (1808-1883) registrando o pulso do Espírito materializado Katie King.

da srta. Cook é de um castanho tão escuro que parece quase preto; uma mecha do cabelo de Katie, que está agora diante de mim, e que ela me permitiu cortar de suas tranças luxuriantes, depois de ter eu seguido a mecha com os meus próprios dedos até o couro cabeludo e assegurado a mim mesmo de que realmente havia crescido ali, é de um rico castanho dourado.

Uma noite, contei as pulsações de Katie; o pulso batia regularmente 75 pulsações por minuto, enquanto o da srta. Cook, poucos instantes depois, marcava seu ritmo habitual de 90. Auscultando o peito de Katie, ouvi um coração ritmicamente batendo em seu interior e as pulsações eram ainda mais regulares do que as do coração da srta. Cook, que me permitiu semelhante verificação, depois de encerrada a sessão. Examinados da mesma maneira, os pulmões de Katie mostraram-se mais sadios do que os da médium, pois, na época do experimento, a srta. Cook estava sob tratamento médico para uma grave tosse.

FENÔMENOS QUE SE OPÕEM À CRENÇA CIENTÍFICA

Sobre o tempo dedicado à intensa investigação dos fenômenos espirituais, os desafios e as conclusões a que chegou, o próprio cientista britânico narra no *Quarterly Journal of Science*, edição de janeiro de 1874:

> *Os fenômenos que estou preparado para atestar são tão extraordinários e se opõem tão diretamente aos pontos mais firmemente enraizados da crença científica (...).*
>
> *Mas a hipótese de que haja uma espécie de loucura ou de ilusão que venha a dominar subitamente toda uma sala cheia de pessoas inteligentes e completamente sãs* [caso estivessem] *em qualquer outro local e de que todas essas pessoas concordem nas menores particularidades, nos detalhes das ocorrências de que são testemunhas, parece-me mais difícil de acreditar nisso* [loucura ou ilusão coletiva] *do que nos próprios fatos que elas atestam.*
>
> *O assunto é muito mais difícil e vasto do que parece. Quatro anos atrás, eu pretendia dedicar apenas um ou dois meses de folga para verificar se certas*

ocorrências maravilhosas, de que eu tinha ouvido falar, iriam resistir ao teste de um exame rigoroso.

No entanto, tendo logo chegado à mesma conclusão, como posso dizer, que qualquer investigador imparcial chegaria, a de que havia "alguma coisa aí", **eu não poderia mais, como estudioso das leis da Natureza, recusar-me a continuar essas pesquisas, onde quer que os fatos pudessem me conduzir**.

Foi assim que alguns meses se tornaram em alguns anos e, se eu pudesse dispor de todo o meu tempo, provavelmente as experiências ainda prosseguissem.

Mas outros assuntos de interesse científico e prático reclamam agora a minha atenção; e visto que não posso dedicar a tais pesquisas o tempo que seria preciso e que mereceriam; e como **tenho plena confiança que daqui a alguns anos os homens de ciência estudarão esse assunto**; e como as oportunidades que possuo não são tão propícias quanto o eram há algum tempo (...); por todos esses motivos, vejo-me obrigado a suspender, neste momento, as minhas investigações. (...)

Tendo me satisfeito com a verdade dos fatos, seria covardia moral negar o meu testemunho só porque minhas publicações anteriores foram ridicularizadas por críticos e outros que não sabiam absolutamente nada do assunto e eram demasiadamente preconceituosos para ver e julgar por si mesmos se havia ou não verdade nos fenômenos (...).

(Os destaques são meus.)

CROOKES RATIFICA SUAS DESCOBERTAS

Ao longo de sua vida, o pesquisador britânico ratificou, em diversas ocasiões, tal posicionamento. Evidencia isso o que registrou, em seu histórico discurso de posse como presidente da Associação Britânica para o Avanço da Ciência, em Bristol, na Inglaterra, no ano de 1898, publicado nas duas revistas científicas mais prestigiadas do mundo, a *Nature* (nº 1.506, volume 58 — 8 de setembro de 1898) e a *Science* (New Series, volume 8, nº 201 — 4 de novembro de 1898):

> *Trinta anos se passaram desde que publiquei um relatório dos experimentos que tendem a mostrar que, fora dos limites do nosso conhecimento científico, existe uma Força exercida por uma inteligência diferente da inteligência comum aos mortais. Esse fato em minha vida é, claro, bem compreendido por aqueles que me honraram com o convite para me tornar seu presidente. Talvez entre a minha audiência alguns possam se sentir curiosos sobre se irei me manifestar a respeito ou ficar em silêncio. Eu prefiro falar, embora brevemente... Ignorar o assunto seria um ato de covardia — um ato de covardia que não sinto tentação de cometer.*

Para encurtar, **em qualquer pesquisa honesta que proponha ampliar os portões do conhecimento, recuar diante do medo de dificuldade ou de crítica negativa é trazer reprovação para a ciência.** *Nada há para o investigador fazer, senão seguir em frente. Nada tenho para retratar.* **Mantenho-me fiel às minhas declarações já publicadas.** *Na verdade, eu poderia acrescentar muito a isso.*

A ciência treinou e formou a mente comum em hábitos de exatidão e percepção disciplinada, e, ao fazê-lo, fortificou-se para tarefas mais elevadas, mais amplas e incomparavelmente mais maravilhosas do que até mesmo o mais sábio entre nossos antepassados imaginou. Como as almas do mito de Platão que seguem a carruagem de Zeus, ela ascendeu a um ponto de visão bem acima da terra. Está, daqui em diante, aberto à ciência transcender tudo o que agora pensamos saber da matéria e obter **novos vislumbres de um sistema mais profundo da Lei Cósmica.**

(...)

Nos tempos do **Antigo Egito**, *uma inscrição bem conhecida foi esculpida sobre o portal do* **templo de Ísis**: — *"Eu sou tudo o que foi, é e será, e meu véu nenhum mortal levantou até agora". Não é assim que fazem os pesquisadores modernos, depois de confrontar a verdade com a Natureza — a palavra que representa os desconcertantes mistérios do universo. Firme e inabalavelmente, esforçamo-nos* *por atravessar o interior do coração da Natureza, de onde ela deve reconstruir o que tem sido, e profetizar o que ainda será.* **Levantamos véu após véu, e seu rosto floresce mais belo, augusto e maravilhoso a cada barreira que é retirada.**

(Os destaques são meus.)

UMA CONEXÃO ENTRE ESTE MUNDO E O PRÓXIMO

Para encerrar este capítulo, apresento por oportuno o ponto de vista que *sir* William Crookes sustentou, desde que concluiu sua investigação acerca dos fenômenos espirituais, ao longo de sua vida. Numa entrevista para a *The International Psychic Gazette*, em 1917, a dois anos de seu falecimento, Crookes reiterou:

— Jamais tive qualquer motivo para mudar minha opinião sobre o assunto. Estou perfeitamente satisfeito com o que eu disse nos primeiros dias. ***É bem verdade que uma conexão foi estabelecida entre este mundo e o próximo.***

(O destaque é meu.)

Adendo
RASGAR O VÉU DE ÍSIS

No livro *O Capital de Deus*, um de meus próximos lançamentos, enfatizo que é chegada a hora do grande amplexo entre Razão e Fé, para que se abram definitivamente as portas do conhecimento iluminado pelos valores mais nobres do Espírito. (...) Daí ter escrito a página "A Vinha e o Ceticismo", em *As Profecias sem Mistério* (1998), na qual ponderei que a humanidade tem vivido sob a ditadura de suas próprias criações castradoras nos vastos ramos em que progride. (...) **É flagrante a necessidade de alargar a ótica espiritual do pensamento humano criador, para que finalmente se torne aríete da gigantesca libertação que resta por fazer. Em que bases?! Nas do Espírito**, desde que não considerado medíocre projeção da mente, porquanto é **a Sublime Luminosidade que dá vida ao corpo**: eis a Extraordinária Vinha que o Criador oferece à criatura para livrá-la da zonzeira do ceticismo excessivo. Embora uma pequena dose dele seja bastante salutar, se apreciarmos esta advertência de **James Laver** (1899-1975), que foi curador do Departamento de Gravura, Ilustração e Design do Victoria and Albert Museum, de Londres, entre 1922 e 1959:

— *O ceticismo absoluto é tão injustificado quanto a credulidade absoluta.*

O Espírito é a objetividade; a carne, a vestimenta que urge ser bem cuidada, visto que desta depende ele para evoluir. (...)

Em 1988, num momento de reflexão, rascunhei alguns pontos, já por mim apresentados em diversas mídias, que aqui resumo:

É preciso rasgar o véu de Ísis que encobre o raciocínio humano e, em diferentes casos, obscurece até mesmo o do Espírito quando fora da carne. A matéria muitas vezes confunde a psique, que fica com o seu raio de observação restrito às coisas que toma como unicamente verdadeiras. Nesse campo, dá-se a luta: **a mente horizontal permanece hipnotizada pelos sentidos físicos**, maravilhada ao descobrir as muitas funções biológicas do cérebro, como se nada houvesse além do território físico; **a mente vertical, dissipando o véu da carne, avança adiante dos esplêndidos horizontes abertos pela Ciência terrestre**, que ainda vive, sob certos aspectos, *magiada* pelos dogmas do materialismo. É então que — criteriosamente **se sobrepondo a antigos obstáculos**, como a tantos outros, pelos séculos, deu cobro — **alcança mundos ainda inconquistados pelos mais lúcidos pesquisadores da Terra**. Aos humildes, eruditos ou não, revelam-se os segredos de Deus. Para os simples, Jesus declarou:

— Não há nada encoberto, que não venha a ser revelado; nem oculto, que não venha a ser conhecido (Evangelho, segundo Mateus, 10:26).

É de bom alvitre recordar esta assertiva do médico e político dr. Bezerra de Menezes (1831-1900):

— A Ciência caminha sempre, sem que possa afirmar: toquei o marco terminal.

Diante disso, nós, humanidade, em conjunto, devemos bradar: *"Graças a Deus!"* Porque, senão, teríamos chegado, na Terra, ao fundo do poço, ao fim de toda esperança, pela ausência de incentivo da curiosidade sã.

EINSTEIN, CIÊNCIA E MÍSTICA

Aos olhos espirituais nada está imobilizado, morto. Tudo se agita e tem vida, como no átomo invisível. **O místico percebe-o antes, pela intuição —** que é **a Inteligência de Deus** atuando sobre os que entram em sintonia com Ele —, o que, mais tarde, **o estudioso racional comprovará.** Parafraseando o filósofo e sociólogo italiano **Pietro Ubaldi**[1] (1886-1972), "o sábio do futuro será uma mescla de cientista e místico", não mais como os do passado, anteriores à Era da Razão, porquanto, haverá a esclarecida, por consequência equilibrada, **aliança entre** esses dois polos da Sabedoria: **Religião e Ciência**. Livre de qualquer tipo de tabu, ele suplantará miríades de "mistérios" que desafiam o laboratório. **Depois, será a imersão da mente racional no Infinito imaterial.** Muito a propósito este pensamento inspirado do cientista místico judeu-alemão, naturalizado norte-americano, Albert Einstein, do qual Ubaldi foi correspondente:

— *Eu já disse anteriormente: a mais bela e profunda emoção religiosa que podemos experimentar é a sensação do mistério. Essa é a força de toda ciência verdadeira. Se existe sequer o conceito de Deus, este seria um espírito sutil, não uma imagem de um homem que tantos fixaram em suas mentes. Em essência, minha religião consiste de uma humilde admiração pelo*

---

[1] **Pietro Ubaldi** (1886-1972) — No princípio da década de 1950, Ubaldi declarou: *"A Legião da Boa Vontade é um movimento novo na História da humanidade. Colocará o Brasil na vanguarda do mundo"*.

espírito superior e ilimitado, que se revela nos menores detalhes que somos capazes de perceber com nossas frágeis mentes.

AMPLIAR O CAMPO DE OBSERVAÇÃO

O Espírito é a objetividade; a carne, a vestimenta que urge ser bem cuidada, visto que desta depende ele para evoluir. (...) É preciso rasgar o véu de Ísis que encobre o raciocínio humano e, em diferentes casos, obscurece até mesmo o do Espírito quando fora da carne. A matéria muitas vezes confunde a psique, que fica com o seu raio de observação restrito às coisas que toma como unicamente verdadeiras.

Espírito, Ciência e Mediunidade – Parte VI (final)

EINSTEIN, PLANCK E A FREQUÊNCIA DO ESPÍRITO

O Fórum Mundial Espírito e Ciência, da LBV, que criei em outubro de 2000, está em plena marcha, tanto em seus eventos presenciais quanto pela Mídia da Boa Vontade (rádio, TV, internet e publicações), promovendo o diálogo em torno do intercâmbio fraterno entre Espiritualidade, Ciência e sociedade. E prosseguiremos em nossa lide de esclarecer e levar adiante o debate ecumênico desse basilar assunto. **Afinal, os mortos não morrem!**

Ao caminharmos para o encerramento desta série de capítulos, deixo à meditação de vocês, minhas prezadas Irmãs leitoras, meus caríssimos Irmãos leitores, trecho da entrevista que concedi à jornalista portuguesa **Ana Serra** acerca do livro *Reflexões da Alma*, que lancei em terras lusitanas pela Editora Pergaminho, no ano de 2008. Num determinado pon-

Os cientistas Max Planck e Albert Einstein, em 1929.

to, afirmei: quando Albert Einstein revolucionou a Física com sua teoria relativística, compreendida na extraordinária equação $E = mc^2$, ninguém pôde mais referir-se à massa e à energia como coisas distintas, porque uma é a outra em condição diversa. Da mesma forma, o pai da física quântica, **Max Planck** (1858-1947), enunciou[2] o $E = hv$, trazendo outra equivalência entre grandezas científicas. Trata-se, portanto, de uma questão de frequência. Assim, *mutatis mutandis*, ocorre entre matéria e Espírito. O corpo humano (massa) você vê, toca, sente o cheiro, ouve, e de tal modo "comprova" uma "realidade" palpável. Com a energia (Espírito) isso não sucede. Porém, não signi-

---

[2] **... e enunciou o $E = hv$** — Esta fórmula se traduz assim: energia é igual à constante de Planck multiplicada pela frequência.

fica que ela, a energia, não exista, pois o efeito de sua ação se espalha por toda parte. Emmanuel (Espírito), no prefácio de *Nos domínios da mediunidade,* de autoria de André Luiz (Espírito), na psicografia de Chico Xavier, afirmou que:

> — *Cada criatura com os sentimentos que lhe caracterizam a vida íntima emite raios específicos e vive na onda espiritual com que se identifica.*

E as ondas carregam o que, senão energia e frequência?!

Nossos cinco sentidos materiais comumente conhecidos é que são, por enquanto, bastante falhos diante da ocorrência verdadeira (ainda) invisível que nos cerca. Exceção apenas aos que têm especial sensibilidade mediúnica, o chamado sexto sentido — que pode muito bem não ser o último —, para captar do Mundo Espiritual o que o ser terreno comum até agora não assinala.

NEGAR O ESPÍRITO É REPUDIAR O ÁTOMO

Se vamos contestar a presença viva dos Espíritos, comecemos então por negar a existência do átomo, que continua imperceptível aos olhos humanos desarmados, mas é real. Isso pode parecer uma coisa louca para a mentalidade afeita a prosseguir agindo sob o orgulhoso pensamento geoantropocêntrico, mesmo sabendo não ser a Terra o centro do Universo e o ser humano, uma fração de fração de fração do Cosmos.

Graça Aranha (1868-1931), o célebre autor de *Canaã*, um dos membros fundadores da Academia Brasileira de Letras (ABL), abre-nos a mente para o infinito do saber ao declarar que

— a marcha da Ciência é como a nossa na planície do deserto: o horizonte foge sempre.

DA BUSCA INTELECTUAL À BUSCA ESPIRITUAL

Ora, a Ciência é uma busca intelectual constante. Dia virá em que todos compreenderão que **seu supremo apanágio deve ser o da busca espiritual permanente.** Como afirmamos aqui, **há uma Ciência das esferas divinas além da ciência da dimensão humana. Ademais, há muitos pensadores e acadêmicos** que **corajosamente** se dedicam ao **desvelamento dos considerados "mistérios".** Encontram-se — enfrentando tabus alimentados pelos seus próprios iguais — no caminho certo, que vanguardeiros cientistas de escol vêm trilhando pelos séculos. Um exemplo geral que nem carece de justificativa é o de Galileu Galilei. Já se vão mais de

400 anos desde as primeiras observações telescópicas do céu feitas pelo avô da Física.

E AS BASTILHAS CAEM POR TERRA...

Ao longo de vários capítulos, abordamos um pouco do vasto campo de pesquisas no que tange aos fenômenos espirituais. Pudemos percorrer um relato feito pelo Príncipe dos Filósofos, Sócrates, na Grécia antiga, a respeito da experiência de quase-morte do soldado Er, constante do último livro de *A República*, de Platão — com repercussões até os dias de hoje. Passamos pela contribuição do renomado pesquisador desse tema, o dr. Raymond Moody, e pelo representativo caso do dr. Eben Alexander III, até chegar a outros estudos de ponta em diversos campos, principalmente os da Psicologia e da Neurociência, esses, em especial, realizados também por ilustres cientistas brasileiros. Percebemos o quanto ainda é necessário descortinar sobre a realidade do Mundo Espiritual, **suplantando o tabu de que a morte põe termo à vida e de que os Espíritos não podem interagir com os seres encarnados. As evidências que contradizem isso estão postas.**

Os nossos aplausos aos pioneiros da Ciência **que não se intimidam** diante das bastilhas de um conhecimento materialista ainda arraigado em mentes, por vezes, pouco dispostas a enveredar pelas sendas do Saber Divino libertário. Certa vez asseverei que a Ciência é pródiga em conquistas para o bem comum. Mas também, no seio dela, houve os que muito sofreram incompreensão por causa do convencionalismo castrador, mesmo de alguns pares que apressadamente os prejulgavam. Vítimas deles foram **James Hansen, Charles Darwin, Bias, Baruch Spinoza, Galileu Galilei, Semmelweis, Harvey, Samuel Hahnemann, Oswaldo Cruz, Hipácia**, o dr. **Barry J. Marshall**, o dr. **J. Robin Warren, Kepler, Copérnico, Newton, Einstein, Bohr, Katherine Johnson, Dorothy Vaughan, Mary Jackson, Galeno de Pérgamo, Johannes Gutenberg, Christiaan Huygens, Antoine Lavoisier, Johann Gregor Mendel, James Clerk Maxwell, Madame Curie**, o casal **Kirlian** — **Semyon Davidovich Kirlian** e sua esposa, **Valentina Khrisanovna Kirlian**, o padre **Landell de Moura, Louis Pasteur, Max Planck**... Poderíamos listar muitos e muitos outros nomes.

Com a perseverança e o denodo dos que não se acomodam ante fatos que sacodem as frágeis estruturas do território até agora conhecido — pois intuem que há algo mais e além —, **tal qual os grandes navegadores de antanho, suplantaremos o mar dos óbices, das limitações e dos medos e adentraremos os vastos continentes espirituais, a jorrarem luz por toda a vida na Terra e nos universos.**

UMA FRAÇÃO DE FRAÇÃO DE FRAÇÃO DO COSMOS

Se vamos contestar a presença viva dos Espíritos, comecemos então por negar a existência do átomo, que continua imperceptível aos olhos humanos desarmados, mas é real. Isso pode parecer uma coisa louca para a mentalidade afeita a prosseguir agindo sob o orgulhoso pensamento geoantropocêntrico, mesmo sabendo não ser a Terra o centro do Universo e o ser humano, uma fração de fração de fração do Cosmos.

O MUNDO ESPIRITUAL NÃO É UM DORMITÓRIO

Partes de I a IV

O Mundo Espiritual não é um dormitório – Parte I

EXPERIÊNCIAS MEDIÚNICAS NAS CRENÇAS

Não apenas a Ciência está repleta de manifestações espirituais aceitas, a Religião também as possui em elevado número, visto que comprovadas pela experiência legítima de fé por parte de seus adeptos, desde os mais simples aos que tiveram melhores oportunidades de estudos. No caminhar de nossa análise, apresento mais alguns exemplos:

PASTOR BILLY GRAHAM E A COMUNICAÇÃO COM OS "MORTOS"

O renomado pregador evangélico Billy Graham fez um relato muito interessante em seu artigo exclusivo para o jornal norte-americano *National Enquirer*, edição de 8 de janeiro de 1985, com o título: "Eu tenho prova de que existe vida após a morte". O respeitado pastor deixou clara sua crença na vida após o desenlace físico, na possibilidade de comunicação entre encarnados e desencarnados e na existência dos Espíritos.

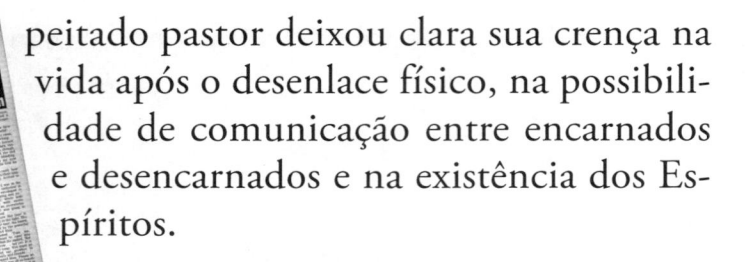

Minha mãe Morrow Graham era uma senhora maravilhosa — gentil, compassiva e carinhosa. Durante o estágio final de sua doença, em 1981, toda vez que as pessoas a visitavam, havia uma sensação irresistível de proximidade com Deus. (...)

Alguns dias antes de sua morte, eu estava sentado ao lado de sua cama com outros familiares nossos. Já era noite. Ela fechara os olhos adormecida quando, de repente, se sentou de olhos bem abertos, olhando para a janela do quarto escurecido.

"Frank! É você?", disse ela.

Percebi imediatamente que conversava com seu marido, meu pai, que morrera há 20 anos.

"Frank, estou indo vê-lo", disse. "Ficaremos juntos novamente..." (...)

Algum tempo depois, minha mãe entrou em coma. Vários dias se passaram e, na noite em que ela morreu, outra coisa surpreendente aconteceu.

Enquanto outros membros da família e eu nos sentávamos ao lado de sua cama, ela subitamente se sentou, como na ocasião anterior em que conversou com meu pai. E, em voz alta e alegre, disse: "Louvado seja o Senhor!" Dessa forma, minha mãe se recostou de volta ao travesseiro e faleceu. Ela havia morrido com o nome de Cristo em seus lábios e esperança em seu coração. Tenho certeza de que ela foi direto ao encontro do Senhor.

Graham contou também que, certa feita, estava sentado na cama em que a avó dele jazia, quase à morte. De repente, ela teve uma visão extraordinária do Espírito do avô dele, que se chamava **Ben**. Ele havia perdido um braço e um olho durante a Guerra Civil Americana e tinha falecido há vários anos. O Espírito, que apareceu a ela com contornos bem nítidos, exibia o braço e o olho, outrora perdidos, em perfeitas condições.

A experiência de minha mãe era assustadoramente familiar para mim, pois, muitos anos antes, minha avó, mãe da minha mãe, também à beira da morte, igualmente descreveu estar face a face com seu falecido marido e com Jesus Cristo.

Eu estava sentado ao lado de sua cama. De repente, o quarto escuro parecia estar cheio de luz e minha avó sentou-se, algo que não conseguia fazer há dias. Seu rosto pálido encheu-se de vida. "Eu vejo Jesus!", declarou ela em voz alta. "Ele tem os braços estendidos para mim."

Então, pronunciou o nome de seu marido, Ben, que havia falecido vários anos antes. "Eu vejo Ben!", disse ela.

No dia seguinte, minha avó faleceu. Eu tinha apenas dez anos, mas nunca vou me esquecer desse acontecimento espetacular. Provou-me a existência da vida após a morte.

Esses fatos marcaram a vida do pastor norte-americano, que memorizou as palavras derradeiras da avó e da mãe. Para ele, como fez constar do seu artigo, as descobertas da Ciência no campo dos fenômenos espirituais deveriam ser suficientes para pôr fim a qualquer ceticismo a respeito da existência da vida após a morte e da comunicação com os chamados "mortos".

JOHN WESLEY, FUNDADOR DA IGREJA METODISTA

Fenômeno curiosíssimo deu-se com o fundador da Igreja Metodista, **John Wesley** (1703-1791): durante dois meses, segundo nos conta **Julie Byron**, na obra *Impressionantes experiências mediúnicas de pessoas famosas*, ele e sua família foram testemunhas, na morada dos Wesleys, em Lincolnshire, na Inglaterra, de gemidos misteriosos, batidas na porta e rangidos que se espalhavam por toda a casa. E, repetidas vezes, às

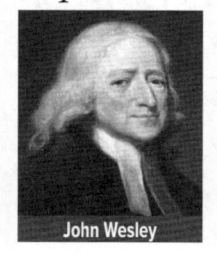

21h45, ouviam-se passos lentos, penosos e enigmáticos vindos do lado noroeste da residência.

No livro encontramos esta narrativa:

> *A mãe de Wesley escreveu, em uma ocasião:*
> *"Numa noite, fizeram tanto barulho no quarto, sobre nossas cabeças, que pareciam várias pessoas andando (...)".*
> *Depois que uma porta foi grosseiramente batida em sua cara, com toda a força, o furioso pai de John Wesley, que era vigário, pediu que o fantasma se identificasse. O desconfiado fantasma lhe respondeu, dando furiosas batidas e golpes ruidosos nas paredes que havia por perto. (...)*
> *Durante um sermão feito para uma multidão em Congleton, no dia 30 de março de 1790, John Wesley relatou um sonho recente. No sonho, Wesley estava andando por uma rua de Bristol, quando de repente viu um conhecido. No entanto, quando tentou apertar a mão do homem, Wesley ficou chocado ao descobrir que sua própria mão estava faltando. Segundo o pregador, este sonho queria dizer que seu trabalho na Terra estava quase terminado — e, 11 meses depois, John Wesley morreu.*

MÉDICO SE VÊ VIVO APÓS A MORTE

É proveitoso tomarmos conhecimento desses fatos a fim de que saibamos nos preparar para a Existência

Eterna, de modo que não sejamos apanhados na situação crítica em que se viu o preclaro dr. André Luiz (Espírito) depois de ter atravessado as fronteiras que separam o reino dos seres humanos do Mundo Espiritual, porta que, mais dia, menos dia, haveremos de transpor. **O que encontraremos**, após essa passagem aberta para cada um de nós, **dependerá do que tivermos realizado por aqui mesmo, na Terra. A crença na impunidade é um triste engano.** Contudo, não podemos deixar de contar com a Graça Divina.

Fala o autor de *Nosso Lar*[1], nos capítulos 1 e 2 de seu livro, intitulados "Nas zonas inferiores" e "Clarêncio", dos quais reproduzimos alguns trechos:

> *Eu* [relata André Luiz] *guardava a impressão de haver perdido a ideia de tempo. A noção de espaço esvaíra-se-me de há muito.*
>
> *Estava convicto de não mais pertencer ao número dos encarnados no mundo e, no entanto, meus pulmões respiravam a longos haustos. (...)*

---

[1] ***Nosso Lar*** — Livro de André Luiz (Espírito), pela psicografia de Chico Xavier. Por iniciativa de Paiva Netto, a obra foi lançada pela Gravadora Som Puro, em formato de radionovela, sendo veiculada pela Super Rede Boa Vontade de Rádio. Os direitos autorais pertencem à FEB. Essa e outras obras podem ser adquiridas pelo Clube Cultura de Paz (0300 10 07 940) ou pelo www.clubeculturadepaz.com.br.

Reconhecia, agora, a esfera diferente a erguer-se da poalha do mundo e, todavia, era tarde. Pensamentos angustiosos atritavam-me o cérebro. Mal delineava projetos de solução, incidentes numerosos impeliam-me a considerações estonteantes. **Em momento algum, o problema religioso surgiu tão profundo a meus olhos.** *Os princípios puramente filosóficos, políticos e científicos* **figuravam-se-me agora extremamente secundários para a vida humana.** *Significavam, a meu ver, valioso patrimônio nos planos da Terra, mas urgia reconhecer que* **a humanidade** *não se constitui de gerações transitórias,* **e sim de Espíritos eternos**, *a caminho de gloriosa destinação.* **Verificava que alguma coisa permanece acima de toda cogitação meramente intelectual.** *Esse algo é* **a fé, manifestação divina ao homem**. *Semelhante análise surgia, contudo, tardiamente. De fato, conhecia as letras do Velho Testamento e* **muita vez folheara o Evangelho**; *entretanto, era forçoso reconhecer que* **nunca procurara as letras sagradas com a luz do coração**. *Identificava-as por meio da crítica de escritores menos afeitos ao sentimento e à consciência, ou em pleno desacordo com as verdades essenciais. Noutras ocasiões, interpretava-as com o sacerdócio organizado, sem sair jamais do círculo de contradições em que estacionara voluntariamente.*

> *Em verdade, não fora um criminoso, no meu próprio conceito. A filosofia do imediatismo, porém, absorvera-me. A existência terrestre, que a morte transformara, não fora assinalada de lances diferentes da craveira comum. (...)*
> *Enfim, como a flor de estufa, não suportava agora o clima das realidades eternas. Não desenvolvera os germes divinos que o Senhor da Vida colocara em minha alma. Sufocara-os, criminosamente, no desejo incontido de bem-estar. (...)*

O PODER INFINITO DA PRECE

E prossegue o nobre dr. André Luiz:

> *Ó amigos da Terra, quantos de vós podereis evitar o caminho da amargura com o preparo dos campos interiores do coração? Acendei vossas luzes antes de atravessar a grande sombra. Buscai a verdade,* **antes que a verdade vos surpreenda**. *Suai agora para não chorardes depois. (...)*
> *A quem recorrer?* **Por maior que fosse a cultura intelectual trazida do mundo, não poderia alterar, agora, a realidade da vida.** *Meus conhecimentos, ante o infinito, semelhavam-se a pequenas bolhas de sabão levadas ao vento impetuoso que transforma as paisagens. (...)*

*Foi quando **comecei a recordar que deveria existir um Autor da Vida, fosse onde fosse**. Essa ideia **confortou-me**. Eu, que detestara as religiões no mundo, experimentava agora a necessidade de **conforto místico**. Médico extremamente arraigado ao negativismo da minha geração, impunha-se-me atitude renovadora. Tornava-se **imprescindível** confessar a falência do amor-próprio, a que me consagrara orgulhoso.*

*E, quando as energias me faltaram de todo, quando me senti absolutamente colado ao lodo da Terra, sem forças para reerguer-me, pedi ao Supremo Autor da Natureza **me estendesse mãos paternais**, em tão amargurosa emergência.*

*Quanto tempo durou a rogativa? Quantas horas consagrei à súplica, de mãos postas, imitando a criança aflita? Apenas sei que a chuva das lágrimas me lavou o rosto; que todos os meus sentimentos se concentraram na prece dolorosa. Estaria, então, completamente esquecido? Não era, igualmente, filho de Deus, embora não cogitasse de conhecer-Lhe a atividade sublime **quando engolfado nas vaidades da experiência humana**? Por que não me perdoaria o Eterno Pai, quando providenciava ninho às aves inconscientes e protegia, bondoso, a flor tenra dos campos agrestes?*

Ah! é preciso haver sofrido muito para entender todas as misteriosas belezas da oração; é necessário haver conhecido o remorso, a humilhação, a extrema desventura, para tomar com eficácia o sublime elixir de

esperança. Foi nesse instante que as neblinas espessas se dissiparam e alguém surgiu, emissário dos Céus. Um velhinho simpático me sorriu paternalmente. Inclinou-se, fixou nos meus os grandes olhos lúcidos e falou:
— Coragem, meu filho! **O Senhor não te desampara.** *(...)*

(Os destaques são meus.)

Eis aí importante relato do dr. André Luiz (Espírito), que muito nos esclarece acerca do constante preparativo, enquanto seres vivendo temporariamente na carne, para a jornada que todos faremos um dia, na data marcada no Calendário Divino, rumo ao Outro Lado da Vida. É fundamental destacar: **orar nos coloca em sintonia com o Poder Superior, que jamais nos abandona diante dos sofrimentos**.

O Sublime Pegureiro, Jesus, não nos relega ao esquecimento jamais. Seu bondoso coração deixa noventa e nove ovelhas em segurança, vai em busca daquela que se desgarrou e a reconduz, jubiloso, ao Seu Santo e Ecumênico Rebanho:

A PARÁBOLA DA OVELHA PERDIDA
(Evangelho de Jesus, segundo Lucas, 15:3 a 7)

³ Então, Jesus lhes propôs esta parábola:
⁴ Qual, dentre vós, é o homem que, possuindo cem ovelhas e perdendo uma delas, não deixa no deserto

as noventa e nove e vai em busca da que se perdeu, até encontrá-la?

⁵ Achando-a, põe-na sobre os ombros, cheio de júbilo.

⁶ E, indo para casa, reúne os amigos e vizinhos, dizendo-lhes: Alegrai-vos comigo, porque já achei a minha ovelha perdida.

⁷ Digo-vos que, assim, haverá maior júbilo no céu por um pecador que se arrepende do que por noventa e nove justos que não necessitam de arrependimento.

Ele ainda, em Sua Infalível Misericórdia, nos conforta:

— Não se turbe o vosso coração nem se arreceie, porque Eu estarei convosco, todos os dias, até o fim dos tempos.

Jesus (João, 14:1; e Mateus, 28:20)

P.S. A caridosa Alma que estendeu a destra ao nobre dr. André Luiz foi **Clarêncio**, Ministro do Auxílio, em Nosso Lar.

ANTES DE TUDO SOMOS ESPÍRITO

O ser humano — a razão de existir das religiões e que também deveria ser dos governos —, compreendido integralmente como algo além do corpo, em essência é e permanecerá, antes de tudo, Espírito, seja qual for a crença ou o ponto de vista que professe.

O Mundo Espiritual não é um dormitório – Parte II

RELIGIOSOS E MÉDIUNS

SANTA CLARA DE MONTEFALCO

Do excelente livro *Mediunidade dos Santos*, de **Clóvis Tavares** (1915-1984), dentre inúmeros casos, destaco este em que são transcritas palavras do padre e maestro **Lorenzo Tardy**, biógrafo de **Santa Clara de Montefalco** (aprox. 1268-1308), na obra *Vida de Santa Clara de Montefalco — Da Ordem dos Eremitas de Santo Agostinho*, publicada em 1881:

— *Agradou-se ainda Deus de revelar à Sua diletíssima Serva o estado de muitas almas traspassadas desta para a outra vida.*

Comenta Clóvis Tavares:

— *Clara, muitas vezes, teve conhecimento do estado espiritual de várias pessoas, inclusive freiras e benfeitores do convento que desencarnavam. Anunciava suas visões às irmãs e pedia-lhes as orações em favor dessas almas.*

Dizer, portanto — muitas vezes por desconhecimento e até mesmo por comodismo —, que ninguém volta para contar ou que não se tem notícia dos que partiram seria como forçar um pouco a realidade e restringi-la a uma contingência do saber alcançado nas formas até então aceitas. Se a onda do momento é o materialismo, efetivamente não passa de onda. **Eterno é o Espírito**, e as inegáveis evidências empilham-se aos montes. Um dia, todos compreenderão isso.

Além do mais, **o Mundo Espiritual não é um dormitório. Lá existe franca atividade.**

Vejamos outro flagrante exemplo.

UM CASO DE MATERIALIZAÇÃO NARRADO POR UM ESCRITOR PROTESTANTE

No meu livro *O Sentido da Paixão no Final dos Tempos* (1989), transcrevo expressivo fenômeno de materialização de Espírito, testemunhado por dois Irmãos pastores, quando se dirigiam a uma igreja evangélica para pregar sobre **o fato mais importante da História do mundo, anunciado pelo próprio Cristo no Seu Evangelho-Apocalipse — a Sua Volta Gloriosa a este planeta:**

— ***Eis que venho sem demora, e comigo está o galardão que tenho para retribuir a cada um segundo as suas obras*** (Apocalipse, 22:12).

Passo a palavra a **José Nunes Siqueira**, autor de *Átomos da Paz*, da Casa Publicadora Batista:

> ***Dois pregadores do Evangelho*** *se dirigiam de automóvel para uma cidade, onde* ***realizariam, à noite, uma conferência sobre a Segunda Vinda de Jesus****, e sobre esse tema inspirador conversavam todo o tempo.*
>
> *A meio do caminho, notam os pregadores que, a um lado da estrada,* ***um cavalheiro bem trajado fazia sinal indicando querer uma passagem*** *na direção da cidade. Param o carro. Ao continuar a viagem, prosseguem também a palestra que já vinham mantendo a respeito da conferência da noite sobre a Vinda de Jesus. Num dado momento,* ***o estranho passageiro*** *que foi alvo da cortesia cristã dos pregadores lhes faz a seguinte* ***pergunta:***
>
> *—* ***Os senhores vão pregar hoje à noite sobre a vinda de Jesus?***
>
> *— Sim, e essa mensagem de fé e de esperança enche o nosso coração de profunda felicidade!*
>
> *—* ***Pois os senhores fiquem sabendo que a Volta de Jesus está muito mais perto do que imaginam.***

Diante de tais palavras pronunciadas com muita solenidade pelo estranho cavalheiro, os pregadores, surpresos com a mensagem de advertência que lhes estava sendo dada, voltaram os olhos para trás, a fim de conhecerem melhor o inesperado companheiro de viagem, e **a surpresa se tornou maior**, *pois não viram mais ninguém.* **O passageiro havia desaparecido como por encanto.**

Os dois pregadores concluíram que Deus lhes havia enviado um Anjo em forma humana para lhes dar uma poderosa advertência sobre a proximidade da Volta de Jesus.

Desnecessário é afirmar que os dois pregadores, naquela noite, anunciaram com grande poder a maior mensagem de esperança da Palavra de Deus sobre a Segunda Vinda de Jesus para estabelecer Seu reino de paz e justiça entre os homens. E muitos foram os corações que então se entregaram a Jesus.

Com aqueles dois pregadores do Evangelho se cumpriu o que está escrito: "O Anjo do Senhor se acampa ao redor dos que O temem e os livra".

(Os destaques são meus.)

Esses prodígios não ocorrem apenas nesta ou naquela crença. Eles se dão onde estiver o ser humano — que é em essência Espírito —, até mesmo na área do materialismo ateu. Basta ler a História ou tomar conhecimento das recentes notícias. Por exemplo, o talento mediúnico, carismático, paranormal, como o quiserem denominar, da famosa sensitiva russa **Djuna** (1949-2015). Essa fenomenologia da Alma está sempre, desde que o mundo é mundo, a convocar as pessoas à meditação de que existe algo além a ser descoberto e analisado com humildade, isto é, sem ideias preconcebidas, que não se coadunam com a Ciência, a Filosofia e a Religião. **Acima de tudo, a humanidade precisa aprender a mensagem espiritual e a força moral imanentes do fenômeno.**

UMA VISÃO DE DOM BOSCO

Na biografia de **Dom Bosco** (1815-1888), encontramos ilustrativa passagem da vida desse nobre sacerdote. Nela, o autor **Teresio Bosco** narra surpreendente episódio, que demonstra a existência do Mundo Invisível, testemunhado não somente pelo filho dos Bécchi, mas também por outros seminaristas:

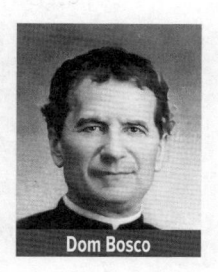

> *Novembro de 1838. (...)*
> *No último mês de férias,* **Luís Comollo** [companheiro de seminário de Dom Bosco] *lhe dissera palavras estranhas.*
> *(...) Nos primeiros meses do ano letivo, sobreveio um não menos estranho pormenor. João e Luís*

leem juntos um trecho da vida de um santo, e João comenta:

— Como seria bonito se o primeiro que morresse [dentre os dois] viesse trazer ao colega notícias do além.

Luís fica impressionado com a ideia e exclama desejoso:

— Façamos, então, um pacto. O primeiro que morrer, se Deus o permitir, virá dizer ao outro se está no Céu. De acordo?

Apertam as mãos.

(...)

[Luís] Morreu no amanhecer de 2 de abril [de 1839], com 21 anos. Segurava a mão do colega.

E eis o fato deveras estranho, que se verificou nas 48 horas seguintes, escrito pelo próprio Dom Bosco:

*"Na noite de 3 para 4 de abril, estava eu já deitado num dormitório de uns 20 seminaristas, quando, pelas onze e meia, um surdo rumor se fez ouvir nos corredores. (...) Os seminaristas acordam, mas ninguém fala. (...) Foi então que se ouviu a voz clara de Comollo, dizendo três vezes: 'Bosco, estou salvo!' Em seguida o barulho acabou. Os meus colegas haviam pulado da cama. Alguns espremiam-se ao redor do vigilante do dormitório, Pe. **José Fiorito**, de Rívoli. (...)"*

O Pe. **Lemoyne**, *que viveu no Oratório ao lado de Dom Bosco de 1883 a 1888, afirma: "O Pe. José Fiorito contou muitas vezes aquela aparição aos superiores do Oratório".*

A MÉDIUM DA BULGÁRIA

Ainda no livro *Experiências psíquicas além da cortina de ferro*, em que apresentamos excelente estudo, feito, na década de 1970, pelas jornalistas e pesquisadoras norte-americanas Sheila Ostrander e Lynn Schroeder, nos deparamos com este interessantíssimo caso a respeito de **Vanga Dimitrova** (1911-1996), **a vidente cega da Bulgária**. Segundo as autoras, a médium

— *descobre pessoas desaparecidas, ajuda a resolver crimes, diagnostica moléstias e lê o passado. Mas o seu dom é o da profecia. Essa mulher cega, de meia-idade, prevê o futuro com assombrosa precisão.*

Em outro trecho, enfatizam:

— *A nossa busca da história da pasmosa profetisa Vanga e do próprio* [fenômeno] *psi na Bulgária começou na capital, Sofia. (...) O seu povo fala naturalmente de coisas* naturais, *como a capacidade psíquica, com uma facilidade inconsciente que não encontramos em outros lugares. Depois de captar o sentimento nacional, que lembra a nota viva e harmoniosa de um vaso grego, não nos surpreendemos de que viva na minúscula Bulgária a primeira profetisa do mundo moderno* **sustentada pelo governo**, *Vanga Dimitrova. E não nos surpreendemos de que os búlgaros tenham encetado a sua pesquisa psíquica científica mais suavemente do que qualquer outro povo.*

(O destaque é meu.)

O EXEMPLO COMUNISTA

O fato é que até hoje estamos em busca de respostas a assuntos que desafiam o conhecimento convencional. **Só poderemos obtê-las com o aprofundamento nos estudos acerca das questões da Espiritualidade Superior**, admitindo, portanto, o prosseguimento da existência numa esfera imaterial. E observem de onde surge grande exemplo: de uma nação, àquela altura, comunista, como mostram as pesquisadoras norte-americanas:

— O próvido governo búlgaro chegara à conclusão de que a clarividência e a precognição eram campos maduros e vitais de indagação científica. O governo fundou o Instituto de Sugestologia e Parapsicologia que, entre outras providências, ofereceu abrigo

a Vanga e resguardou-a das exigências mais exorbitantes feitas às suas energias. Em 1966, ela passou a ser funcionária pública. Hoje, além do pequeno salário que lhe paga o governo, dispõe de duas secretárias e de um grupo de pessoas encarregadas de entrevistar os solicitantes. Fora isso, para estudá-la cientificamente, existe em Petrich um laboratório de parapsicologia sustentado pelo governo, inteiramente aparelhado e apetrechado, ligado ao grande Instituto de Sofia.

Os testemunhos da realidade do prolongamento da vida no Reino Espiritual não são exclusividade de uma crença, cultura, ciência, filosofia ou mesmo de um povo. **Estão por toda parte.**

ETERNO É O ESPÍRITO

Se a onda do momento é o materialismo, efetivamente não passa de onda. Eterno é o Espírito, e as inegáveis evidências empilham-se aos montes. Um dia, todos compreenderão isso. Além do mais, o Mundo Espiritual não é um dormitório. Lá existe franca atividade.

O Mundo Espiritual não é um dormitório – Parte III

TELEBULIA?!

A pretexto de negar a incontestável veracidade da manifestação do Espírito, enfatizamos que chegam mesmo a afirmar que a Alma é apenas uma projeção da mente, como se a restringissem ao resultado de explosões físico-químicas dentro dos neurônios. As ocorrências do chamado sobrenatural, todavia, prosseguem a desafiar as limitações que lhe queiram impor determinados cultores da Razão humana.

Bem a propósito, no livro *Os mortos acordam os vivos*, do saudoso **Mário B. Tamassia**, há valiosa argumentação a favor do conceito do prosseguimento da vida após o desenlace do corpo físico. Conta o autor que **Jim Mountain**, residente nas distantes Montanhas Rochosas, fez uma promessa à sra. **Bishop** — uma pessoa que lhe era querida — que, se morresse, lhe faria uma visita, em Espírito, avisando-a do fato. Certa tarde, encontrava-se a sra. Bishop escrevendo quando, de súbito, lhe surge à frente o humilde personagem. "*Eu vim, como prometi*", disse ele. Em seguida, acenando com a mão, despediu-se: "*Adeus*". Informa Tamassia que, depois de acurada investigação e de ter sido feito o controle do fuso horário, comprovou-se que, no distante Fort Collins, no Colorado, Jim havia morrido. E arremata o escritor:

— Na tradução da parapsicologia fisiológica, (...) aquele ardente desejo de Jim, em cumprir uma promessa, teria levado a aparecer à sua querida sra. Bishop, em simples processo telepático, dando-se um nome complicado a tal fato: telebulia. Todavia, não conseguimos explicar as coisas enigmáticas apenas inventando nome, com o qual fiquemos togados e passemos a cheirar ciência. Se se trata de emissão, de força do pensamento, em nível de irradiação, então, por que tal fato se dá quando justamente o cérebro do agonizante não possui mais força alguma ou, por sinal, completamente liquidado fisicamente?

O Espírito é a sublime resplandecência que dá vida ao corpo. Ele, **o Espírito, é a objetividade**, reiteramos. **O corpo físico, a ilusão.** Ensinou Jesus, o Cientista Divino:

— O Espírito é que vivifica; a carne para nada serve; as palavras que Eu vos tenho dito são Espírito e Vida.

Jesus (João, 6:63)

CONSCIÊNCIA ARTIFICIAL

Devemos exercitar a nossa Espiritualidade Ecumênica para fortalecer a consciência, porque esta é muitíssimo importante em nosso processo de evolução. Fala-se bastante em "inteligência artificial", cujo avanço nas pesquisas alcança resultados formidáveis. Mas você já notou que pouco se progride no controverso tópico da "consciência artificial"?

Pois é! Aí é que "a porquinha torce o rabo"... Esse campo é mais complexo de ser concebido, porquanto demanda extremo esforço intelectual de estudiosos para o aprofundamento dessa "concretização". Em termos filosóficos e científicos contemporâneos, nem sequer se tem definições mais precisas sobre o que seja o fenômeno da consciência em si, ainda que os estudos avancem...

Ademais, há de se ter humildade corajosa em concluir que ela, a consciência, em seu sentido pleno, provém do Espírito, que se manifesta por intermédio da mente, cuja sede é o cérebro.

O ser humano — a razão de existir das religiões e que também deveria ser dos governos —, compreendido integralmente como algo além do corpo, em essência é e permanecerá, antes de tudo, Espírito, seja qual for a crença ou o ponto de vista que professe.

SUPERVELOCIDADE

Há casos muito interessantes ocorridos nas mais diferentes partes do planeta. Ainda no livro *Os mortos acordam os vivos*, de Mário B. Tamassia, vemos um marcante caso de "projeção astral":

***Andrija Puharich**[2], médico e pesquisador em vários ramos do saber humano, depois de várias noites de plantão no hospital, chegando a sua casa, atirou-se no leito de roupa e tudo. Viu-se, de repente, flutuando no ar e quase roçando o teto do quarto. "My surprise was stupendous" — (Fiquei maravilhosamente surpreso!) — exclamou ele. Lá em baixo, no leito, ele via o seu corpo cadavérico. "Será que estou tendo um pesadelo?" — raciocinou. Como conseguia raciocinar fora do corpo carnal, imaginou fazer um teste para apurar se aquilo era realidade ou alucinação. Pensou, então, em visitar alguém conhecido. Sim, visitaria sra. **Garret**, sua amiga residente na longínqua Nova York. Com a velocidade com que pensou, viu-se dentro do apartamento de sra. Garret. Eliminou toda carga emotiva de que era portador. Importava analisar calmamente os detalhes. Sra. Garret estava sentada numa cadeira, conversando com outras pessoas. Depois desta operação*

---

[2] **Andrija Puharich** (1918-1995) — Médico, inventor e pesquisador da área médica e da parapsicologia. É considerado o pai do movimento norte-americano *New Age*.

> *de registro, Andrija Puharich começou a fazer tudo que estivesse ao seu alcance para verificar se conseguia chamar a atenção de sra. Garret. De nada adiantava pular, mexer nisto ou naquilo, até mesmo dirigir-se frontalmente a ela como se fosse dar-lhe uma trombada. Para sra. Garret o seu amigo Puharich não estava ali.*
>
> *Em seguida, frustrado neste último objetivo, ele lembrou-se de outra conhecida: **Alice Bouveri**. Como pensou, o seu corpo espiritual, instantaneamente, se viu junto àquela dama. Examinando todos os detalhes do lugar onde ela se encontrava, algo o intrigava: a decoração era excessivamente antiga. No entanto, Andrija não dispôs de muito tempo para exames melhores. Uma força poderosa, violenta, rápida, inexplicável arrancou-o dali e ele foi chupado para dentro do seu corpo, que se encontrava a centenas de quilômetros de distância. Naquele justo momento, a sua filha batia à porta do quarto, chamando-o com insistência.*
>
> *Já bem desperto, procurou entrar em contato com sra. Garret e Alice que confirmaram plenamente tudo o que o cientista, fora do corpo, observou em sua "viagem astral". (...)*

Após a leitura desse trecho, chama-nos novamente a atenção um fato marcante: para além da doutrina de Einstein que resume a velocidade geral à da luz, existe a do pensamento, que é instantânea, eliminando, pois, no total, as limitações do espaço e do tempo literais. **Que o Espírito seja o paradigma!**

Vigiemos, a todo momento, pensamentos e atos. Tudo vibra! Portanto, estejamos sempre na frequência do Bem.

IR ALÉM DAS LIMITAÇÕES HUMANAS

A pretexto de negar a incontestável veracidade da manifestação do Espírito, enfatizamos que chegam mesmo a afirmar que a Alma é apenas uma projeção da mente, como se a restringissem ao resultado de explosões físico-químicas dentro dos neurônios. As ocorrências do chamado sobrenatural, todavia, prosseguem a desafiar as limitações que lhe querem impor determinados cultores da Razão humana.

O Mundo Espiritual não é um dormitório – Parte IV (final)

A CIÊNCIA CHEGARÁ AO ESPÍRITO

Espírito é Ciência. No *Jornal de Brasília*, em 20 de junho de 1991, escrevi que tempo há de vir em que ele será claramente levado por todos em consideração. Os pesquisadores estão chegando lá, como dissemos: **o que a Religião intui a Ciência, um dia, comprovará em laboratório**. (Na área científica, como tantas vezes já afirmei, não pode haver convicções pétreas nem negações sem remissão.) Ciência sem Religião pode tornar-se secura de Alma. Religião sem Ciência pode descambar para o fanatismo. Por isso, na época ideal que todos desejamos ver surgir no horizonte da História, a Ciência (cérebro, mente), iluminada pelo Amor (Religião, coração fraterno), elevará o ser humano à conquista da Verdade.

Assim como houve acelerado progresso material neste século 20 (estávamos em 1991) — rapidamente passamos da carroça para o foguete interplanetário —, ocorrerá o mesmo no campo do sentimento (Espírito), de modo que se estabeleça um mundo mais apreciável. Conforme conceituava o poeta e jornalista Alziro Zarur:

— ***Atingir o equilíbrio é a meta suprema. O Bem nunca será vencido pelo mal.***

Tal equilíbrio virá quando a criatura, pelo Amor ou pela Dor, compreender que é preciso aliar à inteligência do cérebro a do coração. De qualquer forma, a humanidade evolui sempre... Ou será que, materialmente falando, estamos ainda nos tempos das cavernas?!... Evidente que não! Mas o progresso também se dará no campo espiritual-moral, e creio que mais pelo efeito da Mestra Dor, que, por sinal, é a libertação da Alma.

ESPÍRITO E LABORATÓRIO

Ainda a respeito da conceituação do que seja o Espírito, sempre procurando fomentar o assunto, publiquei na mídia, durante décadas, inúmeras reflexões minhas. Numa delas abordei a tese do médico norte-americano **Stuart Hameroff** e do físico britânico *sir* **Roger Penrose**, segundo a qual a consciência se comprovaria cientificamente.

Tomando por base uma teoria de 1996, eles sugeriram que o cérebro seria uma máquina biológica, com 100 bilhões de neurônios, funcionando como rede de informação. Entrevistados pelo jornal inglês *Daily Mail*, em outubro de 2012, os pesquisadores explicaram a teoria quântica da consciência, pela qual as Almas estariam contidas em estruturas denominadas microtúbulos, localizadas, por sua vez, nas células cerebrais. Os mecanismos quânticos nesses microtúbulos seriam, na opinião deles, responsáveis por experiências da consciência.

Explica o dr. Hameroff:

— Vamos dizer que o coração pare de bater, o sangue pare de fluir, os microtúbulos percam seu estado quântico. A informação quântica dentro dos microtúbulos não é destruída. Ela não pode ser destruída; simplesmente, é distribuída e dissipada pelo universo. Se o paciente é ressuscitado, revivido, esta informação quântica pode voltar para os microtúbulos, e ele diz: "tive uma EQM (experiência de quase-morte)".

Em artigo científico de 2014, disponível na publicação *Physics of Life Reviews*, os mesmos autores concluem:

— A consciência tem um papel intrínseco no universo. (...) Nossa visão da realidade, do universo, de nós mesmos, depende da consciência. A consciência define a nossa existência.

O ESPÍRITO E A MENTE

Ainda são teorias, passíveis de críticas — naturais a um debate acadêmico. Mas, com satisfação, observamos crescente interesse sobre o tema, cujo campo de pesquisa é muito vasto e recebe cada vez mais a contribuição de gente muito séria. Necessário se faz a todo instante ressaltar que o Espírito (ou a Alma) não se restringe a um produto da mente carnal, o raciocínio material, ainda que o fundamento de sua interação se dê por intermédio do incrível maquinário chamado cérebro. Seu criterioso estudo revelará, de alguma forma, tal relação. Estamos tratando da essência eterna e inteligente que, enquanto ligada ao corpo — por um fio luminoso que

O corpo humano é ligado ao Espírito por um fio luminoso, conhecido também por *"fio de prata"*, que se desprende durante o processo do falecimento.

se desprende por efeito da morte —, anima a vida como a conhecemos no mundo. **Salomão**, o governante sábio, em Eclesiastes, 12:6 e 7, fala-nos desse *"fio de prata"*, que, ao se romper, leva o pó (corpo) de volta à terra de onde veio, e o Espírito retorna a Deus, que o concedeu. Na verdade, como há décadas dizemos, **o Espírito não é simples projeção da mente**.

UNIÃO DAS DUAS HUMANIDADES

Eis a Revolução Mundial dos Espíritos de Luz no Apocalipse, porque a descida da Nova Jerusalém é o estágio ideal da União das Duas Humanidades, é a chegada das Potestades Celestes até nós. Os fatos mostrarão, a ponto de a Ciência confortavelmente admiti-los. Pensem no assunto. Nossa felicidade futura depende desse conhecimento divino. (...) Então, desde já devemos conhecer e viver as Normas do Governo de Jesus.

MATERIALIZAÇÕES NOS ATOS DOS APÓSTOLOS DE JESUS

Partes de I a V

São Pedro consagra Estêvão como um diácono, c. 1447-49, por Fra Angelico (c. 1395-1455).

Materializações nos Atos dos Apóstolos de Jesus – Parte I

A MEDIUNIDADE DE ESTÊVÃO

Nas pregações que venho apresentando, há décadas, pela Super Rede Boa Vontade de Comunicação (rádio, TV, internet e publicações), evidencio o esforço hercúleo dos primeiros mártires do Cristianismo nascente para a edificação do Reino de Deus na Terra. Recebemos do próprio Cristo Ecumênico, o Sublime Estadista, a sacrossanta missão:

— *Ide por todo o mundo e pregai este Evangelho a toda criatura.*

Jesus (Marcos, 16:15)

Essa Boa Nova abrange também a realidade latente e atuante do Mundo Espiritual Superior. Então, que a força dos Atos dos Apóstolos de Jesus, portanto seus testemunhos de Fé Realizante — a que se opõe à fé ociosa e promove Boas Obras —, possa nos inspirar na tarefa de expandir a consciência sobre a eternidade da vida.

Por essa razão, exponho a vocês alguns exemplos de perseverança no Bem e dos dons divinos a serviço da Caridade Completa — a material e a Espiritual.

Uma das figuras marcantes dessa longa jornada de evangelização é **Estêvão**. Ele era, na verdade, **Jesiel**, irmão de **Abigail**, noiva de **Saulo**, que viria a se chamar depois Paulo Apóstolo. Esse nome "Estêvão" foi adotado por Jesiel após a sua conversão ao Caminho[1].

Estêvão empreendeu grandes prodígios e revelou sinais entre o povo; milagres, como Jesus realizou, os Discípulos também produziram. Porque o Divino Mestre fez baixar sobre eles o império do Espírito Santo, isto é, o poder, a majestade de Deus, a todos emprestando a Sua Magnífica Autoridade. Mas Estêvão, com sua inteligência, integridade, inspiração, coragem e fidelidade a Jesus, provocou a inveja de muita gente má. Foi preso e, logo após, julgado pelo sinédrio.

Estando diante do tribunal, proferiu extraordinário discurso, em virtude de possuir uma poderosa mediunidade intuitiva (Atos dos Apóstolos de Jesus, capítulo 7).

---

[1] **Caminho** — Termo empregado para designar o Cristianismo nascente. Seus antigos adeptos eram conhecidos como aqueles que seguiam o Caminho, conforme podemos ler em Atos dos Apóstolos, 9:1 e 2, capítulo que trata da conversão de Paulo de Tarso, anteriormente chamado Saulo: *"Saulo, respirando ainda ameaças e morte contra os discípulos do Senhor, dirigiu-se ao sumo sacerdote e lhe pediu cartas para as sinagogas de Damasco, a fim de que, caso achasse alguns que* **eram do Caminho***, assim homens como mulheres, os levasse presos para Jerusalém".*

Pudera a humanidade seguir os passos desse exemplar discípulo do Cristo!

CONTATEMOS OS CÉUS

Infelizmente os povos ainda não se acostumaram a andar na Frequência Divina das Almas Benditas, motivo pelo qual devemos estar atentos a esta palavra do dr. **Roberto Canalejas** ao enfermo **Camilo Cândido Botelho**, num hospital no Mundo da Verdade, publicada no livro *Memórias de um suicida*[2], que reproduzi na minha obra *Voltamos! — A Revolução Mundial dos Espíritos de Luz* (1996), cuja 2ª edição estou concluindo:

— Com maior facilidade penetraremos um antro de obsessores, nas camadas bárbaras da esfera terrestre, a fim de retê-los, cassando-lhes a liberdade, ou um co-

---

[2] **Memórias de um suicida** — Por iniciativa de Paiva Netto, a gravadora Som Puro lançou, a exemplo de *Há Dois Mil Anos, 50 Anos Depois, Nosso Lar* e *Sexo e Destino*, a radionovela *Memórias de um suicida*, adaptação do livro homônimo, que foi psicografado pela respeitada médium brasileira Yvonne do Amaral Pereira (1900-1984) e cujos direitos autorais pertencem à FEB. Na história, Camilo Cândido Botelho (pseudônimo), ao ficar cego, no término do século 19, após vivenciar vários conflitos conjugais e familiares e a decadência financeira, suicida-se, aos 65 anos, acreditando que a *"morte seria o fim"* de seu sofrimento. Mas, como na Profecia de Jesus no Apocalipse, 9:6, a morte não o aceita, e Camilo (Espírito), mais vivo do que antes, vê seus dramas multiplicados. Depois de mais de cinquenta anos de padecimentos e remorsos jamais experimentados por ele na Terra, enfim encontra o caminho da redenção e da renovação espiritual. Essas e outras obras podem ser adquiridas pelo Clube Cultura de Paz (0300 10 07 940) ou pelo www.clubeculturadepaz.com.br.

vil de magias com seu arsenal de intrujices, onde atrocidades se praticam com desencarnados e encarnados, a fim de anularmos tentativas criminosas; com mais presteza convenceremos um endurecido no mal à volta a uma reencarnação expiatória do que conseguiremos vencer o cerrado espinheiro que representa a mente de um médium a fim de conseguirmos transmitir centelhas das claridades que aqui nos deslumbram!

Prestaram atenção a esse lamentável cenário? **Para os Espíritos de Deus, é mais fácil contatar os umbrais que as criaturas da Terra.** A maioria dos médiuns é indisciplinada; por isso, são utilizados, pelas Forças da Luz, os **verdadeiramente** Simples de Coração[3].

OS SIMPLES DE CORAÇÃO E A MEDIUNIDADE

Simples de Coração era Estêvão. Recordando os terríveis desafios que o primeiro mártir do Cristianismo nascido na Terra teve de enfrentar, veio-me à memória esta passagem do Evangelho, segundo Marcos, 13:11, em que o Divino Educador afirma:

---

[3] **Nota de Paiva Netto**
Simples de Coração — Quando me dirijo aos Simples de Coração, não aponto essa ou aquela classe social, nível cultural, inclinação política, preferência religiosa, origem étnica. Falo à inteligência do sentimento, riqueza inestimável do Espírito, à simplicidade de Alma.

— *Quando vos conduzirem para vos entregar* [aos tribunais da vida], *não vos preocupeis com o que haveis de dizer. Falai o que vos seja dado pelo Espírito Santo naquela hora; porque não sois vós os que falais, mas o Espírito Santo que falará por vós.*

Estêvão possuía esse dom, graça e autoridade espiritual, além da Proteção Divina, conquistados por merecimento. Era íntegro e corajoso e mantinha a sintonia com os Poderes Celestes.

Tanto é verdade que ocorreu singular manifestação espiritual que espantou seus acusadores, conforme se segue:

— *Todos os que estavam sentados no sinédrio, fixando os olhos nele, viram o seu rosto como o rosto de um anjo* (Atos dos Apóstolos de Jesus, 6:15).

Eles enxergaram a aura de Estêvão, a luminosidade que saía de seu Espírito.

EFEITOS FÍSICOS: NATUREZA DE DEUS

Semelhantes a esse fenômeno de efeitos físicos[4] são os episódios que ocorrem nas reuniões do Centro Espiritual Universalista (CEU) da Religião de Deus, do Cristo e do Espírito Santo, que traz ao mundo a Revolu-

---

[4] **Efeitos físicos** — Guardadas as devidas proporções, em determinadas circunstâncias e em reuniões especialmente dedicadas à Mediunidade Superior,

Nota dos editores — Paiva Netto (C) comanda Reunião do Centro Espiritual Universalista (CEU) da Religião Divina. Captados pela câmera, feixes luminosos saem das mãos do sensitivo Cristão do Novo Mandamento Chico Periotto, que incorporava o nobre Espírito dr. Bezerra de Menezes. O Jovem Legionário Nicholas de Paiva, à direita, atento aos fenômenos.

ção Mundial dos Espíritos de Luz, na Quarta Revelação. Eu mesmo, com muita honra, conduzindo os encontros com o nosso querido Irmão dr. Bezerra de Menezes (Espírito) e sua valorosa equipe, observo fatos análogos no rosto do aparelho (médium). Nas mãos do sensitivo Cristão do Novo Mandamento Chico Periotto, aparece algo tal qual uma gema luminosa; e na testa, sinais de luz, como também na parede. Esses acontecimentos, que não têm nada de espetaculares, porquanto são da

→ os Irmãos Espirituais podem utilizar o ectoplasma (material plástico sutil de natureza espiritual e altamente moldável) dos sensitivos de efeitos físicos e materializar-se ou materializar objetos, perfumes, luzes, visando a elevados propósitos. Fenômenos análogos ocorrem durante as reuniões do Centro Espiritual Universalista (CEU) da Religião de Deus, do Cristo e do Espírito Santo.

natureza de Deus, vão crescendo à proporção que há o aumento da Fé Realizante e da sintonia com a Espiritualidade Superior. Daí a necessidade de se destacar **o lado moral do fenômeno**. A dificuldade não é deles, os Espíritos de Luz; nós é que precisamos estar nessa integração divina similar à de Estêvão para merecer que do Céu desçam até nossas Almas esse lenitivo e muito mais.

É Jesus Quem assegura:

— *A cada um de acordo com as suas obras* (Evangelho, consoante Mateus, 16:27).

A URGÊNCIA DO *"IDE E PREGAI"*

Realizemos obras materiais; porém, acima de tudo, nos dediquemos às espirituais. É necessário cumprir aquilo que o Cristo de Deus determina no Seu Evangelho, segundo Mateus, 10:7 e 8:

⁷ Ide, pois, e anunciai que está próximo o reino dos céus.
⁸ E curai os enfermos, ressuscitai os mortos, limpai os leprosos, expeli os demônios. Dai de graça o que de graça recebestes.

Embora sejamos criaturas da Mãe-Pai Celestial, ainda caminhamos muito presos às questões unicamente terrenas. Com isso, **afastamo-nos de nosso direito à**

Cidadania Espiritual[5] **e de um lugar à mesa nesse Banquete Divino, que nos é ofertado pelos ensinamentos de Jesus**. Agindo desse modo, a humanidade podendo ser espiritualmente rica opta por continuar pobre das dádivas eternas. Mas suplantará tal condição à medida que alcançar o entendimento de que o Cristo

— *nos constituiu reino, sacerdotes para o Seu Deus e Pai* (Apocalipse, 1:6).

Adendo
"VIGIAI E ORAI"

O ponto central para que jamais percamos a sintonia afinada com os Poderes Superiores — que legitimamente governam a vida em nosso orbe — é a constante vigilância tendo em mãos a Potente Autoridade que nos foi conferida por aquele que é UM com o Pai Celestial. Disse Jesus:

— *Eu e o Pai somos UM* (Evangelho, segundo João, 10:30).

---

[5] **Cidadania Espiritual** – Leia, na obra *Jesus, o Profeta Divino* (2011), o capítulo "Profeta Isaías, Apocalipse e Lei de Causa e Efeito (Parte 2)", particularmente no subtítulo "Cidadania do Espírito — uma visão profética de Jesus, por intermédio de João".

Perseveremos, pois, na oração e na vigilância, exortadas pelo Divino Salvador em Sua Boa Nova, segundo Marcos, 13:33; e Mateus, 26:41:

— *Vigiai e orai, para que não entreis em tentação. O Espírito, na verdade, está pronto, mas a carne é fraca.*

CULTO NO LAR

Acerca da indispensável força da oração, André Luiz (Espírito), pela psicografia de Chico Xavier, em sua obra *Os Mensageiros*, narra episódio ímpar — testemunhado por ele, por **Vicente** e pelo instrutor

Representação artística da claridade espiritual que reveste uma residência integrada constantemente na oração a Deus. Assim são as Igrejas Familiares da Religião do Terceiro Milênio.

Aniceto — ocorrido na residência da nobre viúva do Espírito **Isidoro**. Reunida com os cinco filhinhos, ela realiza o culto no lar. Reparem que fortaleza inexpugnável é formada por essa valente mulher, **Isabel**, ao cultivar, na Terra, a oração em família:

> *Aquela residência de aspecto tão humilde, que alcançávamos* [no Rio de Janeiro], *agora, proporcionava-me cariciosa impressão de conforto. Estava lindamente iluminada por clarões espirituais, que recordavam precisamente nossa cidade* [espiritual] *tão distante. (...) Notando a nossa admiração, Aniceto indicou a casa pobre e falou:*
>
> *— Teremos aqui o nosso refúgio. É uma oficina que representa Nosso Lar.*

É que o grupo composto de André Luiz, Vicente e Aniceto, vindos de Nosso Lar — uma cidade do Mundo Invisível —, descera ao Plano Físico para importante tarefa de auxílio. Prossigamos com a narrativa do autor espiritual, logo após terminada a palestra *"no santuário doméstico"*. Aqui temos a nítida demonstração do Poder, da Autoridade do Governo de Jesus, a **Política de Deus**, que, um dia, empolgará o mundo:

> Terminado o culto familiar, um dos companheiros também rendeu graças.
> — Esperemos que esses celeiros de sentimentos se multipliquem — disse Aniceto, sensibilizado. O mundo pode fabricar novas indústrias, novos arranha-céus, erguer estátuas e cidades, **mas, sem a bênção do lar, nunca haverá felicidade verdadeira.**
> — Bem-aventurados os que cultivam a paz doméstica — exclamou uma senhora simpática, que estivera presente ao nosso lado, durante a reunião. (O destaque é meu.)

Enquanto a humilde família humana de Isidoro repartia parco alimento numa pequena saleta, em outro ambiente da casa, **o grupamento espiritual os acompanhava na ceia** (eles sempre estão presentes; jamais nos esqueçamos disso), conforme registra André Luiz:

> Dois cooperadores de Nosso Lar serviram-nos alimentação leve e simples, que não me cabe especificar aqui, por falta de termos analógicos.
> — **Em oficinas como esta** — explicou o instrutor amigo —, é possível preservar a pureza de nossas substâncias alimentícias. Os elementos mais baixos não encontram, neste santuário, o

campo imprescindível à proliferação. **Temos bastante luz para neutralizar qualquer manifestação da treva.**

(Os destaques são meus.)

Agora, muita atenção ao fato que se dará enquanto André Luiz, Vicente, Aniceto e outros servidores de Nosso Lar mantêm conversação edificante no jardim da modesta residência. **Os moradores da casa já se haviam recolhido ao descanso.** Passava das 23 horas. A brisa que antes soprava, inundando de bem-estar o ambiente, se transformava em repentina ventania, anunciando forte tempestade:

(...) notei que formas sombrias, algumas monstruosas, se arrastavam na rua, à procura de abrigo conveniente. Reparei, com espanto, que muitas tomavam a nossa direção, para, depois de alguns passos, recuarem amedrontadas. Provocavam assombro. Muitas pareciam verdadeiros animais perambulando na via pública. Confesso que insopitável receio me invadira o coração.

Calmo, como sempre, Aniceto nos tranquilizou:

— Não temam — disse. ***Sempre que ameaça tempestade****, os seres vagabundos da sombra se movimentam procurando asilo. São os ignorantes que vagueiam nas ruas, escravizados às sensações*

mais fortes dos sentidos físicos. Encontram-se ainda colados às expressões mais baixas da experiência terrestre e os aguaceiros os incomodam tanto quanto ao homem comum, distante do lar. Buscam, de preferência, as casas de diversão noturna, onde a ociosidade encontra válvula nas dissipações. Quando isto não se lhes torna acessível, penetram as residências **abertas**, *considerando que, para eles, a matéria do plano ainda apresenta a mesma densidade característica.*

(Os destaques são meus.)

O orientador Aniceto traz ainda a marcante instrução acerca da energia protetora que se forma **ao redor dos lares que cultivam, com Fé Realizante, o hábito da oração em família**:

Observem como [esses espíritos malfeitores] *se inclinam para cá,* **fugindo, em seguida, espantados e inquietos**. *Estamos colhendo* **mais um ensinamento** *sobre os efeitos da prece.* **Nunca poderemos enumerar todos os benefícios da oração. Toda vez que se ora num lar, prepara-se a melhoria do ambiente doméstico.** *Cada prece do coração constitui emissão eletromagnética de relativo poder. Por isso mesmo,* **o culto familiar do Evangelho** *não é tão só um curso de ilumi-*

nação interior, mas também processo avançado de defesa exterior, **pelas claridades espirituais que acende em torno.** *O homem que ora traz consigo inalienável couraça. O lar que cultiva a prece* **transforma-se em fortaleza,** *compreenderam? As entidades da sombra experimentam choques de vulto, em contato com as vibrações luminosas deste santuário doméstico, e é por isso que se mantêm à distância, procurando outros rumos...*

(Os destaques são meus.)

Jamais desprezemos essa lição celeste a respeito do valor da prece, a nós trazida pelos Emissários Divinos. No Getsêmani, o Sublime Pedagogo legou-nos o Seu próprio exemplo de força:

— *E estando* [Jesus] *em agonia,* **orava mais intensamente** (Evangelho, segundo Lucas, 22:44).

Por esse motivo, na Religião de Deus, do Cristo e do Espírito Santo, incentivamos a formação das Igrejas Familiares. Os Cristãos do Novo Mandamento, Amigos de Jesus, realizam a Cruzada no Lar[6]

---

[6] **Cruzada do Novo Mandamento de Jesus no Lar** — Veiculada, toda segunda-feira, na Super Rede Boa Vontade de Rádio (veja a relação de emissoras no portal boavontade.com ou baixe o aplicativo Boa Vontade *Play*), a Cruzada do Novo Mandamento de Jesus no Lar é transmitida diretamente da Igreja Familiar nº 1 da Religião de Deus, do Cristo e do Espírito Santo,

em prol da união das famílias, tendo por referência o estudo e a vivência do Evangelho-Apocalipse do Divino Mestre. Nas reuniões da Religião do Terceiro Milênio, a Quarta Revelação, o Irmão Flexa Dourada (Espírito), por intermédio do sensitivo Cristão do Novo Mandamento Chico Periotto, no dia 29 de setembro de 2018, fraternalmente recomendou:

— Sempre que sentirem necessidade no coração, abram a Bíblia Sagrada. Peguem qualquer trecho e leiam em voz alta. Os Espíritos do Bem que estão à volta vão lhes dar muitos passes, muitos fluidos, vão estimulá-los. Irão aumentar a Corrente da Boa Vontade! Os Apóstolos de Jesus, os Missionários, aqueles que são encaminhados para fazer tarefa grande precisam estar sempre, sempre, com a Bíblia Sagrada por perto, se socorrerem nela, abrirem o Evangelho. **Simplesmente quando abrem o Evangelho, vocês já espantam a treva, vocês já tiram do ambiente qualquer mal-intencionado que esteja tentando entrar.** *E, às vezes, vem por outras pessoas cercadas de espíritos atrasados, que acabaram atraindo. E a* **simples abertura do Evangelho de Jesus** *é uma*

---

sob a responsabilidade do casal Paiva Netto, e estendida a todas as Igrejas Familiares da Religião do Amor Universal. Para se inteirar mais sobre esse importante trabalho da Religião Divina, leia o primeiro volume das *Sagradas Diretrizes Espirituais da Religião de Deus, do Cristo e do Espírito Santo*.

leitura dele, de qualquer parte do Evangelho, ***é como se jogássemos uma água para poder espantar aqueles que não querem tomar banho.***

ALARGAR A CONSCIÊNCIA SOBRE A ETERNIDADE DA VIDA

A Boa Nova do Cristo abrange também a realidade latente e atuante do Mundo Espiritual Superior. Então, que a força dos Atos dos Apóstolos de Jesus, portanto seus testemunhos de Fé Realizante, possa nos inspirar na tarefa de expandir a consciência sobre a eternidade da vida.

Materializações nos Atos dos Apóstolos de Jesus
– Parte II

PAULO APÓSTOLO E A CORRUPÇÃO DO CORPO

Muitos ainda são os fenômenos espirituais descritos nos Atos dos Apóstolos do Cristo. Se eu fosse citar todos eles, teria de escrever outros livros, tamanha a riqueza desse compêndio sagrado. Entretanto, à guisa de informação, ressalto mais algumas passagens.

Destacados pelo Espírito Santo — portanto, pelos Espíritos de Deus, que inspiravam os profetas e doutores que se reuniam, em nome de Jesus, na cidade de Antioquia —, **Barnabé** e Paulo saíram em uma peregrinação, para levar adiante a Palavra do Salvador, Jesus.

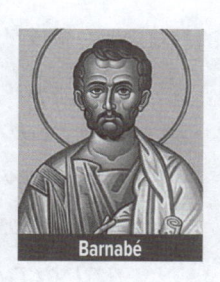

Vejamos um dos relatos do Apóstolo Lucas, em que há embates, peripécias mesmo, até porque precisavam ser ladinos, argutos, escapar a todos os tipos de perseguição, sobreviver e levar a mensagem do Pai Celestial, que iluminou a Terra por intermédio de Seu próprio Filho Jesus. Nesse trecho, vemos o Apóstolo dos Gentios e seus companheiros navegando de Pafos, no Chipre, em direção a Perge de Panfília. De lá, atravessaram rumo à Antioquia da Pisídia. Chegando a esta cidade, foram, no sábado, à sinagoga. Depois da leitura da Lei e dos Profetas, deram a palavra a Paulo, que, levantando-se, fez extraordinário discurso, no qual resumiu a história do povo de Israel, desde o Egito até o cumprimento da promessa de Moisés. O antigo líder hebreu anunciou que surgiria um Profeta semelhante a ele. Todavia, nós sabemos que Jesus é maior que todos. As Profecias cumpriram-se, e muita gente não se apercebeu disso.

Transcrevo, então, a seguir a referida passagem bíblica (Atos dos Apóstolos de Jesus, 13:29 a 37):

[29] *Depois de cumprirem tudo o que a respeito de Jesus estava escrito, tirando-O da cruz, puseram-No em um túmulo.*

[30] *Mas Deus O **ressuscitou** dentre os mortos;*

[31] *e depois disto foi visto durante muitos dias pelos que, com Ele, subiram da Galileia para Jerusalém, os quais são agora as Suas testemunhas perante o povo.*

[32] *Nós vos anunciamos o Evangelho do que fora prometido a nossos pais,*

³³ *como **Deus o cumpriu plenamente a nós, Seus filhos, fazendo ressuscitar a Jesus**, como também está escrito no Salmo segundo: Tu és meu Filho, e Eu, hoje, te gerei.*

³⁴ *E que Deus O ressuscitou dentre os mortos para que jamais voltasse à corrupção do corpo, e desta maneira o disse: E cumprirei a vosso favor as santas, fiéis promessas feitas a Davi.*

³⁵ *Por isso, também diz em outro Salmo: Não permitirás que o teu Santo veja corrupção.*

³⁶ *Porque, na verdade, tendo Davi servido à sua própria geração, conforme o desígnio de Deus, adormeceu, foi para junto de seus pais e seu corpo viu corrupção.*

³⁷ *Porém, Aquele a quem Deus ressuscitou não viu corrupção.*

A BÍBLIA SAGRADA DIZ QUE JESUS NÃO MORREU

Se Deus ressuscitou Jesus dentre os mortos, é porque, *ipso facto*, há vida além da "morte". Observemos bem o que está escrito no Evangelho, segundo João, 13:1:

— *Ora, antes da Festa da Páscoa, sabendo Jesus que era **chegada a Sua hora de passar deste mundo para o Pai**, tendo amado os Seus Irmãos que estavam no mundo, amou-os até ao fim.*

Perceberam? **O Evangelho não diz que Jesus iria morrer, mas *"passar deste mundo para o Pai"*.** O Cristo de Deus derrotou a morte. Com isso nos capacita a sobrepujar quaisquer dificuldades aparentemente intransponíveis. É a indesmentível "Mensagem do Túmulo Vazio" — título de circular que escrevi em 25 de agosto de 1997, no Rio de Janeiro/RJ, madrugada de segunda-feira. Nela, com emoção, explicitei: **com a Ressurreição de Jesus, a morte deixou de ser o lúgubre ingresso para o Nada**; porquanto, na verdade, é a esplendorosa revelação de que a felicidade em Deus, o Provedor de todas as carências, é eterna, como perenes são as realizações do Bem, na Terra e no Espaço. Respeitemos a vida, e ela nos abençoará. **Quando o Celeste Amigo revelou o Túmulo Vazio, acabou com os impossíveis, porque ressuscitou, conforme prometera, da morte para a eternidade. E nós, com Ele. Graças a Deus!**

Quanto ao fato de Paulo dizer: *"viu corrupção"*, *"não viu corrupção"*, ele se refere ao corpo humano. Quando a gente falece, o corpo corrompe-se, isto é, tem mau cheiro; ao se desfazer, aparecem os vermes. Com o Cristo, isso não se deu. Ele ressuscitou. Alguns consideram que o Divino Mestre não tinha o envoltório físico feito à nossa semelhança. Outros acham isso uma blasfêmia. Mas nós podemos raciocinar: há tantas formas corpóreas que não conseguimos enxergar apenas com os olhos — por exemplo, as microscópicas e as que são apenas anteci-

A ressurreição de Jesus (1873), por Carl Bloch (1834-1890).

padas pelo cálculo abstrato. Há também a questão do vento: ninguém o vê; todavia, ele é real, e o percebemos pelos seus efeitos, assim como a eletricidade e o magnetismo. **Nikola Tesla** (1856-1943), que citaremos adiante, realizou inúmeros experimentos explorando suas particularidades, e muitas tecnologias derivam disso. Quanto à luz, nós a visualizamos, mas só depois de Einstein é que conhecemos quantas propriedades ela possui nos mais diversos âmbitos da física que nem imaginávamos. Existe tanta coisa que os nossos sentidos ainda não identificam! Será que somente nós, os terrenos, habitamos os Universos? Ou tudo o que neles habita tem de se parecer conosco?

Os próprios Espíritos de nossos entes queridos continuam vivos. Contudo, ainda são poucos os indivíduos que possuem o dom divino desenvolvido para visualizar os seres desencarnados. E quantas vezes as Almas se aproximam de nós, e as afastamos, cruelmente temerosos, pelo ridículo medo de "fantasmas". Temor devemos ter, para argumentar, dos obsessores, espíritos malignos que desejam o nosso mal. Porém, os seres trevosos jamais alcançarão seu intento nem mesmo se aproximarão de nós, iluminados que estaremos pelo Bem, se nos mantivermos com a sintonia elevada aos Espíritos Divinos, nossos Anjos Guardiães, Almas Benditas, Numes Tutelares. Essa é a grande lição que reforço em minha obra *A Missão dos Setenta e o "lobo invisível"*[7] (2018).

Tanta coisa da ignorância humana urge ser derrubada! **Jesus fala de um Reino Espiritual Eterno. Como é que não existem os Espíritos?**

Em *Apocalipse sem Medo* (2000), reproduzo esta meditação do aplaudido escritor **Graham Greene** (1904-1991):

---

[7] *A Missão dos Setenta e o "lobo invisível"* (2018) — Livro do escritor Paiva Netto em que nos convida a estudar, versículo a versículo, "A Missão dos Setenta Discípulos de Jesus" (Evangelho, segundo Lucas, 10:1 a 24). Nela, denuncia a ação do "lobo invisível", o espírito obsessor, que a tantas tragédias vem arrastando indivíduos, famílias, sociedades, governos, países. Essas e outras obras podem ser adquiridas pelo *site* www.PaivaNetto.com/livros ou ligue 0300 10 07 940.

— *Nosso mundo não é todo o Universo. Talvez exista um lugar onde Cristo não esteja morto.*

Essa dimensão esplêndida, múltipla, infinita existe; e Jesus, o Bom Pastor, a deixou expressa em Sua Boa Nova, consoante João, 14:1 a 3. Trata-se de confortadora revelação aos Seus seguidores que, pelos milênios, perseveram até ao fim:

JESUS CONFORTA OS DISCÍPULOS
¹ Não se turbe o vosso coração: crede em Deus, crede também em mim.

*² **Na casa de meu Pai** [o **Universo**]**, há muitas moradas** [**dimensões**]**. Se assim não fora, Eu vos teria dito. Pois vou preparar-vos lugar.***

³ E, quando Eu for, voltarei e vos receberei para mim mesmo, para que, onde Eu esteja, estejais vós também.

Tão magnífico local inicia-se em nosso coração integrado em Deus.

MENSAGEM DO TÚMULO VAZIO

Com a Ressurreição de Jesus, a morte deixou de ser o lúgubre ingresso para o Nada; porquanto, na verdade, é a esplendorosa revelação de que a felicidade em Deus, o Provedor de todas as carências, é eterna, como perenes são as realizações do Bem, na Terra e no Espaço. Respeitemos a vida, e ela nos abençoará. Quando o Celeste Amigo revelou o Túmulo Vazio, acabou com os impossíveis, porque ressuscitou, conforme prometera, da morte para a eternidade. E nós, com Ele. Graças a Deus!

Materializações nos Atos dos Apóstolos de Jesus – Parte III

O TRANSPORTE DE FILIPE

Outra interessante narrativa nos Atos dos Apóstolos de Jesus, entre tantas lá imortalizadas, que demonstra a indesmentível eternidade da vida é o transporte espiritual de **Filipe**, um dos sete Diáconos. Não se deve confundi-lo com o **Apóstolo Filipe**.

O fato deu-se logo após a tremenda perseguição infligida aos discípulos do Cristo por ordem de Saulo de Tarso, que, mais tarde, se renderia ao Divino Poder do Cristianismo, por causa da histórica visão na estrada de Damasco — a qual igualmente se resume num extraordinário caso de efeitos físicos. Enceguecido pela imensa luz do Mestre, aquele que viria a ser conhecido pelo nome de Paulo cai do cavalo, conforme passagem dos Atos dos Apóstolos de Jesus, 9:3 a 9:

A conversão de Saulo (1767), por Nicolas Bernard Lépicié (1735-1784).

A CONVERSÃO DE SAULO

³ Ao se aproximar de Damasco, subitamente resplandeceu ao redor dele uma luz do céu;

⁴ e, caindo em terra, Saulo ouviu uma voz dizer-lhe: "Saulo, Saulo, por que me persegues?"

⁵ E ele perguntou: "Quem és Tu, Senhor?" E o Senhor lhe respondeu: "Eu sou Jesus, a quem tu persegues;

⁶ levanta-te, porém, e entra na cidade, e lá te dirão o que te é necessário fazer".

⁷ Os seus companheiros de viagem a ninguém viram, mas ouviram a voz e ficaram emudecidos.

⁸ Saulo levantou-se e estava cego, mas, guiado pelos que o acompanhavam, seguiu para Damasco,
⁹ onde esteve três dias em completa cegueira, nada bebendo ou comendo.

Percebam a razão de eu sempre lembrar que, por todos os seus feitos pela Causa Crística, Paulo Apóstolo era grande, mas Jesus é infinitamente superior a ele.

— *Não é o discípulo maior do que o mestre.*
Jesus (Mateus, 10:24)

O Cristo Ecumênico, o Divino Estadista, não precisou cair do cavalo para se tornar o Filho de Deus. Sua suprema integração no Pai Celestial remonta a antes da criação do planeta Terra:

— *Antes que houvesse mundo, Eu já existia.*
Jesus (João, 8:58)

FILIPE BATIZA UM FUNCIONÁRIO ETÍOPE

Mas vamos ao trecho do diácono Filipe que extraímos de *Síntese de O Novo Testamento*, de **Wantuil de Freitas** (1895-1974):

Filipe foi à cidade de Samaria, na qual não só anunciou o Cristo, mas também efetuou inúmeras

O batismo do funcionário etíope [por Filipe] (1626), Rembrandt (1606-1669).

curas e expeliu espíritos imundos de muitos possessos.

(...) Um anjo do Senhor, então, falou a Filipe que se dirigisse à estrada que desce de Jerusalém a Gaza. Para lá seguiu Filipe, e, em plena estrada, então deserta, lhe surgiu um alto funcionário etíope, superintendente de todos os tesouros da rainha dos etíopes, o qual voltava de Jerusalém, onde fora adorar, regressando no seu carro. Por ordem do Espírito, Filipe se dirigiu ao funcionário e, explicando-lhe a passagem de **Isaías**

referente a Jesus, que ele vinha lendo, mas sem compreendê-la, não só o converteu, como também o batizou, desaparecendo em seguida da presença do etíope, por ter sido arrebatado pelo Espírito do Senhor, que o transportou para a cidade de Azote, donde seguiu ele, evangelizando todas as cidades até chegar a Cesareia. (Atos dos Apóstolos de Jesus, 8:26 a 40).

BICORPOREIDADE

Vejam, aí, Filipe **recebendo uma comunicação do Mundo Espiritual**. Observem a mediunidade, a sensitividade, o carisma ou a paranormalidade em pleno exercício, sem pedir licença a quem quer que seja para existir. O que ocorreu naquele episódio e se apresenta com muita clareza foi o fenômeno chamado **bicorporeidade**, ou seja, a faculdade que certas pessoas têm de se transportar e de estar ao mesmo tempo em dois lugares distintos. Desses dois corpos idênticos, ambos eram reais. O primeiro, o orgânico, vestimenta do Espírito reencarnado; o segundo, o comandado pela Alma, é o perispírito[8]. Para simplificar, é como se o or-

---

[8] **Perispírito** — De *peri*, em redor, e *spiritus*, Espírito. Envoltório semimaterial, leve, tênue, que serve de laço intermediário entre o Espírito e o corpo. O perispírito molda a sua forma de acordo com a vontade espiritual. A união da Alma, do perispírito e do corpo material constitui o ser humano. Separados do corpo terreno, temos o Espírito que se apresenta revestido do perispírito, formado por elementos naturais, de acordo com a dimensão espiritual em que se encontra.

ganismo imaterial fosse recoberto de matéria plástica e se mostrasse em outro lugar com todas as características do organismo somático. Esse corpo desdobrado de Filipe é o que aparece e desaparece diante do alto funcionário etíope que fora batizado.

NOVOS HORIZONTES DE ENTENDIMENTO

Tratar dos assuntos da Alma é uma extraordinária provocação lançada às inteligências perquiridoras, pois abre novos horizontes ao entendimento do que é perene. Ao se derribar a limitação imposta aos seres humanos — o túmulo —, descortina-se nas mentes a perspectiva de uma existência que é eterna; portanto, a exigir muita responsabilidade nos atos de todos diante da Justiça Divina e das futuras gerações que, pelas vidas sucessivas, herdarão o planeta.

*Materializações nos Atos dos Apóstolos de Jesus
– Parte IV*

PARTO MEDIÚNICO E BILOCAÇÃO

O fenômeno de bicorporeidade é um tipo de dom mediúnico tão excepcional que por si só acrescentaria muitos anos de estudo à física quântica, tamanha a gama de elementos que emprega e as forças fortuitas que os impactam: partículas atômicas e subatômicas em estado de ubiquidade, quiçá **núcleos, prótons, nêutrons, pósitrons, elétrons, fótons da "matéria" espiritual**, em frequência distinta da nossa; ultravelocidade, para não dizer instantaneidade; interpenetração de espaço-tempo e diferentes gradações da matéria; o processo de entrelaçamento quântico, em que partículas compartilham informações com outras a anos-luz de distância; além de propriedades que talvez, um dia, ainda venham a ser teorizadas. O aprofundamento no exame dos transportes, da bilocação, entre outros feitos, talvez demonstre o

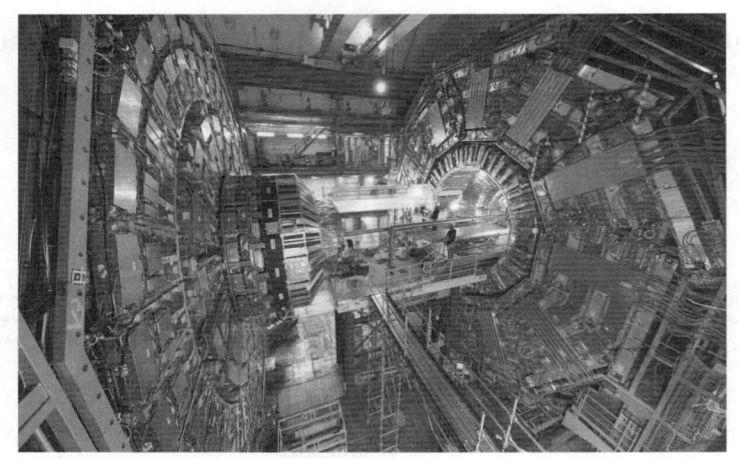

Grande Colisor de Hádrons — LHC (sigla em inglês para *Large Hadrons Collider*), do CERN, localizado na fronteira franco-suíça e usado para o estudo da Partícula de Deus (Bóson de Higgs).

que a **Partícula de Deus** (Bóson de Higgs)[9] é capaz de traduzir em seus desdobramentos. Por isso, gostaria de acrescentar às nossas análises caso ocorrido com um sensitivo, cuja multiplicidade mediúnica o coloca em relevo: foi inspirado vidente, audiente, receitista, psicofônico, psicógrafo e possuía a faculdade da bilocação e dos efeitos físicos. Trata-se do caridoso professor **Eurípedes Barsanulfo** (1880-1918).

---

[9] **Partícula de Deus (Bóson de Higgs)** — Proposto em 1964 pelo físico britânico **Peter Higgs**, seria uma subpartícula especial dentro da classe dos bósons (partículas que obedecem à estatística de Bose-Einstein) responsável por dotar de massa a matéria. É um dos fundamentos do Modelo Padrão de Partículas. Em 4 de julho de 2012, foi anunciada pelo CERN (*Conseil Européen pour la Recherche Nucléaire* — Organização Europeia de Pesquisa Nuclear) a descoberta de uma partícula compreendida pela comunidade científica como o Bóson de Higgs, o que levou os físicos **François Englert** e Peter Higgs a ganhar o Prêmio Nobel de Física de 2013.

Político e jornalista, o distinto filho de Sacramento/MG literalmente se desdobrava para ajudar os menos afortunados.

Em sua obra *Eurípedes Barsanulfo, o Apóstolo da Caridade*, Jorge Rizzini registra este impressionante caso em que, com seu corpo perispiritual, o benfeitor mineiro assistiu uma jovem mãe em complicado parto, enquanto o seu corpo físico se encontrava em plena sala de aula. Já acostumados com seus transes mediúnicos, os alunos ouviram do singular professor, após regressar da experiência espiritual:

> — Prestem atenção. Acabo de estar em uma residência atrás da igreja do Rosário, fazendo um parto difícil. O marido não sabe que já é pai e está a caminho daqui. Vem a cavalo e com roupa de montaria. Ele está, neste momento, apeando em frente ao colégio. Vai agora subir os degraus da escada. Quando ele entrar na sala os senhores devem ficar em pé e depois sentar. Atenção... Ele vai entrar...

O escritor Rizzini prossegue narrando:

> E o homem com chapéu e roupa de montaria entrou muito aflito, pedindo a Eurípedes Barsanulfo que fosse, urgentemente, fazer o parto, pois a mulher estava passando mal.

— Acalme-se, responde o médium, sorrindo. Fiz o parto há cinco minutos...

— Não é possível, "seu" Eurípedes. Há cinco minutos eu teria visto o senhor pelo caminho.

— O senhor não me viu porque fui em Espírito. Mas eu vi o senhor. Pode voltar para sua casa, sossegado. A menina que nasceu é bonita e forte.

— O homem, porém, duvidou e, temendo pela vida da mulher, levou Eurípedes Barsanulfo... A parturiente, com a filhinha deitada ao lado, ao ver o médium, exclamou:

— O senhor não precisava vir de novo, "seu" Eurípedes... Eu e o bebê estamos passando bem!

Eurípedes Barsanulfo, então, regressou, rápido, ao colégio para continuar a aula interrompida.

Rizzini, recorrendo a ensinamento de Allan Kardec, ainda explica o processo que se deu com o bondoso médium, o que também elucida o episódio ocorrido com o diácono Filipe, que lemos anteriormente. Eles próprios foram capazes de produzir os fluidos necessários para a materialização de seu "segundo corpo".

O fenômeno que acabamos de relatar é simples, mas só na aparência. Senão, vejamos. Como pôde o perispírito, ou seja, o corpo espiritual de Eurípedes Barsanulfo tornar-se tangível, a ponto de crer a parturiente que se tratava do corpo físico?

Ensina Allan Kardec que, "Por sua natureza e em seu estado normal, o perispírito é invisível, mas pode ele sofrer modificações que o tornem perceptível, ou por uma espécie de condensação, ou por uma mudança na disposição molecular. É então que nos aparece sob uma forma vaporosa. A condensação (preciso é que não se tome esta palavra na sua significação literal; empregamo-la apenas por falta de outra e a título de comparação), a condensação, dizíamos nós, pode ser tal que o perispírito adquira as propriedades de um corpo sólido e tangível; este pode, entretanto, instantaneamente retomar seu estado etéreo e invisível".

Arremata, portanto, Rizzini:

Para que o perispírito adquira as propriedades de um corpo sólido são, ainda, necessários os fluidos de um médium. (...) É evidente que os fluidos indispensáveis à tangibilidade e, pois, ao fenômeno da bicorporeidade (seu caso) ele próprio os produzia, visto que, Eurípedes Barsanulfo era, inclusive, médium de efeitos físicos.

ESTAMOS CORPO, MAS SOMOS ESPÍRITO

Nós somos Espírito, **apenas estamos carne**. Nossa essência, portanto, é imortal, porque Deus é Espírito, consoante revelou Jesus à mulher samaritana, no poço de **Jacó**:

Jesus e a samaritana (1872), por Carl Bloch (1834-1890).

— ***Deus é Espírito; e importa que os Seus adoradores O adorem em Espírito e Verdade*** (Evangelho, segundo João, 4:24).

Logo, fomos originalmente concebidos por Deus como Espíritos Eternos:

— ***Deus criou o ser humano à Sua imagem e semelhança*** (Gênesis, 1:27).

Tratar dos assuntos da Alma é uma extraordinária provocação lançada às inteligências perquiridoras, pois abre novos horizontes ao entendimento do que é infinito. Ao se derribar a limitação imposta aos seres humanos — o túmulo —, descortina-se nas mentes a perspectiva de uma existência que é eterna; portanto, a exigir muita responsabilidade nos atos de todos diante da Justiça Divina e das futuras gerações que, pelas vidas sucessivas, herdarão o planeta. **A visão de que somos imortais imprime coragem e inteligência ao cotidiano da criatura na superação dos obstáculos**, das lutas encarniçadas que travamos neste mundo. Por isso, jamais se deve cogitar o suicídio, que acrescenta às dificuldades enfrentadas na carne severos desafios e sofrimento imensurável à Alma.

Aos que possuem a grande tarefa de levar a bandeira do Espírito às mentes, não basta ser intrépido. É preciso ser inteligente **e estar sob a inspiração de Deus**; ser estratégico, tático, na disseminação desse bendito ideal.

Materializações nos Atos dos Apóstolos de Jesus – Parte V (final)

O SUBSTANTIVO "ESPÍRITO"

Prosseguindo, vimos, então, que Filipe foi até Samaria, dirigiu-se à estrada que desce de Jerusalém para Gaza, percorreu evangelizando todas as cidades de Azote a Cesareia e não apenas propagou os ensinamentos de Jesus, mas também efetuou inúmeras curas. E os milagres ocorriam porque Deus se manifesta por intermédio das criaturas que, integradas ao manancial divino, recebem certos dons e têm o dever de utilizá-los em benefício dos povos. Daí as dádivas trazidas por Filipe, conforme pudemos ler em Atos dos Apóstolos de Jesus, 8:7:

— *(...) efetuou inúmeras curas e expeliu espíritos imundos de muitos possessos.*

Ora, como é que alguns dizem que não há Espírito, se existe espírito impuro? Se há o imundo, então, **naturalmente, existem os Espíritos que não são impuros**. Do contrário, não haveria necessidade desse adjetivo. Bastaria o substantivo **"Espírito"**. Se rotularam certo grupo de "espíritos diabólicos", é pelo fato de haver os **Espíritos Elevados, as Almas Benditas** — e em maior número, com muito mais força e Poder Divino.

ESPÍRITO NÃO É ASSOMBRAÇÃO

E eu insisto nesse assunto porque há algumas pessoas que creem em Deus e, quando se fala em Espírito, caem para trás, se apavoram mesmo. Contudo, acreditam em Anjos da Guarda, em protetores, no Espírito da sua querida mãezinha ou do seu pai, que um dia alguém viu... Pastores protestantes, entre eles o saudoso Billy Graham, relatam fatos de natureza espiritual e são pródigos nesse conhecimento, pois leem a Bíblia, sabem do poder verdadeiro de curar, de expulsar demônios, como Jesus manda que seja feito. Alguns podem afirmar:

— *Ah, eu não acredito nisso, não! Eu sou de outra religião, de outra crença!*

Ora, dá-se a impressão de que as religiões, para esses indivíduos, no limite, seriam ateias, materialistas, porquanto, caso o Espírito fosse mesmo um conceito incompatível com seus postulados, teriam de refutá-lo.

Os que assim raciocinam infelizmente demonstram ignorar aspectos basilares de suas próprias crenças, que se fundamentam no conhecimento espiritual. Por qual motivo elas, então, propagariam a existência da Vida Eterna? Para quê? Para a pedra da esquina em que você, às vezes, tropeça? Para a árvore que nos dá sombra? Para o chão que pisamos? Absolutamente, não! Pregam a sobrevivência da Alma justamente para o ser humano e seu Espírito Eterno. Ainda que toda a Natureza possua, no fundo, uma forma de vida espiritual embrionária. Até das pedras têm se fotografado uma espécie de aura. Na ex-União Soviética, isso ocorreu bastante. Lembrem-se das fotos Kirlian.

— *Ah, mas a gente não aceita as fotos Kirlian.*

Muita gente também não aceitou a psicanálise. Vocês pensam que **Sigmund Freud** (1856-1939) apareceu e foi posto num andor? Não! Freud foi imensamente criticado e combatido. Aliás, uma curiosidade: em carta datada de 24 de julho de 1921, dirigida a **Hereward Carrington** (1880-1958), o médico neurologista declarou:

— *Não pertenço àqueles que rejeitam de antemão o estudo dos chamados fenômenos ocultos, considerando-o anticientífico, ou sem valor, ou prejudicial.*

Se eu estivesse no início da minha carreira científica, e não no fim dela, como estou agora, possivelmente não escolheria nenhum outro campo de estudo a não ser esse — apesar de todas as suas dificuldades!

Retomando meu raciocínio, da mesma forma que Freud enfrentou resistências, **William Harvey** (1578-1657) sofreu perseguição ao demonstrar que o sangue circula no corpo humano, nas veias e nas artérias. O próprio Einstein foi posto contra a parede por seus pares quando tentou mostrar que o Universo se expandia. E os astrônomos daquele tempo o contradisseram, argumentando que o Cosmos permanecia estático. Mas **Edwin Powell Hubble** (1889-1953), cujo sobrenome é o mesmo do telescópio moderníssimo que circula na órbita da Terra, coletou dados e observou o que o físico judeu-alemão tinha concluído no cálculo. E, aí, os astrônomos tradicionais tiveram de ceder. A prova de que o formulador da Teoria da Relatividade chegara antes ao conhecimento de que o Universo se expandia é a de que o velho Albert descartou a ideia da "constante cosmológica" para, logo depois, se arrepender. Afinal, os cientistas conservadores estavam errados, e ele, certo.

Portanto, não podemos desistir de estudar, inclusive cientificamente, o Espírito. Modestamente almejo

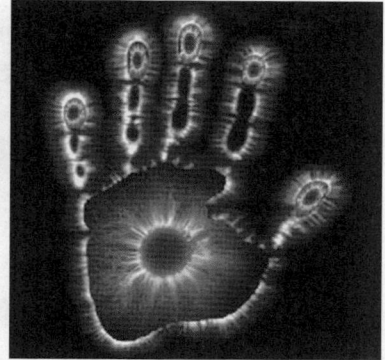

O casal Valentina Khrisanovna e Semyon Davidovich Kirlian e uma das conhecidas fotografias Kirlian.

que esta obra contribua para o debate e que possamos avançar mais e mais nessa urgente direção.

A ENERGIA ESPIRITUAL-HUMANA NUM *FLASH*

Conforme abordado no início desta obra, entre os dias 20 e 23 de outubro de 2004, o Parlamento Mundial da Fraternidade Ecumênica, o ParlaMundi da Legião da Boa Vontade, em Brasília/DF, foi palco da segunda sessão plenária do Fórum Mundial Espírito e Ciência, da LBV. O tema foi "Discutindo a Morte e a Vida após Ela". Ao todo, 32 renomados conferencistas do Brasil e do exterior expuseram suas reflexões e estudos acerca do assunto, promovendo, numa atmosfera fraternista, o intercâmbio entre o conhecimento científico e o das várias tradições espirituais. Além dos presentes no plenário do ParlaMundi, que ficou superlotado, milhares de pessoas acompanharam, em tempo real, as palestras por meio da Super Rede Boa Vontade de Comunicação (Boa Vontade TV, Super Rede Boa Vontade de Rádio e portal boavontade.com).

Destacamos um dos pontos altos do encontro: a pesquisa do dr. **Edward Krizhanovsky**, Ph.D. em Física pela Universidade Politécnica de São Petersburgo, na Rússia. Ele abordou a técnica GDV (sigla em inglês para Visualização da Descarga em um Gás), que permite retratar e examinar o campo energético humano. Essa técnica foi inspirada nas experiências feitas pelo pesquisador e inventor russo **Semyon Davidovich Kirlian** (1898-1978) e pela esposa dele, a professora e jornalista **Valentina Khrisanovna Kirlian** (?-1972), as quais resultaram nas conhecidas fotografias Kirlian.

Abro parênteses para registrar o que apontam estudiosos da vida do padre Landell de Moura, antes citado nesta obra: apesar de não se ter encontrado as possíveis fotos produzidas por esse inventor brasileiro, há documentação que sustenta que ele tenha pioneiramente investigado esse fenômeno três décadas antes do casal Kirlian. A professora **Vânia Maria Abatte**, do Núcleo de Pesquisas e Estudos Landell de Moura, atesta:

— É visível que Landell fotografou o perianto (aura humana). Não há dúvida, ele o declara.

Com relação à técnica GDV, desenvolvida pelo dr. **Konstantin Korotkov**, diretor-adjunto do Instituto Federal de São Petersburgo de Pesquisa de Cultura Física e presidente da União Internacional de Bioeletrografia Médica e Aplicada, ela consiste nos seguintes princípios, explicados pelo dr. Krizhanovsky, em sua palestra:

> *O dedo (pode ser qualquer outra parte do corpo) é colocado no prato dielétrico sob uma alta frequência produzida por um campo eletromagnético. Uma emissão explosiva de elétrons e fótons vai aparecer no espaço gasoso em volta do dedo.*
>
> *No meio gasoso, veremos a então chamada descarga energética. Essa imagem, numa câmera de vídeo e numa câmera digital, pode ser transferida para o computador e, então, por meio do nosso equipamento, podemos analisar essas imagens.*

Ele ainda esclarece que, de acordo com seus estudos, cada setor do dedo corresponde a uma parte do organismo:

> *— Então, medindo o campo energético em volta do dedo, podemos construir um campo eletromagnético, um campo energético em volta da pessoa.*

A aplicação dessa técnica ocorre em quatro frentes de pesquisa: na medicina, no esporte, em testes de materiais e na água e em estudos da consciência. Desde 1999, foi reconhecida oficialmente pelo Ministério da Saúde da Rússia e certificada na Europa.

Durante a conferência, foram apresentadas diversas imagens correspondentes ao estado energético de pessoas em meditação, bem como de curandeiros antes e depois de iniciarem suas atividades mediúnicas. Foi realizado um interessante experimento com voluntários do auditório. O dr. Krizhanovsky aferiu a energia dos candidatos, e, em seguida, eles peregrinaram no Templo da Boa Vontade — cujo brado é *os mortos não morrem!* —, que fica ao lado do ParlaMundi da LBV, em Brasília, e beberam da água fluidificada, na Fonte Sagrada do TBV. No retorno, notou-se nos indivíduos uma condição de equilíbrio e refazimento energético. Analisou o cientista russo:

> *— A principal e mais interessante conclusão é que houve uma diferença muito perceptiva antes e após voltarem do TBV. Os voluntários tiveram suas energias fortalecidas e distribuídas, além de ficarem muito mais claras. (...) Eu sabia que as pessoas amavam o Templo da Boa Vontade e queria comprovar no campo da Física por que existia esse Amor. Percebi que a energia ficou mais forte, intensa, mais bem distribuída e com maior brilho depois da visita ao TBV. Elas gostam de se sentir mais fortalecidas e por isso vão ao Templo. Eu também fui lá e me senti*

dessa maneira. O Templo da Boa Vontade trouxe um melhoramento na condição de vida delas.

Esse amor pelo Templo do Ecumenismo Divino, o Templo da Paz, muito se deve ao fato de, desde que tive a honra de inaugurá-lo, em 21 de outubro de 1989, ele vir ecumenicamente acolhendo Almas e corações, formando uma grande corrente Terra–Céu. Da sua abrangente constituição, destacamos: a missão do Templo da Boa Vontade — Sede Espiritual da Religião de Deus, do Cristo e do Espírito Santo — é infinitamente mais ampla, porque adentra o território do Invisível, o Mundo dos Espíritos, não como algo abstrato, mas como realidade concreta, cuja aceitação resultará numa extraordinária renovação da humanidade terrestre, que aprenderá muito com os **vivos** que habitam o mundo dos "mortos" e que não se encontram mortos coisa nenhuma.

Retomando a pesquisa, uma das modalidades investigadas, em parceria com o dr. Korotkov, é quanto ao campo energético de pessoas falecidas. Sobre isso, o dr. Krizhanovksy, na ocasião, contou que mediram as pontas do dedo de pessoas mortas e examinaram os dados coletados.

O que observamos, em geral, foi dividido em três grupos. Um grupo contém as pessoas que tiveram uma morte natural e calma; elas tiveram uma dis-

tribuição energética calma, então, houve apenas um pequeno pico energético. Após oito horas da morte, houve tranquila variação.

[O segundo grupo] se refere a mortes inesperadas, como, por exemplo, num acidente de carro. Então, tivemos uma grande amplitude de pico e, após certo tempo, tivemos a mesma imagem com pequena variação.

[E o terceiro grupo] se refere ao de pessoas que cometeram suicídio. Então, parece-nos que a alma da pessoa quer voltar para consertar essa situação. Observou-se uma grande oscilação. Essa oscilação durou até cinco dias após a morte. [Nos grupos de pessoas que não cometeram suicídio,] essa variação acabou em três dias.

Esses são os três grupos. Em geral, nosso objetivo é construir, a partir dessas imagens, um modelo de consciência. Se pudermos construir um modelo de consciência antes e depois da morte, então, podemos construir um modelo de interação entre uma pessoa e Deus. Ao fazer isso, poderemos descrever fenômenos religiosos.

O CUIDADO COM O DESLIGAMENTO DO ESPÍRITO

Ora, esses resultados em muito dialogam com a visão de tradições espirituais no que tange ao desligamento da Alma do corpo físico a partir do instante do óbito. O Espírito Emmanuel, em suas expla-

ENERGIA DAS PESSOAS APÓS A MORTE

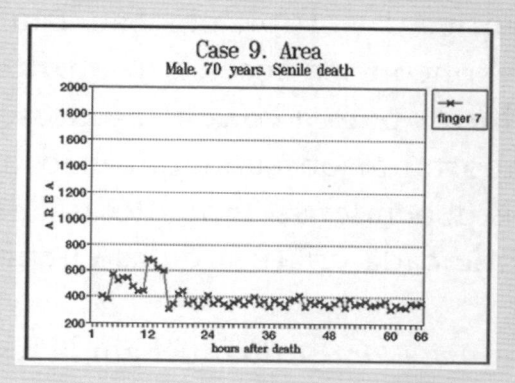

Grupo 1: Indivíduos com falecimento natural.

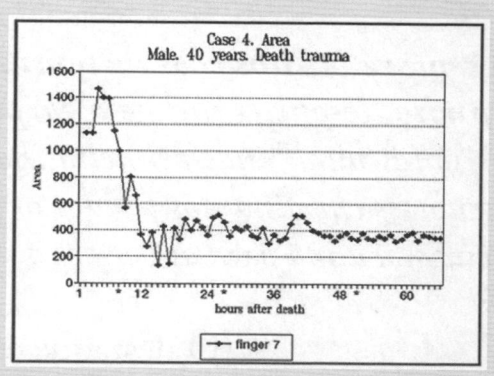

Grupo 2: Indivíduos com morte traumática.

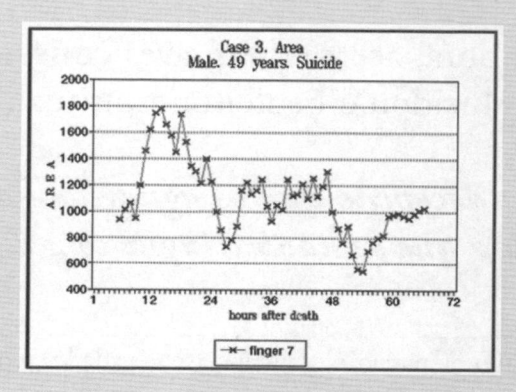

Grupo 3: Indivíduos que cometeram suicídio.

nações trazidas à Terra pela sensitividade de Chico Xavier, na famosa entrevista que o médium brasileiro concedeu, em 28 de julho de 1971, no programa *Pinga-Fogo*, da antiga TV Tupi, em São Paulo/SP, aqui já citada[10], explicou ser necessário **o prazo de, no mínimo, 72 horas para a conclusão desse processo**. Mas é importante observar que não há um tempo exato, pois dependerá sempre do amadurecimento espiritual de cada criatura e das circunstâncias do desenlace.

E no livro *O Consolador*, Emmanuel ainda ressalta:

— ***Existem sempre muitos ecos de sensibilidade entre o Espírito desencarnado e o corpo*** *onde se extinguiu o "tônus vital", nas primeiras horas sequentes ao desenlace, em vista dos fluidos orgânicos que ainda solicitam a alma para as sensações da existência material.*

(O destaque é meu.)

E nessa mesma obra, acerca das graves **consequências do suicídio**, elucidou o benfeitor espiritual:

A primeira decepção que os aguarda é a realidade da vida que se não extingue *com as tran-*

---

[10] *Vide* também o capítulo "Cremação, prudência e Caridade", constante desta obra.

sições da morte do corpo físico, vida essa agravada por tormentos pavorosos, em virtude de sua decisão tocada de suprema rebeldia.

Suicidas há que continuam experimentando os padecimentos físicos da última hora terrestre, *em seu corpo somático, indefinidamente. (...) Comumente,* **a pior emoção do suicida é a de acompanhar, minuto a minuto, o processo da decomposição do corpo** *abandonado no seio da terra, verminado e apodrecido.*

De todos os desvios da vida humana, o suicídio é, talvez, o maior deles pela sua característica de falso heroísmo, de negação absoluta da lei do amor e de suprema rebeldia à vontade de Deus, cuja justiça nunca se fez sentir, junto dos homens, sem a luz da misericórdia.

(Os destaques são meus.)

Sobre o natural ciclo de nascer, morrer e renascer, que precisa ser compreendido e respeitado em seu amplo sentido, no livro Gênesis, 3:19, Moisés registra a revelação do Senhor:

— *(...) porquanto és pó e em pó te tornarás.*

E observem novamente o que Salomão ainda explicita, em Eclesiastes, 12:7:

— E o pó volte à terra, como o era, **e o espírito volte a Deus, que o deu**.

Diante disso, somente podemos almejar que a permanência do nosso corpo na Terra — com suas transformações orgânicas após o desligamento — e o regresso da nossa Alma ao Mundo Espiritual ocorram no momento exato, determinado por Deus e sob a absoluta regência das Leis de Amor Fraternal, que conduzem toda a vida no Cosmos.

O MUNDO ESPIRITUAL NO TESTEMUNHO DE VULTOS DA HISTÓRIA

Partes de I a IV

O Mundo Espiritual no testemunho de vultos da História – Parte I

ESCRITORES E FANTASMAS

Aprezada amiga leitora e o estimado amigo leitor, talvez não acostumados a ver divulgada a enorme relação de personalidades que buscaram explicações para os fenômenos de natureza espiritual, podem estar surpresos com o que leram até agora. Contudo, a lista é longa, e muitos pesquisadores lançaram-se a campo para elencar influentes personagens da História que tomaram contato com aspectos da vida após a morte.

Um destacado nome é o do saudoso escritor paulista Jorge Rizzini, que citamos logo nas primeiras páginas deste despretensioso trabalho. Ele foi um grande amigo do veterano Legionário da Boa Vontade de Deus, o jornalista **Walter Periotto**. Nascido na cidade de São Paulo, a 25 de setembro de 1924, Rizzini foi igualmente jornalista, radialista, publicitário e médium psicógrafo. Em seu livro *Escritores e Fantasmas*, realizou extensa pesquisa e catalogou expressivo número de ilustres figuras e os relatos delas acerca da existência do Mundo Invisível.

A fim de ampliar ainda mais o acesso de todos vocês a esse conhecimento, trarei, da mencionada obra literária, algumas dessas narrativas.

A MEDIUNIDADE DE CRISTÓVÃO COLOMBO

Rizzini descreve que o conhecido navegador e explorador genovês **Cristóvão Colombo** (1451-1506) se revelou excelente médium, de acordo com as informações contidas na *História Universal*, de autoria do historiador e respeitado intelectual italiano **Cesare Cantù** (1804-1895). O célebre escritor afirmou que Colombo costumava ouvir mensagens de entidades espirituais. Quando naufragou na costa da Jamaica, registrou uma dessas comunicações, que demonstram alto teor bíblico, conforme segue:

> *Homem insensato e vagaroso em crer e em servir o teu Deus! (diz o Espírito a Cristóvão Colombo, recriminando-o pela sua falta de fé). Que mais fez Ele por Moisés e por Davi, Seu servo? Desde o teu nascimento, Deus tem sido para ti da maior solicitude.*

Logo que chegaste a uma idade conveniente, Ele fez retumbar maravilhosamente a Terra toda com o teu nome. As Índias, essa tão rica parte do mundo, Ele tas concedeu com a liberdade de as repartires com quem te aprouvesse. As árduas barreiras do Oceano caíram diante de ti, uma infinidade de países se sujeitaram a ti, e teu nome tornou-se famoso entre os cristãos. Porventura Deus fez mais pelo grande povo de Israel, tirando-o do Egito, ou por Davi, elevando--o de pastor a rei? Volta-te, pois, para Ele e reconhece o teu erro: porque a Sua misericórdia é infinita. Se te falta realizar alguma grande empresa, não te sirva de obstáculo a tua idade. Acaso Abraão não contava mais de cem anos quando gerou Isaac? E porventura Sara era jovem? O desalento entrou em teu coração, e pedes socorro em altos brados. Responde: — Quem ocasionou tuas aflições, tuas penas tão vivas e reiteradas? Deus ou o mundo? Deus não faltou às suas promessas; e, depois de teres recebido tais serviços, não te disse que tal não tinha sido a sua intenção e que o tinhas compreendido mal. O que Ele promete, cumpre-o e mais ainda. O que, agora, te acontece é a recompensa dos trabalhos que tens sofrido por outros amos.

Ao relatar essa experiência, Colombo tece o seguinte comentário:

— *Eu ouvia todas estas coisas como um homem semimorto e faltaram-me as forças para responder à linguagem tão verdadeira. O mais que pude fazer foi chorar minhas culpas. Esse que me falou, quem quer que fosse, terminou acrescentando:* **"Nada temas; tem confiança! Todas as tuas atribulações estão gravadas no mármore e não sem motivo".** (O grifo é de Cantù.)

CHARLES DICKENS E CLARIVIDÊNCIA

Outro interessantíssimo relato dá conta de que o celebrado escritor inglês **Charles Dickens** (1812-1870), um dos mais populares romancistas da era vitoriana, por várias vezes se comunicou com Entidades desencarnadas, a exemplo de seu falecido pai, que, sentado em sua cama, o observava:

— *Como não se movia* (escreveu Dickens), *enchi-me de horror; levei a mão em sua direção, mas ele desapareceu!*

O aplaudido autor de *Oliver Twist* e *The Pickwick Papers*, muito requisitado, jamais deixava de entregar suas peças aos jornais que as publicavam semanalmente. Contudo, um acontecimento abalou a sua vida: a morte repentina da sua cunhada, a jovem **Mary**

Hogarth (1819-1837), aos 17 anos, que tinha vivido na casa onde Dickens morava com a sua esposa, **Catherine** (1815-1879), e os seus dez filhos.

Em *Escritores e Fantasmas,* podemos ler:

> *Conta o poeta e escritor* **Wallace Leal Rodrigues***, no prefácio que redigiu para uma edição do famoso livro de Charles Dickens* Christmas Ghosts [muito conhecido como *A Christmas Carol*], *mais este caso:*
>
> "Um dia, sem qualquer sintoma de doença, Mary Hogarth deixou-se cair no tapete — simplesmente — e morreu! As sombras desceram sobre o espírito de Dickens. Suspendeu a série de folhetins de 'Pickwick', encerrou-se em si mesmo, emudeceu. (...)
>
> "Corria o ano de 1837 e ele vivia alguns dos dias mais penosos de sua existência. Desperto, recordava a alegria e a alacridade de Mary, à noite, sonhava com ela. Até que, para minorar aquela dor, a própria Mary veio dizer-lhe que vivia e voltaria a encontrá-lo no Além. Dickens afirmava que não fora um sonho, mas uma visão. Ele não pôde ver-lhe o rosto, mas estava absolutamente certo de que se tratava de Mary. E escreveu esta narrativa:
>
> "'Eu não sentia medo, mas a sensação de deslumbramento. Eu chorava copiosamente e estendia meus bra-

ços para ela, dizendo: Querida! Querida! Eu insistia chamando-a enquanto ela flutuou sobre meu leito e se alçou para o forro abobadado... para responder-me ao apelo... no tocante à Vida Futura. Minhas mãos ainda estavam estendidas para ela quando desapareceu'.

"Renovado em forças, ele voltou a escrever e imortalizou Mary como a pequena Nell, no livro 'A Loja de Antiguidades'".

Adendo

VIDA APÓS A MORTE E O ENFRENTAMENTO DO LUTO

A morte é um fenômeno natural da vida e exige adaptações tanto para aqueles que retornam ao Plano Espiritual quanto para os que permanecem na Terra. A saudade manifesta-se neste lado da existência, bem como no de lá, porque o sentimento de Amor Fraterno mantém as Almas interligadas. O luto é um processo que precisa ser respeitado. É humano. Devemos oferecer compreensão e apoio para que ninguém se sinta sozinho nesse instante. Todavia, sempre cordialmente orientamos que não se cultive vibrações de tristeza, pois isso também alcança o Espírito que está em recuperação, estando ela ou ele muito mais sensível àquilo que lhe transmitem. Daí a necessidade de nos recordarmos com muito carinho daqueles que nos antecederam à Grande Pátria da Verdade, resgatando as memórias felizes, fazendo com que recebam de nós somente o melhor de que dispomos no coração. Certamente, isso nos abastecerá e nos tornará fortes para suplantar quaisquer adversidades no caminho. Ter essa certeza de que as pessoas que tanto amamos prosseguem suas jornadas no Além[1] nos capacita a atravessar esses momentos.

A fim de que sejam amainadas as dores do coração, estas fortalecedoras palavras de Jesus para vencermos com o Amparo Bendito Dele:

— Vinde a mim, todos vós que estais cansados e oprimidos, e Eu vos aliviarei. Tomai sobre vós o meu jugo e aprendei de mim, que sou pacífico e humilde de coração, e achareis descanso para as vossas Almas. Porque o meu jugo é suave, e o meu fardo é leve (Evangelho, segundo Mateus, 11:28 a 30).

Especialistas da área da saúde vêm aprimorando seus conhecimentos para eficientemente socorrer

---

[1] **Nota de Paiva Netto**
... prosseguem suas jornadas no Além — No capítulo "Vozes eletrônicas do Além", transcrevo impressionante experiência de transcomunicação instrumental (TCI) narrada pelo consagrado escritor Coelho Neto, que nos fala da mudança ocorrida na vida de sua filha Júlia, de sua esposa e dele próprio, ao se depararem com a certeza da sobrevivência da Alma de sua neta, Esther. Ele próprio narra ao final: *"o que era esperança tornou-se certeza, absoluta certeza..."*

aqueles que se defrontam com alguma situação de desafio. O termo utilizado no meio é *coping*, cuja tradução literal é lutar com sucesso, enfrentar. Um dos aspectos que têm sido investigados diz respeito ao papel da crença na vida após a morte e de que forma ela se expressa diante de um falecimento.

A Super Rede Boa Vontade de Comunicação (rádio, TV, internet e publicações) entrevistou, com exclusividade, um dos mais renomados estudiosos da interação entre Espiritualidade e Psicologia, o qual trouxe consideráveis análises sobre a influência da Religião na saúde mental. Trata-se do dr. **Kenneth Pargament**, professor emérito de Psicologia da Universidade Estadual de Bowling Green (Ohio, EUA), autor do livro *The Psychology of Religion and Coping: Theory, Research, Practice* [Psicologia da Religião e *coping*: teoria, pesquisa e prática]. Na ocasião, ele explicou:

> *Pessoas que acreditam na vida após a morte frequentemente se apoiam e se sustentam nessa crença. Um dos elementos mais importantes dela é a sensação ou o saber de que **aqueles que morreram antes de nós ainda estão presentes e que podemos nos conectar a eles**, podemos sentir seus pensamentos carinhosos e, às vezes, seus conselhos. Algumas pessoas às vezes têm a sensação*

de que seus entes queridos estão conversando com elas. Isso não é um sinal de psicopatologia ou de loucura. É algo muito natural e normal. De fato, **pesquisas apontam que muitas pessoas têm experiências de conexão com aqueles que já morreram***. (...) Eu tive uma paciente que estava se sentindo muito isolada e sozinha no hospital. Ela não tinha família nem amigos, e seus pais haviam morrido há alguns anos. Ela estava muito desolada, muito chateada. E em outra ocasião em que a vi no hospital, ela parecia muito melhor. Eu disse: "Você está melhor. O que está acontecendo?" E* **ela disse que numa noite estava dormindo e, quando acordou, viu seus pais***. Estavam ao lado dela e seguravam a sua mão, dizendo que a amavam e que estariam com ela. E essa paciente não apresentava nenhum sinal de psicose ou problemas psicológicos relevantes.* **Foi uma experiência espiritual muito poderosa** *e significativa para ela.*

(Os destaques são meus.)

Tendo produzido centenas de artigos científicos acerca de Espiritualidade, Religião e Psicologia, e levando em conta sua vivência clínica, o dr. Pargament conclui ser imprescindível considerar a dimensão espiritual dos seres humanos:

Não somos apenas seres físicos, sociais e psicológicos. **Somos seres espirituais.** *E descobrimos isso quando prestamos mais atenção a essa dimensão e quando a integramos na maneira como vemos as pessoas.* ***A Espiritualidade não está separada do restante da vida****, mas está entrelaçada nas dimensões dela: está entrelaçada na Biologia, na Psicologia, nos relacionamentos... E quando olhamos para as pessoas como seres completos, humanos, biopsicossociais e espirituais, aumentamos nossas capacidades para ajudá-las a lidarem com essa gama de desafios e problemas da vida.*

(Os destaques são meus.)

Minhas Amigas e meus Irmãos, minhas Irmãs e meus Amigos, o Mundo Espiritual, gosto de reiterar, não é algo abstrato, indefinido. Ele realmente existe, pleno de vibração e trabalho. Não o vemos ainda por uma questão de frequência — obstáculo a ser desvendado pela competente atividade científica e suplantado pela evolução dos sentidos físicos, que se abrirão para novos céus e novos mundos.

Quando Jesus afirma

— *meu Pai não cessa de trabalhar, e Eu com Ele. (...) Na casa de meu Pai há muitas moradas; se*

> *assim não fosse, Eu vos teria dito. Vou preparar-vos lugar* (Boa Nova, segundo João, 5:17 e 14:2),
>
> estabelecem-se, de forma clara, na palavra do Divino Pedagogo, a existência e a atuação ativa, militante, do Mundo Espiritual sobre o material, por meio, por exemplo, dos Anjos Guardiães. Desse modo, é necessário que todos estejamos conscientes de tal intercâmbio e saibamos lidar com essa realidade ainda invisível, tornando-a aliada na superação de dificuldades, seja de ordem pessoal — no campo espiritual, emocional ou psicológico —, seja de ordem coletiva — na resolução de problemas mundiais.

BERNARD SHAW E PSICOGRAFIA

Poucos têm conhecimento de que o consagrado dramaturgo, romancista, contista, ensaísta e jornalista irlandês **George Bernard Shaw** (1856-1950), tão irreverente quanto ácido, considerava-se um médium psicógrafo, conforme ele próprio revela:

> — *Quando pego na pena ou me sento diante da máquina, sou um médium como* **D. D. Home** *ou* **João de Patmos** [que recebeu o Apocalipse]. *Minha mãe costumava servir-se*

de um "ouija²" que, debaixo de sua mão, produzia abundantemente o que se chama "escrita automática". (...) O mesmo poderemos dizer das Escrituras que a igreja afirma serem a palavra de Deus ditada de maneira supranormal a médiuns cristãos, que a transcreveram literalmente, como qualquer carta ditada pelo patrão ao empregado.

Vemos então na figura de Shaw, que também foi ganhador do Prêmio Nobel de Literatura (1925), um Espírito completamente aberto à crença na Lei Universal da Reencarnação. Dizia ele, por meio de seus personagens:

— Não será esta nossa Terra o inferno e não estaremos todos aqui expiando os crimes que cometemos numa existência anterior?

O autor de *César e Cleópatra* ainda defende a interação entre Religião e Ciência:

— A Evolução Criadora é religião; contudo, repito, é também ciência, como deve ser em nossos tempos toda religião que queira sobreviver.

---

² **Ouija** — Um tabuleiro ouija ou tábua ouija refere-se a qualquer superfície plana com letras, números ou outros símbolos em que se move um indicador sobre esses mesmos sinais, formando-se uma mensagem. A criação desse mecanismo teve como objetivo a comunicação com os Espíritos.

GRETA GARBO: "TENHO A SENSAÇÃO INCRÍVEL DE HAVER VIVIDO ANTES".

Acerca da Lei Universal das Vidas Sucessivas, não podemos ignorar as palavras da consagrada atriz Greta Garbo, nome artístico de **Greta Lovisa Gustafsson** (1905-1990). Vinda do cinema sueco, ela conquistou rapidamente os holofotes hollywoodianos. Citada por alguns como misteriosa e solitária, essa filha de Estocolmo foi eleita pelo Instituto Americano de Cinema a quinta maior lenda da história da sétima arte[3]. A estrela de *A Dama das Camélias*, por diversas vezes, segredou aos mais próximos:

— *Tenho a sensação incrível de haver vivido antes (em outras vidas).*

BILAC: O POETA CANTA O INVISÍVEL

Reservei para o encerramento desta parte uma pérola contida na obra de Rizzini. Trata-se de alguns dos trabalhos do intelectual brasileiro Olavo Brás Martins dos Guimarães Bilac ou, simplesmente, Olavo Bilac. O respeitado jornalista,

---

[3] **Quinta maior lenda da história da sétima arte** — As quatro anteriores à Greta Garbo são: 1ª **Katharine Hepburn** (1907-2003); 2ª **Bette Davis** (1908-1989); 3ª **Audrey Hepburn** (1929-1993); e 4ª **Ingrid Bergman** (1915-1982).

contista, cronista e poeta foi também membro fundador da Academia Brasileira de Letras (ABL), criando a cadeira número 15, cujo patrono é **Gonçalves Dias** (1823-1864). Bilac é considerado um dos nossos mais influentes poetas parnasianos, tanto que, em 1907, a antiga revista *Fon-Fon* o elegeu *Príncipe dos Poetas Brasileiros*.

Seu combativo espírito republicano e nacionalista ficou famoso pela ferrenha oposição ao governo de **Floriano Peixoto** (1839-1895). O autor da letra do "Hino à Bandeira" registrou em algumas peças a certeza que possuía na existência do Mundo dos Espíritos. Veja os dois quartetos apresentados por Rizzini, mais os dois tercetos que transcrevo a seguir, completando o soneto "Introibo!", extraído de *Olavo Bilac – Poesias* (1940):

Sinto, às vezes, à noite, o invisível cortejo
De outras vidas, num caos de clarões e gemidos:
Vago tropel, voejar confuso, hálito e beijo
De coisas sem figura e seres escondidos...

Miserável, percebo, em tortura e desejo,
Um perfume, um sabor, um tato incompreendidos,
E vozes que não ouço, e cores que não vejo,
Um mundo superior aos meus cinco sentidos.

Ardo, aspiro, por ver, por saber, longe, acima,
Fora de mim, além da dúvida e do espanto!
E na sideração, que, um dia, me redima,

Liberto flutuarei, feliz, no seio etéreo,
E, ó Morte, rolarei no teu piedoso manto,
Para o deslumbramento augusto do mistério!

Há outro soneto de Bilac — "A um triste" — em que o poeta, segundo Rizzini, faz um estudo sobre o desalento em pessoas que deveriam ser plenas de felicidade e conclui que a raiz daquela melancolia poderia remontar a vidas anteriores. A seguir, a transcrição desse soneto, conforme *Olavo Bilac – Poesias*:

A UM TRISTE
Outras almas talvez já foram tuas:
Viveste em outros mundos... De maneira
Que em misteriosas dúvidas flutuas,
Vida de vidas múltiplas herdeira!

Servo da gleba, escravo das charruas
Foste, ou soldado errante na sangueira,
Ou mendigo de rojo pelas ruas,
Ou mártir na tortura e na fogueira...

Por isso, arquejas num pavor sem nome,
Num luto sem razão: velhos gemidos,
Angústias ancestrais de sede e fome,

Dores grandevas, seculares prantos,
Desesperos talvez de heróis vencidos,
Humilhações de vítimas e santos...

Contudo, meu caro Bilac, a dor não é um fatalismo. Todo padecimento é criado por nós, quando estamos em desequilíbrio com as Potentes Leis da Fraternidade Ecumênica. Se fizermos por merecer — e a misericordiosa Lei Universal da Reencarnação concede a todos nós a plena oportunidade de corrigirmo-nos —, o que nos aguarda é o melhor possível.

É do Divino Amigo essa promessa dos milênios, em Seu confortador Apocalipse, 21:3 e 4:

³ Então, ouvi grande voz vinda do trono [na Nova Jerusalém], *dizendo: Eis aqui o tabernáculo de Deus com os homens. Deus habitará com eles. Eles serão Seu povo, e o próprio Deus, no meio deles, será o seu Deus.*

*⁴ **E lhes enxugará dos olhos toda lágrima; não haverá mais morte, não haverá mais luto, não haverá mais pranto, nem gritos, nem dor, porque as primeiras coisas passaram.***

Grato, Rizzini! Onde quer que esteja no Mundo Espiritual, receba a nossa fraterna amizade! Realmente, a experiência vivenciada por esses notáveis só nos faz repetir o brado: **os mortos não morrem!**

OBSTÁCULO A SER DESVENDADO PELA CIÊNCIA

O Mundo Espiritual, gosto de reiterar, não é algo abstrato, indefinido. Ele realmente existe, pleno de vibração e trabalho. Não o vemos ainda por uma questão de frequência — obstáculo a ser desvendado pela competente atividade científica e suplantado pela evolução dos sentidos físicos, que se abrirão para novos céus e novos mundos.

> O Mundo Espiritual no testemunho de vultos da História – Parte II

GUIMARÃES ROSA E A ESPIRITUALIDADE

Tenho em minha biblioteca um exemplar da excelente obra *Tutameia* (Terceiras estórias), do escritor, diplomata, contista e médico brasileiro **João Guimarães Rosa** (1908-1967). Num dos prefácios, encontramos o testemunho vivo do premiado autor de *Grande Sertão: Veredas* ao narrar as experiências dele com o Mundo dos Espíritos.

Figura de coração fraterno, que abraçaria o mundo, o mineiro de Cordisburgo não poderia ter melhor local para seu nascimento: o nome da cidade natal dele vem da composição das palavras *cordis* (do latim, coração) e *burgo* (do alemão, cidade), ou seja, "Cidade do Coração". Por meio da carreira de diplomata, tomou contato com diversos povos, culturas, idiomas...

Certa vez, a uma prima, estudante, que fora entrevistá-lo, em outubro de 1966, relatou:

> *— Eu falo: português, alemão, francês, inglês, espanhol, italiano, esperanto, um pouco de russo; leio: sueco, holandês, latim e grego (mas com o dicionário agarrado); entendo alguns dialetos alemães; estudei a gramática: do húngaro, do árabe, do sânscrito, do lituano, do polonês, do tupi, do hebraico, do japonês, do checo, do finlandês, do dinamarquês; bisbilhotei um pouco a respeito de outras. Mas tudo mal. E acho que estudar o espírito e o mecanismo de outras línguas ajuda muito à compreensão mais profunda do idioma nacional. Principalmente, porém, estudando-se por divertimento, gosto e distração.*

É fato. Ninguém se divertiu tanto com as palavras quanto Guimarães Rosa, arrebatando e encantando seus leitores com uma brasilidade cheia de cores, sons, cheiros, jeitos, amizades... Mas o que poucos sabem é a forma como lhe chegavam muitas de suas maravilhosas histórias.

É ele próprio, como se fora carta-depoimento à posteridade, quem registra, no mencionado *Tutameia*, publicado em 1967, um mês antes de sua morte, este testemunho:

> **Tenho de segredar que** — embora por formação ou índole oponha escrúpulo crítico a fenômenos paranormais e em princípio rechace a experimentação metapsíquica — **minha vida sempre e cedo se teceu**

de sutil gênero de fatos. Sonhos premonitórios, telepatia, intuições, séries encadeadas fortuitas, toda a sorte de avisos e pressentimentos. *Dadas vezes, a chance de topar, sem busca, pessoas, coisas e informações urgentemente necessárias.*

*No plano da arte e criação — já de si em boa parte subliminar ou supraconsciente, entremeando-se nos bojos do mistério e equivalente às vezes quase à reza — decerto se propõem mais essas manifestações. Talvez seja correto eu confessar como tem sido que as estórias que apanho diferem entre si no modo de surgir. À Buriti (**Noites do sertão**), por exemplo, quase inteira, "assisti", em 1948, num sonho duas noites repetido.* Conversa de Bois *(**Sagarana**), recebi-a, em amanhecer de sábado, substituindo-se a penosa versão diversa, apenas também sobre viagem de carro-de-bois e que eu considerara como definitiva ao ir dormir na sexta. A* Terceira Margem do Rio *(**Primeiras estórias**) veio-me, na rua, em inspiração pronta e brusca, tão "de fora", que instintivamente levantei as mãos para "pegá-la", como se fosse uma bola vindo ao gol e eu o goleiro.* Campo Geral *(**Manuelzão e Miguilim**) foi caindo já feita no papel, quando eu brincava com a máquina, por preguiça e receio de começar de fato um conto, para o qual só soubesse um menino morador à borda da mata e duas ou três caçadas de tamanduás e tatus; entretanto, logo me moveu e apertou, e, chegada ao* *fim, espantou-me a simetria e ligação de suas partes. (...) Quanto ao* **Grande Sertão: Veredas**, *forte coisa e comprida demais seria tentar fazer crer como foi* **ditado, sustentado e protegido — por forças ou correntes muito estranhas**.

Aqui, porém, o caso é um romance, que faz anos comecei e interrompi. (Seu título: **A Fazedora de Velas**). *Decorreria, em fins do século passado, em antiga cidade de Minas Gerais, e para ele fora já ajuntada e meditada a massa de elementos, o teor curtido na ideia, riscado o enredo em gráfico. Ia ter, principalmente, cenário interno, num sobrado, do qual — inventado fazendo realidade — cheguei a conhecer todo canto e palmo. Contava-se na primeira pessoa, por um solitário, sofrido, vivido, ensinado.*

Mas foi acontecendo que a exposição se aprofundasse, triste, contra meu entusiasmo. A personagem, ainda enferma, falava de uma sua doença grave. Inconjurável, quase cósmica, ia-se essa tristeza passando para mim, me permeava. Tirei-me, de sério medo. Larguei essa ficção de lado.

O que do livro havia, e o que a ele se referia, trouxe-se em gaveta. **Mas as coisas impalpáveis andavam já em movimento.**

Daí a meses, ano, ano-e-meio — adoeci; e a doença imitava, ponto por ponto, a do Narrador! *Então? Más coincidências destas calam-se com cuidado, em claro não se comentam.*

*Outro tempo após, tive de ir, por acaso, a uma casa — onde **a sala seria, sem toque ou retoque, a do romanceado sobrado, que da imaginação eu tirara**, e decorara, visualizado frequentando-o por ofício. Sei quais foram, céus, meu choque e susto. **Tudo isto é verdade. Dobremos de silêncio.***

(Os destaques são meus.)

ESPIRITUALIDADE DE PAI PARA FILHA

E foi desse respeito cultivado por Guimarães Rosa que sua filha, a escritora **Vilma Guimarães Rosa**, amiga de um amigo em comum, **Ibrahim Sued** (1924-1995)[4], herdou o talento, a espiritualidade, a sensibilidade para os assuntos da Alma.

---

[4] **Ibrahim Sued** (1924-1995) — O saudoso jornalista, considerado o pioneiro do colunismo social brasileiro, entrevistou poucas e seletas personalidades, entre elas o presidente norte-americano **John Fitzgerald Kennedy** (1917-1963), o escritor **Jorge Amado** (1912-2001), o papa **Paulo VI** (1897-1978) e, na inauguração da cidade de Brasília, capital federal, o presidente **Juscelino Kubitschek** (1902-1976). Em 1995, escolheu seu amigo Paiva Netto para uma entrevista a respeito dos rumos da Educação, tendo sido a última grande reportagem da longa e vitoriosa carreira de Ibrahim. Admirador do trabalho do dirigente da LBV, publicou, no domingo, 19 de junho de 1994, na abertura de sua prestigiosa coluna n'*O Globo*, do Rio de Janeiro, este comentário simpático sobre o Templo da Boa Vontade e seu construtor: *"O professor Paiva Netto disse-me que este ano realiza o maior seminário ecumênico, até com índios e ateus, no Templo Ecumênico de Brasília, que hoje, com sua pirâmide de sete lados, faz parte da paisagem da capital... 'O Ecumenismo é a solução para a Paz Mundial', frisou...".*

Dirigindo-se a uma atenta plateia durante o 7º Congresso Nacional de Letras e Ciências Humanas, ocorrido nas Faculdades Integradas Augusto Motta, no Rio de Janeiro/RJ, entre os dias 23 e 29 de junho de 1986, ela assim se expressou:

> ***Meu pai era um místico por natureza. E essencialmente um espiritualista.*** *Eu também sou e acredito que isto seja mais um atavismo do que uma influência. Herança de sangue, desenvolvida paralelamente ao seu amadurecimento.*
>
> *Nossas afinidades se harmonizavam num relacionamento afetivo de mútua compreensão e admiração, embora nossas temáticas e estilos literários sempre fossem diferentes.*
>
> (O destaque é meu.)

Vilma transcreveu essa palestra em sua obra *Relembramentos: João Guimarães Rosa, meu pai*. Nela, dedica o capítulo "A espiritualidade na literatura rosiana" à face espiritual do célebre autor. Logo no princípio, a escritora apresenta o seguinte raciocínio, para o qual peço a minuciosa reflexão de todos vocês:

> *A criatividade é uma faísca súbita, vibrante que projeta a alma no infinito. É uma graça divina, feita da essência cósmica e da energia que sustenta o universo. (...)*

> *A intuição é o recado urgente e espontâneo do espírito, o sinal luminoso que nos aponta a direção, quando a dúvida persiste à mais densa e hermética reflexão.*
>
> *Todo processo de criação é elaborado pela espiritualidade, que atua naturalmente, fluindo do próprio espírito.*

O retrato feito pela filha de Guimarães Rosa é tão autêntico e tão vivo, que enleva o nosso coração. Anotou Vilma:

> *Espírito naturalmente cristão, religiosidade intensa, **interessava-lhe a realidade do mundo imaterial** e a grande significação das coisas criadas. Ele **procurou sempre os nexos entre o visível e o invisível**, o sensorial e o ultrassensorial. Simbolismo, ficção e fato, presentes em sua obra, são os aliados que identificam a sua visão histórico-filosófica.*
>
> *Falávamos horas e horas sobre religiões. Ele ensinou-me coisas lindas. Suas ideias personalíssimas continham muito da filosofia oriental. **Conversávamos tanto sobre Deus que Este se tornava quase tangível diante de nós.***
>
> (Os destaques são meus.)

"MORTE" E ETERNIDADE DE GUIMARÃES ROSA

Mais adiante, a autora conta um fato que ficou famoso e foi muito discutido pelos intelectuais daquele tempo:

— *Se houve incontáveis Serendipities[5] [a faculdade de fazer felizes descobertas] na vida de meu pai e que se integraram definitivamente na construção de sua obra literária, também houve premonições que muito o abalaram. A mais dramática de todas, a certeza de que, se tomasse posse na Academia Brasileira de Letras, morreria logo depois. Como realmente aconteceu, três dias após a posse, fulminado por um enfarte.*

Em outro trecho de seu livro, ela narra o seguinte:

Durante toda a sua vida, papai meditou profundamente sobre a eternidade. (...) Numa belíssima carta que escreveu ao dr. **Joaquim de Montezuma de Carvalho**, *um escritor português que vivia na África, ele revela a importância da intuição em suas decisões. Eis aqui um trecho da carta, escrita em 27 de agosto de 1963:*

---

[5] **Serendipities** — Vilma Guimarães Rosa esclarece que o significado de *Serendipities* é *"o dom, a faculdade de fazer felizes descobertas, inesperada e casualmente"*. O neologismo foi criado pelo aristocrata e romancista inglês **Horace Walpole** (1717-1797).

*"E, quanto mais leio e vivo e medito, mais perplexo a vida, a leitura e a meditação me põem. Tudo é mistério. A vida é só mistério. Tudo é e não é. Ou: às vezes é, às vezes não é. (Todos os meus livros só dizem isso.) Tudo é muito impuro, misturado, confuso. Afora uma meia dezena de imperativos, que o espírito-do-coração da gente nos revela e que os fundadores de religiões descobriram para a humanidade, o resto é névoa. À parte [ou seja, exceto] o que Cristo nos ensinou, só há meias-verdades. Por isto mesmo, a não ser como instrumento para as soluções imediatas da vida pragmática, externa, do dia a dia, **procuro cada vez mais guiar-me pela intuição, e não pela inteligência reflexiva**".*

E mais adiante:

"Rezo, escrevo, amo, cumpro, suporto, vivo — mas só me interessando pela eternidade".

(O destaque é meu.)

Muito grato, estimada Vilma Guimarães Rosa! Suas declarações só nos incentivam a prosseguir nessa jornada de esclarecer, confortar, levar o imprescindível esclarecimento sobre a continuidade da existência após o desenlace do vaso físico, porquanto capacita o ser humano a agir com responsabilidade na Terra. Por isso, repito sempre que o grande segredo da vida é, **amando a vida**, saber preparar-se para a morte, ou Vida Eterna. Ressalte-se: o falecimento deve ocorrer somente na hora certa, determinada por Deus.

Como alertava Zarur e não nos furtamos de lembrá-los sempre:

— O suicídio não resolve as angústias de ninguém.

ANALISAR COM HUMILDADE

A fenomenologia da Alma está sempre, desde que o mundo é mundo, a convocar as pessoas à meditação de que existe algo além a ser descoberto e analisado com humildade, isto é, sem ideias preconcebidas, que não se coadunam com a Ciência, a Filosofia e a Religião. Acima de tudo, a humanidade precisa aprender a mensagem espiritual e a força moral imanentes do fenômeno.

> O Mundo Espiritual no testemunho de vultos da História – Parte III

JUSCELINO KUBITSCHEK E A VISÃO ESPIRITUAL

Todos os seres humanos possuem defeitos; uns, grandes, mas outros, pequenos. Porém, Jesus nos incentiva ao progresso infinito:

— *Sede vós perfeitos como é perfeito o vosso Pai que está nos Céus* (Evangelho, segundo Mateus, 5:48).

Portanto, a nossa busca pela excelência e pelo aperfeiçoamento espiritual, moral e ético precisa ser contínua.

Os que, todavia, têm *"olhos de ver e ouvidos de ouvir"*[6] percebem que principalmente os políticos sérios e os

---

[6] ***"Olhos de ver e ouvidos de ouvir"*** — Encontramos esta citação no Corão Sagrado, 32ª Surata ("As Sajda"):12: *"(...) Ó Senhor nosso, agora temos **olhos de ver e ouvidos de ouvir** (...)"*. Também no versículo 8 do capítulo

verdadeiros estadistas devem cultivar uma forte intuição, para vislumbrar o futuro e navegar com segurança espiritual pelas sedutoras águas do poder. Alguns desenvolvem até mesmo a vidência, como leremos a seguir.

Juscelino Kubitschek

Em 1957 ou 1958, tomei conhecimento de um fato muito curioso: o saudoso presidente da República Juscelino Kubitschek de Oliveira (1902-1976), conversando com o fundador da LBV, Alziro Zarur, seu amigo, segredou:

> — *Zarur, você, que conhece essas coisas espirituais, vai me entender... De vez em quando, tenho umas premonições fortes. A minha intuição me ajuda muito. Você quer um exemplo? Quando era pior a campanha contra mim* [porque não queriam a posse de JK]*, imagine você — eu estava pressionado por todos os lados: civis, militares, empresários* [queriam até mexer na Carta Magna para não dar posse a Juscelino] —, *apareceu-me um sacerdote luminoso e me disse: "Calma, meu filho! Tudo isso vai passar. Você tem uma tarefa a cumprir no governo do Brasil e vai cumpri-la. Fique tranquilo e vá em frente, porque nós o estamos ajudando".*

→ 8 do Evangelho de Jesus, conforme os relatos de Lucas, podemos ler: *"(...) Quem tem ouvidos de ouvir ouça".*

Revelo a você esses fatos, Zarur, pois ninguém nunca falou comigo sobre esses assuntos como você.

O criador da LBV disse-lhe então:

— *Mas essa é minha vida. Conheço isso bem, profundamente, desde menino.*

Eu fico pensando se não foi Dom Bosco quem se manifestou ao construtor de Brasília[7], porque Juscelino acabou cumprindo um propósito que vem desde os Inconfidentes e que contou com defensores, como **José Bonifácio de Andrada e Silva** (1763-1838), patriarca da Independência. Também era uma antiga determinação constitucional brasileira.

Dom Bosco tinha uma mediunidade incrível. Dons espirituais são inerentes a todas as criaturas. Algumas manifestam essas habilidades menos, outras, mais. Este é o caso da sensitiva **Eugenia Davitashvili**, conhecida como Djuna, citada anteriormente, que vivia numa nação oficialmente ateia, a então União Soviética, e, no

---

[7] **Construtor de Brasília** — Embora já se falasse anteriormente sobre o assunto, foi a partir da primeira Constituição da República, de 1891, que se fixou legalmente a região em que deveria ser instalada a futura capital federal. Em 1956, com a eleição de Juscelino Kubitschek de Oliveira, teve início a edificação da nova capital, Brasília, inaugurada em 21 de abril de 1960, seguindo um plano urbanístico de **Lúcio Costa** (1902-1998) e a criação arquitetônica dos monumentos centrais de **Oscar Niemeyer** (1907-2012).

entanto, possuía uma sensitividade poderosa. Quanto a Dom Bosco, observem: o taumaturgo italiano teve uma visão de que era levado — segundo as coordenadas geográficas indicadas — a regiões do Brasil-Central. Lá contemplou um lago e uma cidade erguida à sua beira. Olhava para as entranhas da terra e enxergava riquezas inimagináveis. Quando aquele solo fosse aberto, dele manariam leite e mel. Portanto, o Paraíso.

Olhando para o futuro de nosso querido torrão, elevamos ao Cristo uma prece fervorosa, na certeza de que, sobrepujando as fronteiras espirituais, o Brasil cumprirá o seu elevado desígnio de Coração do Mundo e Pátria do Evangelho-Apocalipse de Jesus. As incontáveis riquezas antevistas pelo Taumaturgo de Turim, marcadamente nascidas no Invisível, apenas se corporificarão no tesouro material antevisto quando nossa grandiosa nação estabelecer **o intercâmbio consciente com o Mundo Espiritual Superior**. Tal união se dará em obediência ao que Zarur denominava "A Fórmula Urgentíssima de Jesus", e que eu, humildemente, nomeei também de **a Fórmula Urgentíssima Econômica do Cristo**:

— Buscai primeiramente o Reino de Deus e Sua Justiça, e todas as coisas materiais vos serão acrescentadas (Evangelho de Jesus, segundo Mateus, 6:33).

O Mundo Espiritual no testemunho de vultos da História – Parte IV (final)

AS VISÕES DE TESLA

O grande gênio da Ciência Nikola Tesla — que inventou e descreveu o sistema de corrente alternada, a bobina de Tesla, motor de indução elétrica, aeronaves sem asa e comunicações interplanetárias — foi testemunha de diferentes fatos que corroboram a existência do Mundo Invisível.

Julie Byron, em seu livro *Impressionantes experiências mediúnicas de pessoas famosas*, descreve-o como um homem incomum, excêntrico, visionário e místico. A autora interrompe sua narrativa a respeito da curiosa personalidade do prestigiado inventor com uma pergunta, no mínimo, instigante: *"Terá sido Tesla um sensitivo?"* Ela própria, rompendo a expectativa, prossegue:

— *Na verdade, a última pessoa a admitir esta sugestão seria o próprio Tesla que, até o dia de sua morte, manteve a opinião de que a raça humana era nada mais do que "máquinas de carne". No entanto, apesar da visão antagônica em relação aos fenômenos paranormais, Tesla foi abordado, repetidas vezes, durante toda a vida, pelo desconhecido.*

Embora talvez receoso, segundo o biógrafo dele, **John J. O'Neill** (1889-1953), em aceitar suas experiências como psíquicas, em virtude do temor de ser associado ao Espiritualismo ou a qualquer corrente que considerasse haver algo mais na formação da vida do que apenas energia e matéria, cedeu à força dos fenômenos ocorridos com ele próprio desde a infância. Conta-nos Julie que, funcionando semelhantemente a um receptor mediúnico, Tesla vivenciou muitos episódios extrassensoriais:

— Na noite em que sua mãe morreu, do outro lado do mundo, Tesla viu o seguinte quadro: "uma nuvem carregando figuras angelicais de maravilhosa beleza, das quais uma delas olhou fixamente para mim, amorosamente, enquanto assumia as feições de minha mãe. A aparição flutuou, vagarosamente, através de meu quarto e em seguida desapareceu. Fui acordado por uma canção indescritivelmente doce, cantada por muitas vozes. Naquele instante, uma certeza que nenhuma palavra pode exprimir abateu-se sobre mim: minha mãe tinha acabado de morrer".

Certa ocasião, relata Julie, Tesla sentiu-se impelido a mandar um telegrama de Nova York afirmando que teve uma visão de que **Angeline**, sua irmã, estava aparecendo e desaparecendo. Ele suspeitava que ela não estivesse bem, sem, contudo, ter motivos para tal. Porém, sua intuição estava correta. A irmã dele estivera à beira da morte.

Como vimos, o renomado cientista, reconhecendo ou não, possuía forte mediunidade, intrínseca a todos nós, consoante lhes tenho explicado. E, por isso mesmo, precisamos, conforme escrevi em "A abrangente missão do Templo da Boa Vontade", ser evangelizados e apocaliptizados. Abordo o assunto ainda no terceiro volume da coleção *O Brasil e o Apocalipse* (1996) e no segundo volume das *Sagradas Diretrizes Espirituais da Religião de Deus, do Cristo e do Espírito Santo* (1990).

Adendo
DESVENDAR A PREMONIÇÃO: DESAFIO DA CIÊNCIA

Retomando os fenômenos *psi*, estudados pela Psicologia Anomalística e apresentados anteriormente nesta obra, destaquei na revista JESUS ESTÁ CHEGANDO! nº 110, de abril de 2011, uma pesquisa internacional sobre a capacidade de antever fatos vindouros:

O dom de prever o futuro é assunto antigo e até hoje intriga o raciocínio humano. Felizmente, a comunidade científica fortalece o debate de evidências e casos que vêm surgindo. Esse é o tema no qual se concentra o respeitado professor emérito de Psicologia da Cornell University (EUA) **Daryl J. Bem**. Sua pesquisa publicada, em março de 2011, no *Journal of Personality and Social Psychology* — conceituada revista da Associação Americana de Psicologia —, resultado de estudo desenvolvido por ele ao longo de oito anos, provocou ao mesmo tempo elogios e críticas de seus pares e da sociedade em geral.

Isso me faz lembrar um pensamento do talentoso **Oscar Wilde** (1854-1900), que o Irmão Zarur costumava repetir:

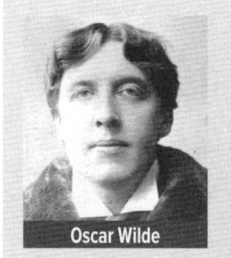

— Quando os críticos divergem, o artista está de acordo consigo mesmo.

Demonstrando detalhadamente o método empregado — o que permite a reprodução da amostragem e a verificação por outros pesquisadores — e, em alguns casos, baseando-se em estudos tradicionais da área, apenas modificando a ordem dos processos, o dr. Daryl aplicou nove experimentos a mais de mil participantes. Obteve resultados significativos para tentar explicar os chamados fenômenos *psi*, que constituem, na definição do autor,

> *— processos anômalos de informação ou transferência de energia atualmente sem explicação nos termos dos mecanismos físicos e biológicos conhecidos.*

Os eventos pesquisados são os de percepção extrassensorial (PES) — clarividência, telepatia e psicocinese —, com destaque para a premonição e a precognição.

Em sua análise, o dr. Daryl, também formado em Física, entre outras áreas, se utiliza das concepções teóricas da mecânica quântica para elucidar tais fenômenos. Em face de tantas perspectivas, ainda há muito a compreender desse Universo infinito, que nos impele a desvendar seus mistérios. Por esse motivo, é indispensável revestirmo-nos de humildade diante de imenso saber, que nos desafia a inteligência. O estudo do dr. Bem, um dos mais proeminentes pesquisadores da psicologia social, nos convida a investigar com isenção o assunto. Embora seja uma realidade, esse tema é descartado por alguns pensadores como objeto válido de investigação, pois foge às bem-intencionadas, porém restritas, teorias correntes, por vezes aceitas inadvertidamente como verdades pétreas.

Recordo-me de assertiva que proferi por ocasião do I Fórum Internacional de Ufologia, sediado pelo ParlaMundi da LBV, em Brasília/DF, de 7 a 14 de dezembro de 1997: O mundo discute, há muito tempo, a existência dos chamados UFOs (óvnis). Relativamente a isso, **a questão não é acreditar ou deixar de crer neles, mas, sim, saber se esses fenômenos são ou não verdadeiros. A comprovação dessa realidade cabe naturalmente à Ciência.**

O mesmo argumento é válido para os fatos considerados sobrenaturais, por não caberem na lógica convencional, que não é absoluta e, por isso mesmo, precisa ser constantemente revisada. Afirmo e reafirmo: **dogmatismo em Ciência é aberração.**

MUITO A COMPREENDER DO UNIVERSO INFINITO

Em face de tantas perspectivas, ainda há muito a compreender desse Universo infinito, que nos impele a desvendar seus mistérios. Por esse motivo, é indispensável revestirmo-nos de humildade diante de imenso saber, que nos desafia a inteligência.

PROFECIA E MORADA DOS ESPÍRITOS

Partes de I a III

Profecia e Morada dos Espíritos – Parte I

ORIGEM ESPIRITUAL DA PROFECIA

Temos visto até aqui tantos estudos abalizados e relatos interessantíssimos... Todavia, é necessário também refletirmos sobre alguns desdobramentos morais desse saber espiritual que Jesus, o Divino Ressuscitado, nos oferece para conduzirmos bem nossos destinos. Afinal, **quando não nos preparamos convenientemente, a morte se torna um grande susto**. Daí a nossa preocupação em dialogar com todos os que me honram com a leitura e **lhes apresentar tantos fatos que**, durante milênios, **evidenciam a sobrevivência da Alma e a Natureza Espiritual desse fenômeno**.

O saudoso proclamador da Religião de Deus, do Cristo e do Espírito Santo, Alziro Zarur, assegurava que

— *não há morte em nenhum ponto do Universo.*

Você quer desaparecer, ficar separado dos entes queridos para todo o sempre? Acredito que não!

No segundo volume da série literária "O Apocalipse de Jesus para os Simples de Coração"[1], a obra *As Profecias sem Mistério* (1998), novamente registrei esta minha assertiva: **Os mortos não morrem!**, mesmo os Irmãos ateus-materialistas[2]. Não se pode analisar a Palavra do Criador menoscabando qualquer de Suas criaturas, incluídas as espirituais.

Ademais, de onde vêm os alertamentos sobre a gravidade do instante pelo qual passa a Terra? Justamente do Mundo Espiritual, a moradia dos Invisíveis, conforme nos revela o Apocalipse, do Profeta Divino, Jesus, logo no capítulo primeiro, versículos iniciais:

---

[1] **"O Apocalipse de Jesus para os Simples de Coração"** — O livro *As Profecias sem Mistério* foi o título mais vendido da 15ª Bienal Internacional do Livro de São Paulo e se originou da série radiofônica "O Apocalipse de Jesus para os Simples de Coração". Ela foi transmitida pela primeira vez de 27 de outubro de 1990 até fevereiro de 1992. Hoje permanece no ar diariamente pela Super Rede Boa Vontade de Rádio, cuja relação de emissoras pode ser consultada no portal www.boavontade.com. A coleção literária é composta de *Somos todos Profetas* (1991); *As Profecias sem Mistério* (1998); *Apocalipse sem Medo* (2000); *Jesus, o Profeta Divino* (2011); e *Jesus, a Dor e a origem de Sua Autoridade – O Poder do Cristo em nós* (2014), obras que se tornaram *best-sellers* nas principais livrarias do país, atingindo a marca de mais de 3,5 milhões de exemplares vendidos. Para outras informações, basta acessar o *site* www.PaivaNetto.com/livros ou ligar 0300 10 07 940.

[2] **Ateus-materialistas** — Leia, em *Apocalipse sem Medo* (2000), o subtítulo "Ateus também vão para o Céu"; e, no livro *Crônicas e Entrevistas* (2000), o artigo "Respeitar os ateus". Ambas as obras são de Paiva Netto.

> *— Revelação de Jesus Cristo, que Deus Lhe deu para mostrar aos Seus servos as coisas que em breve devem acontecer, e que Ele, enviando-as por intermédio do Seu Anjo, notificou ao Seu servo João, o qual atestou a Palavra de Deus e o testemunho de Jesus Cristo quanto a tudo o que viu.*
>
> (Apocalipse, 1:1 e 2)

O que pensa você, prezada leitora, amigo leitor, que sejam os Anjos (que surgem tantas vezes na Bíblia Sagrada) senão Almas? É imprescindível saber de onde viemos, o que estamos fazendo aqui e para onde iremos após o inafastável fenômeno da morte.

CUIDADO COM OS FILMES DE TERROR!

Aproveito a oportunidade para um esclarecimento: os "mortos" não possuem obrigatoriamente aquela aparência mórbida dos filmes de terror. Só se estiverem em péssimas condições de sofrimento, causado pelo mau uso do livre-arbítrio na vida terrena, isto é, pelo fato de o terem empregado em prejuízo dos seus semelhantes; portanto, de si mesmos. Somos parte de um grande organismo. **Se algum órgão padece, todo o corpo se aflige.**

Um grave malefício que certas programações de TV e alguns conteúdos de internet fazem, além de filmes e literatura de terror, é turvar a mente das criaturas ao apresentar como regra a exceção, disparando insanidades. Sob a infeliz inspiração dessas produções nocivas, crimes horrendos são cometidos por indivíduos que passam a viver cercados de obsessores invisíveis.

Convencionou-se chamar Dimensão Espiritual o lugar onde Deus se encontra. E, pelo que consta, Ele não habita a região abissal denominada por muitos como inferno. Além do mais, o Pai Celestial não está somente aqui ou acolá. Ele está em toda parte ao mesmo tempo, por ser Onipresente.

Se vocês se tornarem mais atentos ao Mundo Invisível, passarão a entender as Profecias do Pai Celeste. Dessa forma, não serão apanhados de surpresa, como vem ocorrendo com a humanidade, cuja maioria esmagadora não está tomando o devido cuidado com o que se dá à sua volta.

HORAS MAIS DURAS DO PLANETA

Vejam, por exemplo, quão importante é esta palavra do Espírito dr. Bezerra de Menezes, datada de 24 de fevereiro de 2018, durante manifestação espiritual, ocorrida na cidade do Rio de Janeiro, por intermédio do sensitivo Cristão do Novo Mandamento Chico Periotto:

O mundo caminha para um embate muito grande, mas os que trabalham por Jesus sentirão um conforto especial nas horas mais duras da humanidade.

*Não podemos evitar o caos. Não podemos retirar as provas daqueles que estão reencarnados e daqueles que estão do lado de cá, no Mundo Espiritual, mas **o conforto e o apoio divinos jamais faltarão àqueles que estão trabalhando por Nosso Senhor Jesus Cristo na Terra**.*

*Por isso, o convite, a convocação, o apelo dos que estão no Espaço aos que estão na Terra: **oração, vigilância, perseverança em Deus, no Cristo e no Espírito Santo e o entusiasmo divino, unidos no trabalho especial de pregar a Volta de Jesus, nosso Mestre Amado**.*

*Vivemos momentos dramáticos na história da humanidade: **Há aparência de paz; porém, a guerra vem sendo construída nos bastidores**. Todos estão absolutamente alertados.*

*Os antídotos capazes de nos livrar das dores de uma hecatombe: **a oração e o trabalho, perseverando sempre**.*

E deve ser praticada esta rica doutrina, que a Religião de Deus, do Cristo e do Espírito Santo trabalha para que seja materializada nos corações e nas mentes de todos os seres viventes.

ABUSO GERA DESEQUILÍBRIO

Alguém poderia argumentar:

— Ah, mas de que adianta estar ciente dessas coisas, se estamos sofrendo infortúnios de todos os tipos?

Mas, minha querida Irmã, meu caro Irmão, é justamente a ausência do conhecimento dos Assuntos Celestes que arrasta tantos à petrificação dos próprios sentimentos, fazendo com que não se importem com a miséria alheia, que, no fim de tudo, lhes afetará igualmente a vida!

A globalização está aí. Trouxe importantes avanços em diversas áreas do saber e maior integração mundial. Contudo, quando afastada do Amor Fraterno, pode levar a verdadeira tragédia, como a causada pelo capital especulativo, entregando-nos nas mãos de pessoas inconsequentes, gananciosas mesmo, que não hesitam em deixar, da noite para o dia, nações inteiras na mais completa exaustão. E estas são formadas por seres humanos, **o Capital de Deus**.

Qualquer cidadã ou cidadão que alcançou projeção social ou está em posição de comando não exerce autoridade por si mesma ou si mesmo; porém, **usufrui momentos de poder, dos quais prestará severas contas Àqueles que verdadeiramente o possuem: Deus, em relação ao Universo, e o Cristo, no que concerne ao planeta Terra. O Poder do Criador manifesta-se por intermédio da ação eficiente do Seu grande Secretariado: o Espírito Santo** — ou seja, Espíritos

Luminosos, Almas Benditas, que auxiliam o Divino Mestre na administração deste orbe.

Abusar do livre-arbítrio gera desequilíbrio; portanto, perigo. A Justiça Divina funciona. A Lei de Causa e Efeito é onisciente, onipresente, onipotente e onidirigente, para dar *"a cada um de acordo com as suas próprias obras"* (Evangelho de Jesus, segundo Mateus, 16:27). A impunidade só pode existir num mundo em que a corrupção chegue ao absurdo de ser vista como uma arte, bem que maldita. Já imaginaram o destino, no Outro Lado da Vida, dos que prejudicaram um único ser ou multidões inteiras? Ou daqueles que se cumpliciaram com os cínicos malfeitores, dos que se omitiram para tirar vantagens ou, até mesmo, por covardia?

Menoscabar o significado dos Assuntos Espirituais, que governam a existência humana, é negar a realidade que a Ciência começa a vislumbrar, conforme temos analisado no decorrer destas páginas. Um dia, os temas de natureza espiritual serão matérias obrigatórias nas escolas da Terra.

MOMENTOS DE PODER

Qualquer cidadã ou cidadão que alcançou projeção social ou está em posição de comando não exerce autoridade por si mesma ou si mesmo; porém, usufrui momentos de poder, dos quais prestará severas contas Àqueles que verdadeiramente o possuem: Deus, em relação ao Universo, e o Cristo, no que concerne ao planeta Terra.

Profecia e Morada dos Espíritos – Parte II

DEUS, LIVRE-ARBÍTRIO RELATIVO E RESPONSABILIDADE

O conhecimento sobre o — ainda para alguns — polêmico livre-arbítrio e sua relatividade é essencial ao verdadeiro político, no transcorrer do terceiro milênio, para que não se abuse dele.

Atentem para o fato de que, não obstante a infinita Caridade de Deus, **cabe a cada um de nós o inafastável senso do dever. Consoante tenho asseverado há décadas e já lhes afirmei nesta obra, o Pai Celestial deixa-nos moralmente livres, mas não imoralmente livres, isto é, não inconsequentemente emancipados.** Há regras espirituais que precisam ser obedecidas. Assim ocorre, por exemplo, com as maiores democracias do mundo e, muito mais, com a Democracia Divina, que nos favorece a liberdade espiritual. Por isso, a necessidade de debruçarmo-nos sobre os magnos assuntos do Etéreo, pois a perspectiva dos Amigos do Espaço transcende as limitações humanas.

Há Leis Eternas conduzindo a nossa existência e o Cosmos. Mas o ser humano age irresponsavelmente, como se a morte fosse o fim de tudo. Depois, não pode queixar-se de Deus se suas ações, resultantes da ignorância sobre a eternidade da vida, não apresentam as melhores consequências. Não proclamamos tanto a necessidade do livre-arbítrio? No entanto, temos de responder por ele.

Reitero trecho de minha obra *As Profecias sem Mistério* (1998), no qual afirmo que **livre-arbítrio gera determinismo**. Nós é que criamos o nosso destino, bom ou mau. Também digo sempre que, se Deus nos deu o livre-arbítrio, igualmente nos **premiou** com o sentido da responsabilidade, do qual, para o nosso bem, não devemos abrir mão. E é nisso que reside **o equilíbrio entre o Determinismo do Criador e a relativa liberdade de escolha**, que Ele outorga à criatura humana. Relativa porque deve ser usada conforme o princípio da coerência, regido pela ótica do Espírito, não afetando os direitos dos demais, muito menos transgredindo as Leis Divinas. Quem não compreender isso poderá tornar-se, consciente ou inconscientemente, promotor da injustiça e da impunidade que envergonham o planeta inteiro — em alguns países mais que em outros.

RELATIVA INDEPENDÊNCIA

Para melhor entendimento, apresento-lhes importante trecho do capítulo "Livre-arbítrio e Providência", da obra *Depois da morte*, do filósofo, pesquisador e médium francês Léon Denis:

> *A questão do livre-arbítrio é uma das que mais têm preocupado filósofos e teólogos. Conciliar a vontade, a liberdade do homem com o exercício das leis naturais e a vontade divina, afigurava-se tanto mais difícil quanto a fatalidade cega parecia, aos olhos de muitos, pesar sobre o destino humano. O ensino dos Espíritos veio elucidar esse problema. A **fatalidade aparente**, que semeia males pelo caminho da vida, **não é mais que a consequência do nosso passado, que um efeito voltado sobre a sua causa**; é o complemento do **programa que aceitamos antes de renascer**, atendendo assim aos conselhos dos nossos guias espirituais, **para nosso maior bem e elevação**.*
>
> *(...) Em caso algum o exercício da liberdade humana pode obstar à execução dos planos divinos; **do contrário, a ordem das coisas seria a cada instante perturbada**. Acima de nossas percepções limitadas e variáveis, a ordem imutável do Universo prossegue e mantém-se. **Quase sempre julgamos um mal aquilo que para nós é o verdadeiro bem.***

Se a ordem natural das coisas tivesse de amoldar-se aos nossos desejos, que horríveis alterações daí não resultariam?

(...) ***O destino é resultante, através de vidas sucessivas, de nossas próprias ações e livres resoluções.***

(...) ***Pelo uso do seu livre-arbítrio****, a alma fixa o próprio destino, prepara as suas alegrias ou dores.* ***Jamais****, porém, no curso de sua marcha — na provação amargurada ou no seio da luta ardente das paixões —, lhe será negado o socorro divino. Nunca deve esmorecer, pois, por mais indigna que se julgue; desde que em si desperta a vontade de voltar ao bom caminho, à estrada sagrada, a Providência dar-lhe-á auxílio e proteção.*

(Os destaques são meus.)

No livro *Missionários da Luz*, de André Luiz (Espírito), lê-se a manifestação do instrutor **Alexandre**:

— A criatura renasce com ***independência relativa*** *e, por vezes, subordinada a certas condições mais ásperas,* ***em virtude das finalidades educativas****, mas semelhante imperativo não suprime, em caso algum, o impulso livre da alma, no sentido de elevação, estacionamento ou queda em situações mais baixas. Existe* ***um programa de tarefas edificantes a serem cumpridas*** *por aquele que reen-*

*carna, no qual os dirigentes da alma fixam **a cota aproximada** de valores eternos que o reencarnante é suscetível de adquirir na existência transitória. E o Espírito que torna à esfera de carne **pode melhorar essa cota de valores**, ultrapassando a previsão superior, pelo esforço próprio intensivo, ou distanciar-se dela, enterrando-se ainda mais nos débitos para com o próximo, menosprezando as santas oportunidades que lhe foram conferidas.*

Quanto ao assunto, relembro-lhes a máxima de Zarur que harmoniza livre-arbítrio e determinismo:

— A Lei Divina, julgando o passado de homens, povos e nações, determina-lhes o futuro.

DIREITO E LEGISLAÇÃO ESPIRITUAIS

Tudo isso é a compreensão e a contínua expansão da Política de Deus, que existe para o Espírito Eterno do ser humano. **O cidadão não se restringe apenas ao corpo**; por isso, é urgente que se preocupe, para valer, em assimilar a Legislação Divina, que impera sobre o macrocosmo e o microcosmo.

Há um Direito cuja origem é o Mundo Espiritual[3]

---

[3] Leia mais em *Epístola Constitucional do Terceiro Milênio* (1988), de autoria de Paiva Netto, no subtítulo "O Direito à luz da Vida Eterna".

e **toda uma Jurisprudência**[4] **que o rege, porquanto de lá viemos e para lá retornaremos.** Pensar que a morte acaba com tudo é desconhecimento do sentido da sua existência, do seu valor próprio, da sua dignidade. **A morte é um boato, a vida é eterna e os mortos não morrem!** O conceito de cidadania integral **parte do Espírito**, porque, em verdade, é o que somos, estando passageiramente carne[5].

Ensinou Jesus:

— *Deus é Espírito; e importa que os Seus adoradores O adorem em Espírito e Verdade. (...) São estes que o Pai procura para Seus adoradores* (Evangelho, segundo João, 4:24 e 23).

E na Gênese mosaica (1:27) encontramos o seguinte:

— *E criou Deus o homem à Sua imagem; à imagem de Deus o criou; homem e mulher os criou.*

---

[4] **Jurisprudência** — De acordo com o *Breviário Forense*: "O vocábulo jurisprudência *deriva do latim* (jurisprudentia) *e é composto pelas palavras* jus *(Direito, ciência do Direito) e* prudentia *(Sabedoria). Consiste, literalmente, na sabedoria com que se interpreta e aplica o Direito. Em sentido estrito, a jurisprudência constitui o conjunto das decisões dos juízes e dos tribunais em que se recolhe a orientação por eles seguida na interpretação e aplicação das leis (...). Em sentido amplo, significa a ciência do Direito e das leis".

[5] Sobre esse assunto, leia a obra de Paiva Netto intitulada *Jesus e a Cidadania do Espírito* (2001). Veja também o capítulo *"O equilíbrio como objetivo"*, em *Somos todos Profetas* (1991).

DIREITO À LUZ DO ESPÍRITO DE CARIDADE

Acerca da Caridade Completa[6] e da Espiritualidade Ecumênica[7] — que devem iluminar o Direito, o grande regulador das relações humanas, por meio de seus códigos e de suas normas —, certa vez ouvi alguém dizer pela televisão:

> — *Ah, não fale em Espiritualidade, em Caridade comigo! Isso é lá com os religiosos!*

Esses ainda não percebem que a Caridade Completa, aliada à Espiritualidade Ecumênica, é um **notável me-**

---

[6] **Caridade Completa** — A respeito dessa sua terminologia, expressou-se Alziro Zarur: *"A Caridade Material é sempre louvável, e só depende da Boa Vontade dos que podem ajudar. Mas a Caridade Espiritual é mais importante. Disse o Apóstolo Paulo: "Eu poderia dar uma fortuna aos pobres e não fazer caridade". A Caridade Material só é completa quando acompanhada de Caridade Espiritual: é preciso esclarecer os que sofrem, para que saibam por que sofrem. O contrário é estimular a mendicância e a ociosidade dos ignorantes espirituais".*

[7] **Espiritualidade Ecumênica** — Termo criado e definido por Paiva Netto como *"o berço dos mais generosos valores que nascem da Alma, a morada das emoções e do raciocínio iluminado pela intuição, a ambiência que abrange tudo o que transcende ao campo comum da matéria e provém da sensibilidade humana sublimada, a exemplo da Verdade, da Justiça, da Misericórdia, da Ética, da Honestidade, da Generosidade, do Amor Fraterno. Em suma, a constante matemática que harmoniza a equação da existência espiritual, moral, mental e humana. Ora, sem esse saber de que existimos em dois planos, portanto não unicamente no físico, fica difícil alcançarmos a Sociedade realmente Solidária Altruística Ecumênica, porque continuaremos a ignorar que o conhecimento da Espiritualidade Superior eleva o caráter das criaturas e, por conseguinte, o direciona à construção da Cidadania Planetária".*

canismo da Política de Deus, **constituindo-se em sólido pilar da Economia Divina**. Não se esquecendo de alimentar as carências físicas, supre-se os Espíritos com o imprescindível nutriente da vivência do Amor Fraterno, que estimula a busca pela própria sobrevivência. Portanto, um trabalho estratégico de autopreservação coletiva. **Caridade** é sinônimo de Deus, porque *"Deus é Amor"* (Primeira Epístola de João, 4:8). Por isso, a considero **a Ideologia Divina do espírito de Justiça**.

É válido ponderar sobre as palavras do aplaudido jurista, diplomata e reconhecido político brasileiro Rui Barbosa no tocante à importância de praticar o Bem. Trata-se de aspiração comum a todas as crenças ou descrenças, um ponto de convergência, por intermédio do qual podem unir-se no serviço de aplacar o sofrimento e suprir as carências prementes das coletividades. Fala o "Águia de Haia":

> *Eis a lei da caridade. A caridade abraça-se com a fé. Mas não há fé sem caridade, e aquele que se transvia da fé, que lhe esquece a porta, achará outra vez o ingresso à fé pelo caminho da caridade. Quem quer que labore segundo a caridade, está na divina estrada, por onde se vai ter à fé perdida.* ***A fé sem a caridade pode levar ao fanatismo e à perseguição.***
>
> *A caridade sem a fé não nos conduzirá, talvez, ao céu; mas não espalhará na terra senão bem-dizer, bem-querer e bem-fazer.*
>
> (O destaque é meu.)

CARIDADE E MERITOCRACIA DIVINA

Quando Deus criou os Universos, **o fez por espírito de Caridade**. E, quando passou à Sua criação cósmica o sentido do livre-arbítrio (relativo), também usou de Caridade, **para que cresçamos pelo nosso esforço**, de modo que, um dia, possamos merecer o Seu Reino Espiritual, que vem baixando a nós ao toque da Sétima Trombeta:

— O sétimo Anjo tocou a trombeta, e se ouviram no céu grandes vozes, dizendo: ***O reino do mundo tornou-se de Deus e do Seu Cristo, e Ele reinará pelos séculos dos séculos*** (Apocalipse, 11:15).

O livre-arbítrio, associado ao senso de responsabilidade, é uma disciplina de Deus que temos de respeitar. É dessa forma que alcançamos o *status* da **Cidadania do Espírito**. É pela **Meritocracia**[8] **Divina**, mediante as nossas boas obras. E, por favor, não confundam esse conceito com uma ideia, quando transversa, de "direito divino" (com iniciais minúsculas). É importante destacar que, sem o entendimento da Lei

---

[8] **Meritocracia** — Vocábulo originário do latim *meritum*, que quer dizer "mérito", e do sufixo grego antigo -cracía, que significa "poder". É um sistema de gestão que considera o mérito, como aptidão, a razão principal para atingir condição elevada. As posições hierárquicas são conquistadas, em tese, com base no merecimento. E entre os valores associados estão educação, moral e competência específica para determinada atividade. Constitui uma forma ou método de seleção e, em sentido mais amplo, pode ser compreendida como uma ideologia governativa.

Universal da Reencarnação e sem o sentido de dever, essa perspectiva de "direitos" é incompleta e se torna um absurdo, podendo resvalar nos privilégios mais condenáveis.

RICOCHETE

O Pai Celestial valoriza tanto nosso livre-arbítrio e incentiva, com Suas Leis, nosso progresso espiritual, que, por vezes, precisa deixar que percorramos uma estrada solitária para o reencontro com nossa consciência de Cidadãos do Espírito. É o que narra o nobre amigo e Irmão dr. Bezerra de Menezes (Espírito), por intermédio da sensitividade da médium brasileira **Yvonne do Amaral Pereira** (1900-1984), no livro *Dramas da obsessão*. Transcrevo, a seguir, o esclarecedor relato de um guardião hierárquico do Espírito **Leonel**, que nos elucida sobre a atuação da Providência Divina em favor de seu protegido.

> *A história do meu pobre Leonel é como a de tantas outras ovelhas revéis do aprisco divino, o próprio drama encenado e vivido pela humanidade em litígio com as próprias paixões. Há períodos na existência de um homem, como de uma sociedade e um povo, em que seus erros tanto transvazam da órbita razoável num planeta de provas e expiações que o **ricochete** entra a puni-los incessantemente, com todo*

*o cortejo das atrozes consequências criadas pelos próprios atos. É quando **estão entregues a si mesmos**, agindo inteiramente em liberdade, sem nossa intervenção em nenhum ato de suas vidas. **Diante de tal punição — o viverem entregues a si mesmos —, não resistirão por muito tempo aos convites da emenda.** Seus excessos atrairão situações de tal forma anormais, desequilíbrios tão pungentes na marcha irrefreável das existências, que **outro recurso não encontrarão**, a fim de remediá-los, **senão a submissão às equitativas leis da razão e da justiça**... o que quer dizer que buscarão, voluntariamente, o caminho do Dever, do qual jamais haviam cogitado. **A história messiânica do Filho Pródigo não poderia ser melhor imaginada**, para retratar a marcha da humanidade, do que o foi por nosso Mestre Jesus Nazareno. Eis, pois, o corretivo supremo da lei: — **abandonar os rebeldes** e endurecidos a si mesmos, **não os assistir sequer com a inspiração**, quer no estado terreno quer no espiritual, tal como o pai de família, que deixou partir o filho mais novo, certo de que **as duras experiências**, consequentes das próprias irreflexões, bem cedo o **levariam à emenda dos costumes, à regeneração definitiva.***

(Os destaques são meus.)

Percebam o zelo do justíssimo Mecanismo Espiritual, que governa o Cosmos, a fim de que venhamos a andar corretamente nas sendas do Amor Divino. Por isso, Jesus exorta em todos nós o exercício da Fraternidade Ecumênica ao nos deixar o Seu Mandamento Novo, **a Suprema Ordem** (Evangelho, segundo João, 13:34 e 35; e 15:7, 8, 10 a 17 e 9). Ele também afirma:

— Quando o Filho de Deus voltar sobre as nuvens com os Seus Santos Anjos, dará a cada um de acordo com as próprias obras de cada um.
Jesus (Mateus, 16:27)

Em uma de minhas próximas obras, reproduzo pequeno extrato de circular que encaminhei ao Colégio de Assistentes da LBV, escrita no Rio de Janeiro/RJ, a 28 de junho de 1992, sexta-feira. Nela, admoesto que o Amor do Mandamento Novo do Cristo **não significa compadrio, condescendência com o erro, corrupção, incompetência, malandragem. Ele é o contrário de tudo isso.** Mas não constitui represália. **Trata-se de Justiça Perfeita e oportunidade de acertar. Portanto, a Lei de Deus é solidária, não vingativa.**

Adendo

ARQUIVOS PERISPIRITUAIS

Em diálogo com o nobre Amigo e Irmão dr. Bezerra de Menezes (Espírito), durante Reunião do

Centro Espiritual Universalista (CEU) da Religião de Deus, do Cristo e do Espírito Santo realizada, no Rio de Janeiro/RJ, em 3 de maio de 2014, pedi permissão a ele para publicar as palavras que proferiu sobre liberdade e Lei Universal da Reencarnação. "O Médico dos Pobres" gentilmente concordou. Eis, então, elucidativo trecho do nosso fraterno colóquio:

BM: Relendo o livro, nesta madrugada, **Reencarnação***, de* **Gabriel Delanne***, vi quão importante é sua missão, meu queridíssimo Irmão, de propagar os magnos assuntos espirituais.*

JPN: Obrigado!

BM: Porque temos a necessidade de apresentar o Etéreo, o Abstrato de forma inteligente e eficaz. E **não há apresentação mais sólida do que mostrar que o Cristo continua vivo, governando o Seu planeta.**
Não foi Ele que criou a guerra, que criou o mal, e sim cada um encarnado quando se desvia de sua função principal, que é evoluir dentro dos ditames da Lei de Deus.
O homem, com sua necessidade de liberdade excessiva, criou um caos com sua libertinagem possessiva.

> *A obrigação dos que vêm em nome do Cristo **na encarnação presente**, acima de tudo, é corrigir as falhas da desumanidade, mostrando que **o Espírito evolui** por tempos, por séculos, por milênios. E, portanto, **a reencarnação é apenas um mecanismo, um método, a ferramenta de passagem e transição**.*
>
> *Somos todos **arquivos perispirituais**. Neles guardamos toda a evolução da humanidade.*

NOVO MANDAMENTO DE JESUS E REENCARNAÇÃO

A Lei da Reencarnação confirma o livre-arbítrio; o livre-arbítrio confirma a Lei da Reencarnação. Um justifica o outro. Agora, se você não conhece ou não sente em sua Alma o Novo Mandamento de Jesus, aí as coisas mais santas acabam tendo uso miserável.

Não é suficiente apenas saber que o mecanismo das vidas múltiplas é uma realidade. É essencial possuirmos a vivência da Ordem Suprema do Cristo — *"amai-vos como Eu vos amei. Não há maior Amor do que doar a própria vida pelos seus amigos"* (Evangelho, segundo João, 13:34; e 15:13). Já asseverei, na abertura de meu livro *Voltamos! — A Revolução Mundial dos Espíritos de Luz* (1996), que o Mandamento Novo, a Sublime Norma do Cristo, é mais importante que o reconhecimento da própria universal Lei das Vidas Sucessivas, **porquanto, antes de tudo, é preciso amar como o Cristo Ecumênico nos ama, para compreender e viver — sem oprimir ninguém, muito menos os "párias" da existência humana — o Mecanismo da Legislação Divina**, que só pode ser integralmente conduzido pelo Estadista Celestial, que está voltando à Terra, conforme prometeu:

— *Então, verão o Filho de Deus vir nas nuvens,* **com grande poder e glória**.

Jesus (Marcos, 13:26)

— *Então, o Filho de Deus será visto voltando sobre as nuvens,* **com poder e grande glória**.

Jesus (Lucas, 21:27)

— *Então, aparecerá no céu o sinal do Filho de Deus; todos os povos da Terra se lamentarão e verão o Filho de Deus vindo sobre as nuvens* **com poder e grande glória**.

Jesus (Mateus, 24:30)

JUSTIÇA, LEI DA REENCARNAÇÃO E PÁRIAS

Expresso meu cuidado com a correlação entre carma, entendido como Justiça Divina, e Fraternidade

Ecumênica disposta pelo Cristo em Sua Lei de Amor Universal, para que não mais testemunhemos no mundo a malversação das coisas sagradas. Se não, vejamos: os párias no sistema hindu de castas representam os seres excluídos da sociedade, a classe mais baixa, constituída pelos indivíduos privados de todos os direitos religiosos ou sociais. Embora a Constituição indiana de 1950 tenha abolido o sistema de castas, a divisão persiste no país. Esse segregacionismo, segundo alguns estudiosos, encontra enganoso respaldo ideológico na Lei da Reencarnação. Parte-se, mesmo inconscientemente, da premissa de que os que nascem sem casta, os párias, não podem ser mais afortunados, pelo fato de terem transgredido as Leis Divinas em vidas anteriores. Há até os que acreditam na metempsicose[9]. Ora, ainda que aceitássemos lucubrações como essas, não poderíamos cruzar os braços diante da miséria de nossos semelhantes. Deus é sinônimo de Compaixão. E Jesus afirmou:

— ***Misericórdia quero, não holocausto. Eu não vim chamar os justos, mas os pecadores, ao arrependimento***(Boa Nova, consoante Mateus, 9:13).

---

[9] **Metempsicose** — No *Dicionário Houaiss da Língua Portuguesa*, podemos ler: *"Movimento cíclico por meio do qual um mesmo espírito, após a morte do antigo corpo em que habitava, retorna à existência material, animando sucessivamente a estrutura física de vegetais, animais ou seres humanos"*.

Além do mais, é bom que todos nos perguntemos: "Quem neste planeta não é pecador?!" Por isso, na Religião do Amor Universal, fazemos questão de salientar que **o Novo Mandamento de Jesus é superior ao conhecimento da fundamental Lei da Reencarnação**. Antes de saber, é preciso realmente amar, porque, acima de tudo, *"Deus é Amor"* (Primeira Epístola de João, 4:8).

Podemos concluir que até mesmo o sentido de Profecia, que carrega em seu bojo a balança da Justiça de Deus, só pode ser amplamente desvendado a partir da compreensão da Lei das Vidas Múltiplas, pelo prisma solidário e fraterno do *"Amai-vos"*, exemplificado pelo Profeta Divino, Jesus.

Adendo

ÁRABES, JUDEUS E A REENCARNAÇÃO

Ainda a respeito da Lei Universal da Reencarnação, destaco aqui trecho da última entrevista de Alziro Zarur, concedida em 1979, cuja íntegra fiz publicar no *Jornal da LBV* nº 2, de outubro de 1983.

Em determinado ponto, ele foi indagado sobre por que acreditava que o conflito no Oriente Médio ocorria pelo desconhecimento das questões espirituais. Eis o que explicou o saudoso jornalista, radialista e filósofo carioca:

— A resposta está no lema do Jornal da Paz*: "Conhecereis a Verdade [de Deus], e a Verdade [de Deus] vos libertará das verdades dos homens". Árabes e judeus são filhos do mesmo pai: Abraão. Queiram ou não queiram, são irmãos para a Vida Eterna. E o complemento está no livro* Mensagem de Jesus para os Sobreviventes: *A Lei da Reencarnação pulveriza todos os argumentos materialistas dos fabricantes de armas e forjadores de guerras. A Lei de Deus coloca os homens em todos os ângulos da marcha que se chama Evolução. O judeu de hoje é o árabe de amanhã. O árabe de hoje é o judeu de amanhã. Ambos semitas até o final do ciclo. Reencarnam para sentir a inutilidade de todos os racismos ou aristocracias raciais. Renascem para compreender o absurdo de todos os ódios religiosos, políticos, filosóficos, científicos, esportivos e carnavalescos. Mas todos entenderão, brevemente, que a guerra é um suicídio coletivo, gerado pela ignorância da Lei Divina.*

Profecia e Morada dos Espíritos – Parte III (final)

ESPÍRITOS SUPERIORES IMIGRAM PARA A TERRA

No século 18, desceu à Terra uma entidade de destacada categoria com a missão de estabelecer os pródromos do relacionamento doutrinário **entre Filosofia e Ciência**. Promoveu grande polêmica quando passou a mostrar, na Europa, os poderes oriundos da manipulação do magnetismo, que naquela época se denominou "mesmerismo", em virtude do nome do pioneiro a que me refiro: **Francisco Antonio Mesmer** (1734-1815), alemão, nascido em Iznang.

Apesar de ter enfrentado barreiras terríveis, levantadas justamente por aqueles que deveriam estudar, sem preconceitos, a doutrina que apresentava, desencarnou, na Alemanha, em idade avançada, em 1815. Só foi na hora marcada por Deus.

No Mundo Invisível — a Jerusalém Celestial, de que nos fala o Apocalipse, no capítulo 21 —, ele continuou a desenvolver seus experimentos científicos e ampliou seus estudos sobre os extraordinários planos de Deus para o destino das multidões que habitam este planeta. No tocante às atribuições do Criador, recorro novamente ao que o próprio Jesus garante:

— *O Pai não cessa de trabalhar, e Eu trabalho com Ele* (Evangelho, segundo João, 5:17).

Observem, no Livro da Revelação, como a Nova Jerusalém é linda e frutuosa.

A NOVA JERUSALÉM
(Apocalipse, 21:9 a 27)

⁹ Então veio um dos sete Anjos que têm as sete taças cheias dos sete últimos flagelos, e falou comigo, dizendo: Vem cá e eu te mostrarei a noiva, a esposa do Cordeiro de Deus;

¹⁰ e ele me transportou, em Espírito, a uma grande e elevada montanha, e me mostrou a cidade santa, Jerusalém, que descia do céu, da parte de Deus,

¹¹ a qual tem a claridade do próprio Deus. O seu fulgor era semelhante a uma pedra preciosíssima, como pedra de jaspe cristalina.

PROFECIA E MORADA DOS ESPÍRITOS – PARTE III (FINAL)

A Nova Jerusalém, por Sátyro Marques (1935-2019). Acervo da Galeria de Arte do Templo da Boa Vontade (Brasília/DF).

¹² Tinha grande e alta muralha, doze portas, e junto às portas doze Anjos, e sobre elas nomes inscritos que são os nomes das doze tribos dos filhos de Israel.

¹³ Três portas se achavam a leste, três ao norte, três ao sul e três a oeste.

¹⁴ A muralha da cidade tinha doze fundamentos, e estavam sobre estes os doze nomes dos doze apóstolos do Cordeiro de Deus.

¹⁵ Aquele que falava comigo tinha por medida uma vara de ouro para medir a cidade, as suas portas e a sua muralha.

¹⁶ A cidade é quadrangular, de comprimento e largura iguais. E mediu a cidade com a vara de ouro até doze mil estádios. O seu comprimento, largura e altura são iguais.

¹⁷ Mediu também a sua muralha, cento e quarenta e quatro côvados, da medida de homem, que era a do Anjo.

¹⁸ A estrutura da muralha é de jaspe; também a cidade é de ouro puro, semelhante a vidro límpido.

¹⁹ Os fundamentos da muralha da cidade estão adornados de toda espécie de pedras preciosas. O primeiro fundamento é de jaspe; o segundo, de safira; o terceiro, de calcedônia; o quarto, de esmeralda;

²⁰ o quinto, de sardônio; o sexto, de sárdio; o sétimo, de crisólito; o oitavo, de berilo; o nono, de topázio; o décimo, de crisópraso; o undécimo, de jacinto; e o duodécimo, de ametista.

²¹ As doze portas são doze pérolas, e cada uma dessas portas de uma só pérola. A praça da cidade é de ouro puro, como vidro transparente.

²² Nela não vi templo, porque o Senhor, o Deus Todo-Poderoso, com o Seu Cordeiro, é o seu templo.

²³ A cidade não precisa nem do sol, nem da lua, para lhe darem claridade, pois a glória divina a iluminou, sua lâmpada é o Cristo de Deus.

²⁴ As nações andarão mediante a sua luz, e os reis da Terra lhe trarão a sua glória e a sua honra.

²⁵ As suas portas nunca jamais se fecharão de dia, porque noite ali não haverá.

²⁶ E lhe trarão a glória e a honra das nações.

²⁷ Nela jamais penetrará coisa alguma contaminada, nem os que praticam abominação e mentira, mas somente aqueles que estão inscritos no Livro da Vida do Cordeiro de Deus, o Livro da Vida Eterna.

Quem a construiu e a tornou eficaz, de modo a descer ao plano terreno e mudar, para melhor, a história dele? **Deus!**

Eis a **Revolução Mundial dos Espíritos de Luz no Apocalipse**, porque **a descida da Nova Jerusalém é o estágio ideal da União das Duas Humanidades**, é a chegada das Potestades Celestes até nós. Os fatos mostrarão, a ponto de a Ciência confortavelmente admiti-los. Pensem no assunto. Nossa felicidade futura depende desse conhecimento divino. Aliás, nossa satisfação atual também, pois estamos carne, **mas somos Espírito**. Então, desde já devemos **conhecer e viver as Normas do Governo de Jesus**.

MESMER COM A PALAVRA

Após esse propício destaque, eis o que revelou o dr. Mesmer (Espírito), na mensagem[10] de 7 de outubro de 1864, em Paris:

---

[10] **Mensagem de Mesmer** — Foi publicada na *Revue Spirite, Journal D'Études Psychologiques* (Revista Espírita, Jornal de Estudos Psicológicos), editada sob a direção de Allan Kardec, oitavo ano, 1865.

Nesta noite, vos falarei das imigrações de Espíritos adiantados[11], *que vêm encarnar-se em vossa Terra. Já novos mensageiros tomaram o bastão de peregrino; já se espalham aos milhares em vosso globo; por toda a parte estão dispostos pelos Espíritos que dirigem o movimento de transformação por grupos, por séries. Já a Terra treme ao sentir em seu seio aqueles que ela outrora viu passar através de sua humanidade nascente. Ela se alegra de os rever, porque pressente que vêm para a conduzir à perfeição, tornando-se guias dos Espíritos ordinários, que necessitam ser encorajados por bons exemplos.*

Sim: grandes mensageiros estão entre vós. São os que se tornarão os sustentáculos da geração futura. (...) Por toda a parte Deus espalhou esteios para a doutrina: eles surgirão no tempo e no lugar. Assim, sabei esperar com firmeza e confiança; tudo o que foi predito acontecerá, como diz o Santo Livro, até um iota.

Se a transição atual, como acaba de dizer o mestre, levantou as paixões e fez surgir a escória dos Espíritos encarnados e desencarnados, ela também despertou o desejo ardente, numa porção de Espíritos de uma posição superior nos mundos dos turbilhões solares, de

---

[11] *"Imigrações de Espíritos adiantados"* — A descida da Nova Jerusalém, com novo Céu e nova Terra (Apocalipse de Jesus, 21:1 a 8).

virem novamente servir aos desígnios de Deus para esse grande acontecimento.

Eis por que eu dizia há pouco que a imigração de **Espíritos superiores** *se operava* **em vossa terra** *para atirar a marcha ascendente de vossa humanidade.* **Assim, redobrai de coragem, de zelo, de fervor pela causa sagrada.**

(Os destaques são meus.)

Em outra comunicação, datada de Paris, 14 de outubro de 1864, o dr. Mesmer assim se expressou:

O mundo dos invisíveis é como o vosso. Em vez de ser material e grosseiro, é fluídico, etéreo, da natureza do perispírito, que é o verdadeiro corpo do Espírito, tirado desses meios moleculares, como o vosso se forma de coisas mais palpáveis, tangíveis, materiais.

O **mundo dos Espíritos** *não é um reflexo do vosso; o vosso é que é uma imagem grosseira e muito imperfeita do reino de além-túmulo.*

As relações desses dois mundos **sempre existiram**. *Mas hoje é chegado o momento em que todas essas afinidades vos irão ser* **reveladas**, *demonstradas e tornadas palpáveis.*

Quando compreenderdes as leis das relações entre os seres fluídicos e os que conheceis, a lei de Deus estará próxima de ser posta em execução. Porque cada encarnado compreenderá sua imortalidade e, a par-

tir de então, se tornará não só um ardente trabalhador da grande Causa, mas ainda um digno servidor de suas obras.

(Os destaques são meus.)

É como tenho dito a vocês: **o Mundo Espiritual não é uma abstração**. E os assuntos relativos a ele têm de ser entendidos pelo prisma da Verdade, da Justiça e do Amor Divinos, não do recalque, de um resmungo intelectual decadente; não à custa da opressão contra aqueles que corajosamente investigam a Verdade. Isso não leva a nada. É imperioso enfrentarmos os obstáculos. De preferência com a **Verdade de Deus**. Não foi sem motivo que Jesus advertiu os homens e as mulheres do pensamento criador, seja na Filosofia, na Religião, na Ciência, na Política, na Economia, na Arte etc.:

— *Conhecereis a Verdade* [de Deus], *e a Verdade* [de Deus] *vos libertará* (Evangelho, segundo João, 8:32).

PROFECIA E MORADA DOS ESPÍRITOS – PARTE III (FINAL)

NOTAS DOS EDITORES

Em 20 de maio de 1992, Paiva Netto encontrava-se em roteiro missionário pelo mundo, levando os sagrados ideais da Religião Divina. Estando em Viena, na Áustria, nesse dia, sentiu forte presença espiritual e imediatamente solicitou que o fotografassem. Francisco Periotto, seu assessor, conseguiu imortalizar esse instante, revelando no retrato uma luminosidade, que marcou o momento.

Durante o 54º Congresso dos Homens, das Mulheres, dos Jovens, das Crianças e dos Espíritos da Boa Vontade de Deus, realizado em dezembro de 2003, no Ginásio da Portuguesa, na capital paulista, a Cristã do Novo Mandamento **Luiza Siqueira Vasquez**, com máquina fotográfica em punho, clicou os momentos mais emocionantes do histórico evento. Para a comoção dela, ao revelar a película, observou um facho de luz envolvendo Paiva Netto. É interessante notar que as fotos apresentam um padrão de luz similar.

PROFECIA E MORADA DOS ESPÍRITOS – PARTE III (FINAL)

A foto registra o momento em que o saudoso fundador da Legião da Boa Vontade, Alziro Zarur, no Casarão do Riachuelo, da LBV, no Rio de Janeiro/RJ, pediu a Jesus um sinal de Sua presença no ambiente Legionário. A data, 1º de janeiro de 1972, marcava 22 anos de fundação oficial da LBV. Eis, então, que uma pombinha branca (no detalhe) desceu do alto e pousou em cima da mesa de Zarur, ali permanecendo, mesmo durante as apresentações musicais e as emocionadas palmas do público. Quando o criador da Instituição falava, a pequena ave virava-se para ele; na manifestação do povo, voltava-se para este. Ainda na reprodução, pode-se confirmar o que videntes testemunharam no dia: uma concentração ectoplásmica do lado direito da ave na forma de um clarão alaranjado.

> **A Bíblia Sagrada nos recomenda um roteiro infalível. Leia, medite e realize sob o confortador**
>
> EVANGELHO DE JESUS, segundo Mateus, capítulo 18 - versículos: 18, 19 e 20
>
> 18 - *Em verdade vos digo: Tudo quanto ligardes na terra será ligado no céu; e tudo quanto desligardes na terra será desligado no céu.*
> 19 - *Ainda vos digo mais: Se dois de vós concordarem na terra acerca de qualquer coisa que pedirem, isso lhes será feito por meu Pai, que está nos céus.*
> 20 – *Porque, onde se acham dois ou mais reunidos em meu nome, aí estou Eu no meio deles.*
>
> *Recomendação dos Amigos da Pátria Espiritual, aos Irmãos que integram as Instituições da Boa Vontade, durante a reunião do Centro Espiritual Universalista da Religião de Deus, do Cristo e do Espírito Santo no lar acolhedor do nobre casal Paiva Netto.*
> *Rio de Janeiro, 06 de agosto de 2016, às 16:30 h*

VERSÍCULOS DE JESUS INFALÍVEIS

Após Reunião do Centro Espiritual Universalista (CEU) da Religião de Deus, do Cristo e do Espírito Santo, Paiva Netto, com sua família e amigos, recebeu alguns assessores para o jantar. Em seguida, solicitou a passagem do Evangelho de Jesus, segundo Mateus, 18:18 a 20, sugerida pelo dr. Bezerra de Menezes (Espírito) para estudo de todos. Foi observado, então, que, em outra mesa, na sala de jantar, os Irmãos Espirituais haviam transportado a passagem bíblica numa folha de papel amarelo, com as devidas identificações e recomendações. Trata-se de comovente demonstração do poder das palavras de Jesus e da proteção dos Amigos do Mundo Espiritual Superior.

JESUS CONFORTA OS DISCÍPULOS

Duas cópias desta passagem do Evangelho de Jesus, segundo João, 14:1 a 15, cuidadosamente recortadas, foram materializadas no Rio de Janeiro/RJ, Brasil, em 3 de novembro de 2012, durante Reunião do Centro Espiritual Universalista (CEU) da Religião de Deus, do Cristo e do Espírito Santo, sob a condução de Paiva Netto. As reproduções, feitas em uma espécie de papel fotográfico, foram entregues pelo nobre dr. Bezerra de Menezes (Espírito) ao Irmão Paiva Netto e ao Irmão **Haroldo Rocha**, chanceler da Religião Divina.

JOÃO 14

Jesus conforta os discípulos

14 Não se turbe o vosso coração; credes em Deus, crede também em mim.
² Na casa de meu Pai há muitas moradas. Se assim não fora, eu vo-lo teria dito. Pois vou preparar-vos lugar.
³ E, quando eu for e vos preparar lugar, voltarei e vos receberei para mim mesmo, para que, onde eu estou, estejais vós também.
⁴ E vós sabeis o caminho para onde eu vou.
⁵ Disse-lhe Tomé: Senhor, não sabemos para onde vais; como saber o caminho?
⁶ Respondeu-lhe Jesus: Eu sou o caminho, e a verdade, e a vida; ninguém vem ao Pai senão por mim.
⁷ Se vós me tivésseis conhecido, conheceríeis também a meu Pai. Desde agora o conheceis e o tendes visto.
⁸ Replicou-lhe Filipe: Senhor, mostra-nos o Pai, e isso nos basta.
⁹ Disse-lhe Jesus: Filipe, há tanto tempo estou convosco, e não me tens conhecido? Quem me vê a mim vê o Pai; como dizes tu: Mostra-nos o Pai?
¹⁰ Não crês que eu estou no Pai e que o Pai está em mim? As palavras que eu vos digo não as digo por mim mesmo; mas o Pai, que permanece em mim, faz as suas obras.
¹¹ Crede-me que estou no Pai, e o Pai, em mim; crede ao menos por causa das mesmas obras.
¹² Em verdade, em verdade vos digo que aquele que crê em mim fará também as obras que eu faço e outras maiores fará, porque eu vou para junto do Pai.
¹³ E tudo quanto pedirdes em meu nome, isso farei, a fim de que o Pai seja glorificado no Filho.
¹⁴ Se me pedirdes alguma cousa em meu nome, eu o farei.
¹⁵ Se me amais, guardareis os meus mandamentos.

PREPARAÇÃO PARA A PRECE

A RIQUEZA QUE PROVÉM DO CÉU

Minhas Irmãs e meus Amigos, minhas Amigas e meus Irmãos, chegamos ao fim de mais uma substantiva jornada no entendimento das Normas do Governo Divino de Jesus. Seguir por essa senda luminosa é gáudio para o espírito perscrutador, aquele que deseja haurir o Conhecimento Pleno da Fonte da Água da Vida Eterna, disposta pelo Cristo de Deus a todos que a buscam. Narra João, o Evangelista-Profeta, no último livro da Bíblia Sagrada, a respeito de sua visão mediúnica da Nova Jerusalém, que lhe é apresentada por um anjo, ou seja, uma Alma Bendita:

> *¹ E ele me mostrou o rio da água da Vida Eterna, resplandecente como cristal, que sai do trono de Deus e do Cristo.*
> *² No meio da sua praça, de uma e outra margem do rio, está a Árvore da Vida Eterna, que produz doze frutos, dando o seu fruto de mês em*

mês, e as suas folhas servem para a cura das nações (Apocalipse, 22:1 e 2).

O ser espiritual-humano ecumenicamente esclarecido pelo Evangelho-Apocalipse de Jesus enriquece qualquer nação. Por isso, com urgência necessita, **por intermédio da prece**, entrar em sintonia com a Sabedoria Superior, que o Pai Celestial nos tem a oferecer. **Orar**, do fundo da alma, movido pelo espírito de generosidade, não faz mal nem deixa ninguém alienado, como alguns apressadamente ainda dizem por aí, numa demonstração de pura ignorância das questões vitais, que demandam ser aclaradas. **Enquanto a criatura humana não souber o que espiritualmente veio fazer neste planeta, continuará dando topadas pelos caminhos da vida.**

O PÃO DIVINO QUE VEM DAS ALTURAS

Jesus é o Pão Vivo que desceu do Céu para alimentar, com Sua Santa Doutrina, os seres espirituais e humanos, uma vez que a morte não interrompe a vida. Disse o Senhor dos nossos destinos, em passagem que considero das mais comoventes:

⁴⁸ *Eu sou o Pão da Vida!*
⁴⁹ *Vossos pais comeram o maná no deserto, mas morreram.*

> *⁵⁰ Este é o Pão que desce do Céu, para que se coma dele e não se morra!*
>
> *⁵¹ Pois Eu sou o Pão Vivo que desceu do Céu. Se alguém dele comer, viverá eternamente; e o Pão que Eu darei para a vida do mundo é a minha carne* (Evangelho do Cristo, consoante João, 6:48 a 51).

Diante da grandeza do Cristo de Deus, o Sublime Alimento dos povos, não queiramos nós cair no engano de nos deslumbrarmos, sob um ponto de vista materialista, com fenômenos de qualquer ordem, para não sermos duramente repreendidos pelo Mestre Amado, que só quer nossa libertação espiritual:

> *²⁶ Em verdade, em verdade vos digo: Vós me procurais, não porque vistes milagres, mas porque comestes dos pães e dos peixes e vos fartastes.*
>
> *²⁷ Trabalhai, não pela comida que perece, mas pelo alimento que perdura para a Vida Eterna, e que o Filho de Deus vos dará; porque Nele foi que o Pai, que é Deus, imprimiu o Seu sinal* (Boa Nova, segundo João, 6:26 e 27).

A Bíblia Sagrada é uma mesa farta em que, sob os auspícios do Amor Divino, todos podemos nutrir-nos e saciar nossa fome espiritual. A regra para seu estudo, que afasta os ódios e fanatismos em sua interpretação, está no Novo Mandamento de Jesus, a Lei Suprema de Deus, **a Ciência Universal do Cristo**:

> *— Amai-vos como Eu vos amei. Somente assim podereis ser reconhecidos como meus discípulos, se tiverdes o mesmo Amor uns pelos outros. (...) Não há maior Amor do que doar a própria vida pelos seus amigos. (...) Porquanto, da mesma forma como o Pai me ama, Eu também vos amo. Permanecei no meu Amor* (Evangelho, segundo João, 13:34 e 35; 15:12, 13 e 9).

O Livro Santo não pode ser lido ao pé da letra, mas, sim, em Espírito e Verdade (porque *"Deus é Espírito"*, conforme nos revela Jesus na Sua Boa Nova, consoante João, 4:24) e perante a Iluminação Suprema do Amor, porquanto *"Deus é Amor"* (Primeira Epístola de João, 4:8).

Essa é a visão ecumênica **sob a qual o Texto Sagrado deve ser entendido**. Senão, o que continuaremos a ver? A destruição em nome do progresso.

É fundamental destacar este ensinamento de Alziro Zarur:

> *— O maior criminoso do mundo é aquele que prega o ódio em nome de Deus.*

REVOLUÇÃO ESPIRITUAL SEM SANGUE

Eis por que a Religião do Amor Universal traz ao orbe a Revolução Mundial dos Espíritos de Luz, que não promoverá jamais derramamento de sangue. É hora — e já vai passando o tempo — do fraternal amplexo entre nós, que estamos corpo carnal, mas somos Espírito, e eles, que são igualmente Espírito, movendo-se em outra dimensão.

O próximo passo será o coroamento dessa compreensão que reformará, em definitivo, para melhor a vida na Terra. Porém, como sempre enfatizo, nesta época de transição apocalíptica, **sairemos de um período crônico de atraso e ingressaremos num bem mais elevado**. Não será, entretanto, com facilidades. O terceiro milênio não constitui milagre repentino. As gerações que se ajustam a esse seu início devem assumir a **grave responsabilidade de levantar das ruínas a decaída civilização**. Não me refiro apenas às físicas, todavia às morais, porque se vive primeiro na Alma o caos que precede toda profunda transformação.

Tem sido sempre assim. Tudo precisa ser sacudido para que o que existe de ultrapassado desmorone. E, como ensina Emmanuel (Espírito), mesmo aquilo que da podridão despenca, ao bater no solo, carrega em si as sementes de um novo pomar.

Nada se perde na Criação Divina. De igual modo, ocorre o seguinte: cada um atrai para junto de si o semelhante. Então, busquemos o Bem para subir de condição e poder aproximar de nós os Espíritos elevados, Almas Benditas, que nos inspirarão a soerguer nossa vida. Só o conseguiremos se melhorarmos antes de tudo a nós mesmos.

O ITAMARATY ENTRE OS DOIS MUNDOS

Escrevi no terceiro volume das *Sagradas Diretrizes Espirituais da Religião de Deus, do Cristo e do Espírito Santo* (1991):

É necessário criar a diplomacia da comunicação *inter personas* para afastar **o ódio** dos corações, porque **ele é arma voltada contra o peito de quem odeia**. E mais: é preciso surgir uma convivência diplomática entre o mundo material, ponderável, humano, **e o mundo imponderável, espiritual, estabelecendo um Itamaraty**[1] **entre a civilização encarnada e a desencarnada a fim de unir as Duas Humanidades**. Utopia? Muitos foram os que, no passado, afirmaram coisas consideradas loucas pelos sábios, doutores, sacerdotes e pelo próprio povo de sua época. Atualmente, crianças têm esses postulados como assuntos do bê-á-bá do conhe-

---

[1] **Itamaraty** — Órgão responsável pelo assessoramento do presidente da República do Brasil relativamente às questões de desempenho e acompanhamento das relações do país com as demais nações e organismos internacionais. Exerce as tarefas diplomáticas nas áreas política, comercial, econômica, financeira, cultural e consular.

cimento. **A utopia de ontem é a realidade de hoje na forma de progresso.** (...)

A DECISIVA INFLUÊNCIA DOS ESPÍRITOS SOBRE OS DESTINOS HUMANOS

Há décadas, numa de minhas pregações ecumênicas de improviso, desenvolvi o seguinte raciocínio que, neste momento, destaco para a meditação de vocês:
A Política de Deus, Política para o Espírito Eterno do ser humano, **é o culto emancipador dos ideais**, porque **lhes oferece a claridade irradiante do pensamento do Cristo Ecumênico, o Divino Estadista**, portadora de todas as soluções de que vêm carecendo os países; porquanto, a decifração dos problemas sociais que esmagam povos inteiros nasce do Espírito, formado à imagem e semelhança de Seu Divino Criador. Este é um desafio que tenho, com humildade, apresentado reiteradas vezes. Por isso é que escrevi, ainda na década de 1960, que o PBV surgiu para atender a uma exigência **ESPIRITUAL** do povo brasileiro. O cerne dos acertos e desacertos de todos os reformadores está na sua consciência, ou não, de que, mesmo na carne, somos essência espiritual, que sobrevive segundo Leis que a maioria dos grandes cérebros humanos desconhece ainda. Essa é a razão pela qual, por mais que se esforcem, permanecem na tangência do que pretendem como estrutura amenizadora dos sofrimentos humanos e sociais das multidões.

Quais são as Leis Divinas que conduzem a evolução do Espírito? Pois saibam todos que essas são os preceitos ideológicos divinos, éticos, morais, legais, constitucionais de que tanto carecem as nações para progredir e sobreviver. É preciso conhecer perfeitamente as Normas do Governo de Deus. Esta é a Revolução Mundial dos Espíritos de Luz em marcha, sob o generoso impulso da Religião de Deus, do Cristo e do Espírito Santo. Uma vez que o considerado como sólido, real (a matéria) é o irreal. E o tido como ilusório, falso (o Espírito), porque os fracos sentidos humanos até agora não o conseguem perceber, é o concreto, verdadeiro. Como lhes afirmei, **o Mundo Espiritual não é uma abstração. Ele é invisível, mas existe.** (...)

Por isso, pregamos os Quatro Pilares do Ecumenismo[2], que aliam seres reencarnados e desencarnados:

Ecumenismo Irrestrito (Alziro Zarur);
Ecumenismo Total (Alziro Zarur);
Ecumenismo dos Corações (Paiva Netto); e
Ecumenismo Divino (Paiva Netto).

O congraçamento de todos, da Terra e do Céu da Terra, é que permitirá as soluções conjuntas que abrirão o mundo para o terceiro milênio: Nova Jerusalém,

---

[2] **Os Quatro Pilares do Ecumenismo** — Leia mais sobre o assunto no primeiro volume das *Sagradas Diretrizes Espirituais da Religião de Deus, do Cristo e do Espírito Santo* (1987), do autor deste livro.

Novo Céu, Nova Terra, porque as mãos de Deus farão **NOVAS** todas as coisas:

— *Eis que faço novas todas as coisas* (Apocalipse de Jesus, 21:5).

POLÍTICA DE DEUS, ORAÇÃO E O SEGREDO DO GOVERNO DOS POVOS

Não foi à toa que o saudoso proclamador da Religião Divina, Irmão Alziro Zarur, escreveu:

— *O segredo do governo dos povos é unir a humanidade de baixo à Humanidade de Cima, sob os auspícios do Novo Mandamento de Jesus — "Amai-vos uns aos outros como Eu vos amei".*

O saudoso Legionário da Boa Vontade dr. **Osmar Carvalho e Silva** (1912-1975), da Dimensão dos Espíritos, trouxe-nos, em 6 de junho de 1992, numa psicografia do sensitivo Cristão do Novo Mandamento Chico Periotto, em Figueira da Foz, Portugal, este basilar preceito:

— *O nosso trabalho depende da dedicação de vocês, mas o sucesso de vocês depende do nosso apoio.*

Por isso, tenho bradado permanentemente: o mundo físico não mais evoluirá sem o auxílio flagrante do Mundo Espiritual. Eis o grande ensinamento que as nações aprenderão no transcurso do terceiro milênio.

SEM EMOÇÃO DIVINA, NADA SE PODE CONCRETIZAR

Prezadíssimas Irmãs leitoras, caríssimos Irmãos leitores, se posso deixar um conselho fraterno a todos vocês é o **DELES**, os nossos companheiros do Mundo da Verdade: **Sintonia!** Sim: **Sintonia! Sintonia de Bom Pensamento, Boa Palavra e Boa Ação!**[3] Mas sob a Divina Tutela do Celeste Taumaturgo. Se Lhe formos fiéis, Ele sempre nos livrará da interferência dos mistificadores do Plano (ainda) Invisível. Contudo, é necessário que haja discernimento, conforme ensinado pelo próprio Cristo, quando se refere à oração e à vigilância constantes.

---

[3] **Bom Pensamento, Boa Palavra e Boa Ação** — Alziro Zarur trouxe ao mundo as 21 Chaves Iniciáticas da Religião Divina, compostas pelas Sete Campanhas, pelos Sete Comandos e pelas Sete Cruzadas. Você as encontra no volume primeiro das *Sagradas Diretrizes Espirituais da Religião de Deus, do Cristo e do Espírito Santo* (1987), de Paiva Netto. Aqui estão as Sete Campanhas da Religião Divina: **1 — Bom Pensamento; 2 — Boa Palavra; 3 — Boa Ação; 4 — Boa Notícia; 5 — Boa Diversão; 6 — Boa Vizinhança; 7 — Boa Vontade Mundial**.

— Vigiai e orai, para que não entreis em tentação; o Espírito, na verdade, está pronto, mas a carne é fraca.
Jesus (Mateus, 26:41)

E, segundo a admoestação de João Evangelista, na sua Primeira Epístola, 4:1:

— Amados, não deis crédito a qualquer Espírito, antes provai se procedem de Deus,

para que não sejamos enganados e manipulados por seres trevosos, obsessores.

Portanto, não há Política de Deus sem prece fervorosa, que nos une à Emoção Divina sem a qual nada poderemos concretizar.

Quando falamos em Política Divina, pensamos antes em Deus, de maneira que a inspiração dos Grandes Reconstrutores Espirituais, que assessoram Jesus, nos ilumine e potentemente movam os nossos braços, para que seja erguida dos escombros de uma sociedade em agonia a Nova Humanidade do Espírito!

Os Poderes Espirituais desejam que a humanidade desperte e procure a sua verdadeira libertação no Cristo, na Sua Política Celeste, que paira acima dos partidarismos antropofágicos. E para tanto valem-se até mesmo do que está ocorrendo no planeta Terra — fruto da má semeadura do ser humano — nos campos ambiental, geológico, social, político,

A cura do paralítico de Cafarnaum (c. 1894), por James Tissot (1836-1902).

econômico, estudantil, doméstico, religioso, em suma, em todos os setores da vida, para que os povos sejam chacoalhados.

MANIFESTAÇÃO VINDA DO CÉU

Antes de proferirmos uma oração para encerrar esta obra, apresento-lhes, como exemplo de colaboração ativa do Mundo Espiritual, trechos de importantíssima mensagem do Irmão Flexa Dourada (Espírito), transmitida em 29 de setembro de 2018, na cidade do Rio de Janeiro/RJ. Ele se utilizou da mediunidade do sensitivo Cristão do Novo Mandamento Chico Periotto para nos sugerir o estudo da passagem evangélica "A cura do paralítico de Cafarnaum" e teceu oportunos comentários.

Primeiramente, vamos ao relato do Evangelista Marcos:

A CURA DO PARALÍTICO DE CAFARNAUM
(Evangelho de Jesus, segundo Marcos, 2:1 a 12.)

¹ Entrou Jesus de novo em Cafarnaum, e logo correu a notícia de que Ele estava em casa.

² Muitos se dirigiram para ali, tantos que nem mesmo junto à porta eles achavam lugar; e o Divino Mestre anunciava-lhes a Palavra de Deus.

³ Alguns foram ter com Ele, conduzindo um paralítico, levado por quatro homens.

*⁴ **E, não podendo aproximar-se do Cristo, por causa da multidão, descobriram o telhado no ponto correspondente ao que estava o Mestre** e, fazendo uma abertura, **baixaram o leito em que jazia o enfermo.***

*⁵ **Vendo-lhes a fé, Jesus disse ao paralítico: Filho, os teus pecados estão perdoados.***

⁶ Mas alguns dos escribas estavam assentados ali e diziam em seu coração:

⁷ Por que fala Ele deste modo? Isto é blasfêmia! Quem pode perdoar pecados, senão um, que é Deus?

⁸ E Jesus, percebendo logo por Seu Espírito que eles assim pensavam, disse-lhes: Por que pensais assim em vossos corações?

⁹ Qual é mais fácil? Dizer a este homem: Estão perdoados os teus pecados, ou dizer: Levanta-te, toma o teu leito e anda?

¹⁰ Ora, para que saibais que o Filho de Deus tem sobre a Terra autoridade para perdoar pecados — disse ao paralítico:

¹¹ Eu te ordeno: Levanta-te, toma o teu leito e vai para tua casa.

¹² Então, o homem se levantou e, no mesmo instante, tomando o leito, retirou-se à vista de **todos**, a ponto de **se admirarem e darem glória a Deus**, dizendo: **Jamais vimos coisa igual!**

O PODER EXTRAORDINÁRIO DE JESUS

A misericórdia de Jesus nos emociona! Como escrevi no segundo volume da coleção *O Brasil e o Apocalipse* (1985), trata-se do Poder do Cristo de Deus em ação para libertar-nos do domínio do maligno, do erro, do atraso, livrando-nos da imobilidade moral e espiritual, que nos impede de evoluir equilibradamente, isto é, ao mesmo tempo no Espírito e na matéria, de modo que se termine com essa defasagem entre o progresso material e o progresso espiritual, a qual tem sido a desgraça deste mundo. E Jesus possui autoridade e força para isso.

Passemos a palavra ao Amigo Espiritual Flexa Dourada, que assim se manifestou:

> *Salve, Jesus!*
> *Que Poder Extraordinário de Jesus!*
> *O Irmão de Paiva tem de encher o coração de bom orgulho, porque trabalha por Ele.*
> *Trabalha por esse Poder Extraordinário de Jesus o tempo todo.*
> *(...) Tem toda uma magia espiritual dos fluidos! Um dia, a Ciência ainda vai trabalhar, estudar os fluidos que estão condensados, aquela energia que a gente não vê com os olhos da Terra, mas é energia que existe, que faz com que os fluidos existam.*
> *É o Fluido Universal de Deus!, como ressalta o Irmão de Paiva. E se existem fluidos é porque Alguém os criou. E é porque esse Alguém manipula algo maior.*
> *A humanidade atrasada sofre, apanha; é muita dor, é o sinal de **Jonas**, ou seja, é muito sofrimento, para depois conseguir passar mais adiante, evoluir.*
> *Mas **essa passagem do Evangelho de Jesus**, segundo Marcos, capítulo 2, versículos de 1 a 12, **traz uma grande e forte mensagem**, não só àqueles que têm Fé, que estão com os seus organismos doentes,*

*mas também mostra que quatro, **quatro homens levaram aquele irmão doente até Jesus** e ainda **o desceram pelo teto da casa**, porque tinha muita gente ali. **Isso é devoção, é Fé inabalável em chegar até a Fonte da Água Viva**, aquela que pode, com a sua água límpida, dar a renovação.*

*E Jesus foi desafiado, questionado, mas **Jesus, com a Autoridade Dele, ainda deu demonstração do Seu Poder Extraordinário**. Ele já mandou o paralítico levantar e andar. Ou seja, **essa Autoridade do Cristo é que Jesus está querendo passar todos os dias aos que perseveram**, aos que lutam pela Causa Bendita da Doutrina do Salvador.*

Somos nós merecedores disso? Essa é uma pergunta que todos devem fazer sempre, porque podemos estar pedindo, pedindo, mas o que estamos fazendo pelo Cristo?

E o Irmão de Paiva está pregando todo o tempo, nos livros, na internet, nos jornais, no rádio e na televisão, sobre a Fé inabalável em Cristo Jesus, mas pelas obras provadas nisso.

E aí os Espíritos aqui em Cima estão estudando agora essa passagem do Evangelho (Marcos, 2:1 a 12) e estão trazendo para o estudo a Caridade Completa (a Material e a Espiritual), pregada por Alziro Zarur, que o Irmão de Paiva expandiu bastante na Terra, transformando essa conceituação em algo como bandeira legionária da Boa Vontade.

*Atende o corpo e atende o Espírito. Esse é o grande recado. Mas, **se atender o Espírito primeiro, o corpo não fica mais doente**.*

Essa é a grande descoberta que Alziro Zarur trouxe e o Irmão de Paiva aprofundou isso. Socorre o Espírito, esclarece as mentes, e tudo o mais na carne serão provações que cada um vai passar, mas com o Astral de Jesus na Alma, sabendo que são provas de recuperação, de evolução e jamais blasfemarão contra Deus.

Salve, Jesus!

Vamos, então, agora, falar com Deus!

INSPIRAÇÃO NOS GRANDES RECONSTRUTORES ESPIRITUAIS

Quando falamos em Política Divina, pensamos antes em Deus, de maneira que a inspiração dos Grandes Reconstrutores Espirituais, que assessoram Jesus, nos ilumine e potentemente movam os nossos braços, para que seja erguida dos escombros de uma sociedade em agonia a Nova Humanidade do Espírito!

A PRECE

Ó Jesus,
Socorro aos famintos,
Alegria para os tristes,
Amparo para a melhor idade,
Proteção para as crianças,
Segurança para os jovens e adultos,
A extinção das corrupções deste mundo,
A sublimação de todas as áreas do saber espiritual-humano.
O fim do fanatismo nas crenças,
O Pão Vivo que desceu do Céu para os carentes do corpo e da Alma.
Prometeste no Apocalipse, 6:6, e na Tua Palavra confiamos:

> *— E ouvi uma voz no meio dos quatro seres viventes que dizia: Uma medida de trigo por um denário; três medidas de cevada por um denário; e não danifiques o azeite e o vinho.*

E, no versículo 4 do capítulo 9, do mesmo livro profético, anuncias:

— *E lhes foi ordenado que não causassem dano à grama da terra, nem a qualquer coisa verde, nem a árvore alguma, e tão somente aos homens que não têm o selo de Deus sobre as suas frontes.*

Ó Divino Mestre, Fluido Divino, inextinguível, para saciar, em qualquer tempo, por pior que seja, os sedentos da Linfa Celeste.
Disseste também no Teu Evangelho, segundo João, 4:14:

— *Aquele que beber da água que Eu lhe der nunca terá sede, porque a água que Eu lhe ofereço se fará nele uma fonte a jorrar para a Vida Eterna.*

E mais:

— *Se alguém tem sede, venha a mim e beba. Quem crê em mim, como diz a Escritura, do seu interior fluirão rios de água viva* (Evangelho do Cristo, segundo João, 7:37 e 38).

Ó Jesus, Guardião das Almas que padecem, capaz de lhes pensar e acalmar as dores. O nosso coração está confortado com os Teus lenitivos, pois Tu disseste:

— *Eu não vos deixarei órfãos e estarei convosco, todos os dias, até o Fim dos Tempos* (Evangelho, segundo João, 14:18, e Mateus, 28:20).

Ó Sábio Professor, que esclarece mentes submersas nas confusões da vida humana e da existência espiritual nas regiões inferiores — porquanto a vida é permanente na Terra e no Céu da Terra —, em Ti depositamos o nosso futuro! Tu és a voz que todos, sabendo ou não, esperam escutar em si mesmos, como o símbolo da salvação verdadeira, após o Silêncio no Céu, por cerca de meia hora.

— *Quando o Cordeiro de Deus abriu o Sétimo Selo, fez-se grande silêncio no céu cerca de meia hora* (Apocalipse do Cristo, 8:1).

Contigo, Senhor, suportaremos o que vier depois desse grande silêncio no Céu. E, se nos é permitido fazer-Te um pedido, que seja este: volve a Tua Visão Divina para nós, porque, sob o Teu olhar compassivo, estaremos a salvo das trevas, pois ele é luminoso, e dos seus feixes de luz, que convergem para as nossas consciências sedentas de Justiça, desce a Sabedoria Santa, de que não podemos abrir mão para estar vivos na Vida, que és Tu.

Ó Senhor, cuja Misericórdia nos sustenta, nada há de faltar, como disseste no Apocalipse e no Evangelho, aos que, em verdade, sem ambição, Te acompanharem os passos, pois, no Teu Livro da Revelação Final e na Tua Boa Nova, não permites a menor sequer das dúvidas quanto à Tua Proteção aos que sabem, na realidade, seguir-Te a Luz, para os quais ela basta, visto que se trata da segurança para o corpo e para a Alma de todos nós.

Perdoa-nos os erros, Senhor. Estamos procurando nos corrigir incessantemente. E, como diz o **Apóstolo Pedro** na sua Primeira Epístola, 4:7 e 8:

⁷ Ora, o fim de todas as coisas está próximo; sede, portanto, criteriosos e sóbrios a bem das vossas orações.

⁸ Acima de tudo, porém, tende Amor intenso uns para com os outros, porque o Amor cobre uma multidão de pecados.

Em Ti, Senhor, confiamos sempre, seguimos-Te sempre, seguros sempre, pelas estradas da vida (na Terra e no Céu da Terra), porque Tu, que nunca mentiste, afirmaste:

— Eu sou o Caminho, a Verdade e a Vida. Ninguém vem ao Pai senão por mim (Evangelho, segundo João, 14:6).

Que assim seja, ó Jesus, agora e por toda a Eternidade!

Os mortos não morrem!

PAI-NOSSO E BEM--AVENTURANÇAS

PAI-NOSSO

(A Oração Ecumênica de Jesus[1] que se encontra no Seu Santo Evangelho, segundo Mateus, 6:9 a 13.)

Pai Nosso, que estais no Céu
[e em toda parte ao mesmo tempo],
santificado seja o Vosso Nome.
Venha a nós o Vosso Reino [de Justiça e de Verdade].
Seja feita a Vossa Vontade [jamais a nossa vontade],
assim na Terra como no Céu.
O pão nosso de cada dia dai-nos hoje
[o pão transubstancial, a comida que não perece, o alimento para o Espírito, porque o pão para o corpo, iremos consegui-lo com o suor do nosso rosto].

---

[1] **Nota de Paiva Netto**
Todos podem rezar o *Pai-Nosso*. Ele não se encontra adstrito a crença alguma, por ser uma oração universal, consoante o abrangente espírito de Caridade do Cristo Ecumênico, o Divino Estadista. Qualquer pessoa, até mesmo ateia (por que não?!), pode proferir suas palavras sem sentir-se constrangida. É o filho que se dirige ao Pai, ou é o ser humano a dialogar com a sua elevada condição de criatura vivente. Trata-se da Prece Ecumênica por excelência.

*Perdoai as nossas ofensas,
assim como nós perdoarmos aos nossos ofensores.
Não nos deixeis cair em tentação,
mas livrai-nos do mal,
porque Vosso é o Reino,
e o Poder, e a Glória para sempre.
Amém!*

AS BEM-AVENTURANÇAS DO SERMÃO DA MONTANHA DE JESUS

(Santo Evangelho do Cristo, segundo Mateus, 5:1 a 12, da magnífica forma com que Alziro Zarur as proferia.)

Jesus, vendo a multidão, subiu ao monte. Sentando-se, aproximaram-se Dele os Seus discípulos, e Jesus ensinava, dizendo:
Bem-aventurados os humildes,
porque deles é o Reino do Céu.
Bem-aventurados os que choram,
porque eles serão consolados pelo próprio Deus.
Bem-aventurados os pacientes,
porque eles herdarão a Terra.
Bem-aventurados os que têm fome e sede de Justiça,
porque eles terão o amparo da Justiça Divina.
Bem-aventurados os misericordiosos,

*porque eles alcançarão misericórdia.
Bem-aventurados os limpos de coração,
porque eles verão Deus face a face.
Bem-aventurados os pacificadores,
porque eles serão chamados filhos de Deus.
Bem-aventurados os que são perseguidos por causa da Verdade,
porque deles é o Reino do Céu.
Bem-aventurados sois vós, quando vos perseguem,
quando vos injuriam e, mentindo,
fazem todo o mal contra vós por minha causa.
Exultai e alegrai-vos,
porque é grande o vosso galardão no Céu.
Porque assim foram perseguidos os Profetas
que vieram antes de vós.*

AS SETE BEM--AVENTURANÇAS DO APOCALIPSE DE JESUS[2]

Não somente o Evangelho de Jesus registra Bem-Aventuranças, como as do Sermão da Montanha. Os estudiosos do Apocalipse também as encontram em suas páginas iniciáticas e decifráveis aos que têm *"olhos de ver e ouvidos de ouvir"*[3].

---

[2] **As Sete Bem-Aventuranças do Apocalipse de Jesus** — A íntegra do documento de Paiva Netto sobre este tema pode ser lida em *As Profecias sem Mistério* (1998), um dos livros da série "O Apocalipse de Jesus para os Simples de Coração", que, com as obras *Somos todos Profetas* (1991), *Apocalipse sem Medo* (2000), *Jesus, o Profeta Divino* (2011) e *Jesus, a Dor e a origem de Sua Autoridade — O Poder do Cristo em nós* (2014), já vendeu mais de 3,5 milhões de exemplares.

[3] **Aos que têm *"olhos de ver e ouvidos de ouvir"*** — No Corão Sagrado, versículo 12 da 32ª Surata "As Sajda" (A Prostração).

PRIMEIRA

— *Bem-aventurados aqueles que leem e aqueles que ouvem as palavras da profecia deste Livro e guardam as coisas nele escritas, pois o Tempo está próximo (1:3).*

SEGUNDA

— *Então, ouvi uma voz do Céu, que me dizia: Escreve: Bem-aventurados os mortos que, desde agora, morrem no Senhor. Doravante, diz o Espírito, que descansem das suas fadigas, pois as suas obras os acompanham (14:13).*

TERCEIRA

— *Eis que venho como vem o ladrão. Bem-aventurado aquele que vigia e guarda as suas vestiduras, para não andar nu, e não se veja a sua vergonha (16:15).*

QUARTA

— *Então, me falou o Anjo: Escreve: Bem-aventurados aqueles que são chamados à ceia das bodas do Cordeiro. E acrescentou: São estas as verdadeiras palavras de Deus (19:9).*

QUINTA

— *Bem-aventurados e santos aqueles que têm parte na primeira ressurreição. Sobre esses a segunda morte não tem autoridade; pelo contrário, serão sacerdotes de Deus* e de Cristo Jesus, e reinarão com Ele os mil anos (20:6).

SEXTA

— *Eis que venho sem demora. Bem-aventurado aquele que guarda as palavras da profecia deste Livro* (22:7).

SÉTIMA

— *Bem-aventurados aqueles que lavam as suas vestiduras no sangue do Cordeiro de Deus para que lhes assista o direito à Árvore da Vida Eterna e para entrarem na cidade pelas portas* (22:14).

ÍNDICE DE NOMES

Abatte, Vânia Maria – 374
Abigail – 332
Abraão – 99 a 101, 387, 450
Adimanto – 133
Alcino – 143
Alexander III, Eben – 193 a 197, 199, 201, 203, 205, 207 a 210, 215, 217, 289
Alexander Jr., Eben – 203
Alexandre (Espírito) – 436
Almeida, Hamilton de – 250
Amado, Jorge – 407
Andrada e Silva, José Bonifácio de – 415
André Luiz (Espírito) – 40, 43, 46, 149, 153, 175, 232, 287, 300, 302, 304, 305, 339 a 342, 436
Andres, Valdir – 525
Aniceto (Espírito) – 340 a 343
Ann – 203
Antipas, Herodes – 90
Antístenes – 32
Aranha, Graça – 288
Araújo, Angela – 65
Ardieu – 151, 154
Armênio – 143
Assis, São Francisco de – 62, 239
Averbach, Ricardo – 13
Bacci, Marcello – 253
Bacon, Francis – 112
Balmes, Jaime – 64
Barbosa, Rui – 85, 440
Barnabé – 347
Barsanulfo, Eurípedes – 362 a 365
Bassano, Leandro – 100
Bauer, Johannes – 239
Bem, Daryl J. – 420, 421
Ben – 297, 298
Bergman, Ingrid – 397
Beth – 203
Betsy – 203
Bias – 290
Bilac, Olavo – 257, 397 a 400
Blavatsky, Helena – 63
Bloch, Carl – 351, 366
Boden, Manfred – 253
Bohr, Niels – 290
Boirac, Émile – 112
Bosco, Teresio – 311
Botelho, Camilo Cândido – 333
Botelho, Murilo – 36
Bouveri, Alice – 321
Boyer, Pascal – 94
Brito, João de – 57
Brune, François – 253
Buck, Pearl S. – 62
Byron, Julie – 298, 417
Cadorna, general – 240
Caixeta, Leonardo – 266
Cambraia, Augusto – 251
Campos, Humberto de – 45
Canalejas, Roberto – 333
Cantù, Cesare – 386, 388
Cardeña, Etzel – 223
Cardoso, Lúcio – 63
Carrington, Hereward – 371
Carvalho e Silva, Osmar – 475
Carvalho, Joaquim de Montezuma de – 410

Caymmi, Dorival – 520
Céfalo – 133
César, Salustiano – 36
Cipro Neto, Pasquale – 74
Clarêncio (Espírito) – 300, 305
Coble, Bob – 242
Coelho Neto, Henrique Maximiano – 111, 112, 256, 257, 259, 260, 262, 391
Colombo, Cristóvão – 386, 387
Comollo, Luís – 311, 312
Cook, Florence – 273 a 275
Copérnico, Nicolau – 290
Costa, Lúcio – 415
Crookes, William – 43, 271, 272, 274, 277, 279
Cruz, Oswaldo – 290
Cruz, Teles da – 36
Curie, Madame Marie – 290
D'Argonnel, Oscar – 251
Daniel (Profeta) – 89
Darwin, Charles – 290
Davi (Rei) – 349, 386, 387
David – 203
David, Jacques-Louis – 141
Davis, Bette – 397
Davitashvili, Eugenia (Djuna) – 311, 415
Delanne, Gabriel – 445
Denis, Léon – 88, 89, 435
Dias, Gonçalves – 398
Dickens, Catherine – 389
Dickens, Charles – 388, 389
Dimitrova, Vanga – 313 a 315
Dom Bosco – 311 a 313, 415, 416
Dornelas, Homero – 521
Dr. Phinuit (Espírito) – 245
Edison, Thomas Alva – 71 a 73
Einstein, Albert – 50, 52, 213, 227, 282, 283, 285, 286, 290, 321, 351, 362, 372
Elias (Profeta) – 90
Emmanuel – 118, 119, 140, 287, 378, 380, 471
Englert, François – 362
Er (soldado grego) – 143, 147, 150, 151, 153 a 155, 157, 161, 163, 164, 172, 174, 181, 182, 199, 205, 289
Ernetti, Pellegrino – 249, 251, 253

Esopo – 212
Esposito, John L. – 121
Estêvão (Jesiel) – 238, 330 a 332, 334, 335, 337
Esther – 258 a 260, 391
Eutidemo – 133
Farias, Ascânio de – 36
Feuerbach, Ludwig – 61
Figueiredo, Eugênio – 36
Filipe Apóstolo – 355
Filipe (Diácono) – 355, 357 a 360, 364, 369
Fiorito, padre José – 312, 313
Flexa Dourada (Espírito) – 39, 119, 126, 345, 479, 481
Ford, Henry – 71 a 73
Fornari, Ernani – 250
Fra Angelico – 330
Freire, Elizabeth Schmitt – 228
Freitas, Wantuil de – 357
Freud, Sigmund – 156, 371, 372
Galeno de Pérgamo – 290
Galilei, Galileu – 246, 247, 288, 290
Gamaliel – 17
Gandhi, Mohandas Karamchand – 35
Gautama, Siddharta (o Buda) – 52, 65
Gemelli, Agostino – 249, 251 a 253
Ghisi, Giorgio – 157
Gibier, Paul – 83
Glasman, Jane Bichmacher – 84
Glauco – 133, 134, 137, 138, 143, 149, 161, 162, 172, 174
Godinho, padre – 75
Goethe – 63
Graham, Billy – 75, 107, 295 a 297, 370
Graham, Frank – 296
Graham, Morrow – 296
Granada, Frei Luís de – 63
Greene, Graham – 352
Guimarães, Almyr – 118
Gully, James M. – 274
Gustafsson Lovisa, Greta (Garbo) – 397
Gutenberg, Johannes – 290
Guterres, António – 523
Habel, Ute – 268
Hahnemann, Samuel – 290

Hameroff, Stuart – 324, 325
Hansen, James – 290
Harvey, William – 290, 372
Hawking, Stephen – 103
Hepburn, Audrey – 397
Hepburn, Katharine – 397
Heráclito de Éfeso – 235, 236
Higgs, Peter – 362
Hilst, Hilda – 253
Hipácia – 290
Hodgson, Richard – 244, 245
Hogarth, Mary – 389
Home, Daniel Dunglas – 395
Hubble, Edwin Powell – 372
Hugo, Victor – 21
Huygens, Christiaan – 290
Hyslop, James – 244
Infante, Ulisses – 74
Isaac – 387
Isabel – 340
Isaías (Profeta) – 338, 358
Isidoro (Espírito) – 340, 341
Jackson, Mary – 290
Jacó – 365
James, William – 244
Jean – 203
Jesus Cristo – 3, 9 a 11, 13, 15, 17, 19, 23 a 34, 36, 38 a 40, 43, 45, 46, 49, 53, 57, 58, 61, 67, 69, 75, 81 a 83, 89, 93, 94, 96, 97, 99, 101, 102, 106, 107, 111, 117, 124, 126, 140, 145, 149, 150 a 152, 158, 165, 166, 171, 177, 178, 182, 206, 209, 213, 216 a 218, 220, 225, 227, 235, 237, 238, 256, 262 a 265, 282, 297, 304, 305, 308 a 310, 318, 327, 331 a 333, 335 a 338, 340, 344 a 357, 359, 361, 363, 365 a 367, 369 a 371, 373, 375, 377, 379, 381, 391, 394, 411, 413, 414, 416, 419, 425 a 432, 438, 443 a 450, 452, 454 a 456, 458, 461 a 463, 467 a 469, 470, 472 a 477, 479 a 483, 485 a 488, 491, 493, 495, 497
Jó (Profeta) – 58, 89
João Batista – 89
João Evangelista – 10, 19, 23, 26 a 30, 34, 57, 61, 89, 123, 155, 167, 206, 209,

218, 236, 238, 305, 318, 338, 349, 353, 357 366, 395, 427, 438, 440, 444, 446, 449, 452, 458, 463, 467, 469, 470, 477, 486 a 488
João Paulo II, papa – 82, 243
Johnson, Katherine – 290
Jonas (Profeta) – 481
Jorge V (Rei) – 272
Júlia – 258, 259, 260, 262, 391
Jung, Carl Gustav – 58, 59
Júnior, José Cretella – 525
Jürgenson, Friedrich – 253
Kang, Kyung-wha – 523
Kannmüller, Ludovico – 237
Kardec, Allan – 43, 59, 60, 85, 86, 89, 158, 364, 365, 455
Kathy – 203
Katie King (Espírito) – 273, 274
Kennedy, John Fitzgerald – 407
Kepler, Johannes – 290
Kirlian, Semyon Davidovich – 290, 373, 374
Kirlian, Valentina Khrisanovna – 290, 373, 374
Kohn, Nils – 268
König, Hans Otto – 253
Korotkov, Konstantin – 375, 377
Krauss, Lawrence M. – 103
Krippner, Stanley – 223
Krizhanovsky, Edward – 374 a 376
Kübler-Ross, Elisabeth – 68, 69
Lamartine, Alphonse Marie Louis de – 64
Lapagese, Próspero – 251
Laplace, Pierre Simon de – 114
Laver, James – 280
Lavoisier, Antoine – 290
Lázaro – 99, 100
Leacock, Stephen Butler – 53
Leão, Frederico – 266
Leblanc, Paulette – 238
Leonel (Espírito) – 442
Lépicie, Nicolas Bernard – 356
Lewis, James R. – 58
Linderman, Samuel – 36
Lísias – 133
Lodge, Oliver – 244

Lopes, Moarcir Costa – 525
Lucas – 3, 15, 49, 99, 256, 263, 304, 344, 347, 352, 414, 447
Lucílio – 259, 260
Luz, William – 75, 326, 339
Lynn, Steven Jay – 223
Machado, Leopoldo – 36
Magyari, George – 251
Mainieri, Alessandra Ghinato – 268
Manelli, Stefano – 240
Marconi, Guglielmo – 250
Marcos – 3, 106, 152, 331, 334, 339, 447, 479, 481, 482
Marques, Sátyro – 453
Marshall, Barry J. – 290
Marx, Karl Heinrich – 21, 76, 116
Mateus – 11, 29, 30, 58, 96, 101, 145, 149 a 151, 171, 209, 235, 263, 282, 305, 337, 339, 357, 391, 413, 416, 431, 444, 447, 448, 462, 477, 487, 491, 493
Mathiak, Klaus – 268
Maxwell, James Clerk – 290
Meek, George W. – 253
Meireles, Cecília – 74
Mendel, Johann Gregor – 290
Menezes, Bezerra de (Espírito) – 11, 21, 70, 107, 119, 124, 153, 216, 282, 336, 428, 442, 444, 462, 463
Mesmer, Francisco Antonio – 451, 455, 457
Michelangelo – 145
Moisés – 86 a 90, 100 a 102, 109, 348, 381, 386
Montefalco, Santa Clara de – 307
Moody, Raymond – 68, 103, 181, 184, 188, 192, 202, 289
Moreira-Almeida, Alexander – 231, 266, 268
Morse, Ross – 183
Moses, Herbert – 36
Mountain, Jim – 317
Moura, Roberto Landell de – 250, 251, 290, 374
Myers, Frederic – 244
Nabokov, Vladimir – 114
Neumann, Teresa – 236, 237
Newberg, Andrew – 266

Newton, Isaac – 103, 290
Nicerato – 133
Niemeyer, Oscar – 415
O'Neill, John J. – 418
Oliveira, Juscelino Kubitschek – 407, 413 a 415, 521
Ostrander, Sheila – 115, 313
Padre Lemoyne – 313
Padre Pio – 239, 240, 241, 243
Paiva, Bruno Simões de – 80, 81, 520
Paiva, Idalina Cecília de – 80, 81, 218, 520
Paiva, Lícia Margarida de – 80, 81, 520
Paiva, Nicholas de – 336
Paley, William – 212
Paraná, Denise – 228
Parecatill, Joseph – 239
Pargament, Kenneth – 392, 393
Parisi, Paulo Rappoccio – 96, 97
Pascoaes, Teixeira de – 82
Pasteur, Louis – 290
Patrocínio, José do – 111
Paulo Apóstolo – 26, 31, 69, 75, 125, 332, 347, 348, 350, 355 a 357, 439
Paulo VI, papa – 407
Pedro Apóstolo – 19, 96, 330, 488
Peixoto, Floriano – 398
Penrose, Roger – 324
Pereira, Vanderlei – 65
Pereira, Yvonne do Amaral – 333, 442
Peres, Julio – 265 a 267
Peres, Maria Júlia – 92, 265
Peres, Mário – 92, 93, 265
Peres, Ney Prieto – 92, 265
Periotto, Chico – 39, 43, 70, 119, 336, 345, 428, 459, 475, 479
Periotto, Walter – 385
Pessoa, Fernando – 63, 177
Phyllis – 203
Pio XII, papa – 252
Piper, Leonora – 243 a 245
Pires, Cornélio – 251
Planck, Max – 285, 286, 290
Platão – 43, 129 a 135, 137, 141, 143, 145, 147, 149, 150, 151, 153, 155, 157 a 159, 161, 163, 165, 167, 169, 171 a 175, 177, 182, 199, 205, 278, 289

Plotino – 64
Polemarco – 133
Presente, Jair – 229, 230
Profeta Muhammad – 55, 84
Puharich, Andrija – 320, 321
Pyle, Mary – 243
Raudive, Konstantin – 253
Rega, Frank M. – 241, 242
Rembrandt – 358
Renan, Ernest – 62
Richard – 203
Rizzini, Jorge – 71, 363 a 365, 385, 386, 397, 398 a 400
Rocha, Alexandre Caroli – 228
Rocha, Haroldo – 463
Rocha, Zeferino – 156
Rodrigues, Wallace Leal – 389
Rosa, João Guimarães – 403, 404, 407, 409
Rosa, Vilma Guimarães – 407, 409 a 411
Roustaing, Jean-Baptiste – 101
Sagan, Carl – 21, 233
Salomão (Rei) – 62, 327, 381
Salomé – 90
Sara – 387
Schreiber, Klaus – 253
Schroeder, Lynn – 115, 313
Seidel, Franz – 253
Semmelweis, Ignaz – 290
Semyonov, Nikolay – 115
Senkowski, Ernst – 253, 255
Serra, Ana – 285
Shaw, George Bernard – 395, 396
Sinope, Diógenes de – 32
Siqueira, José Nunes – 309
Smith, Uriah – 49
Sócrates – 43, 129, 131, 133 a 135, 137 a 143, 145, 147, 149, 150, 151, 153, 155, 157, 159, 161 a 163, 165, 167, 169, 171 a 173, 175, 177, 289
Spencer-Stanhope, John Roddam – 173
Spinoza, Baruch – 112, 290
Sra. Bishop – 317, 318
Sra. Garret – 320, 321
Staël, Madame de – 111, 112
Stevenson, Ian – 68
Stiefelmann, Ilan – 120
Sued, Ibrahim – 407
Tagore, Rabindranath – 62
Tamassia, Mário B. – 317, 318, 320
Tardy, Lorenzo – 307
Tavares, Clóvis – 307
Tesla, Angeline – 419
Tesla, Nikola – 351, 417 a 419
Tissot, James – 478
Tocqueville, Alexis de – 132
Tracy, Sarah Newton Destutt de – 63
Trasímaco – 133
Tucker, Jim – 68
Tugarinov, Vasilii Petrovich – 116
Ubaldi, Pietro – 283
Uys, Errol Lincoln – 525
Vasquez, Luiza Siqueira – 460
Vaughan, Dorothy – 290
Vicente (Espírito) – 339, 340, 342
Vieira, Waldo – 232
Villa-Lobos, Heitor – 521
Vitória (Rainha) – 272
Wade, Scott – 193
Walpole, Horace – 410
Warren, J. Robin – 290
Webster, Ken – 253
Wesley, John – 298, 299
Wessely, Carl – 239
Wilde, Oscar – 420
Winkelman, Michael – 94, 95
Xantipa – 141, 142
Xavier, Francisco Cândido – 118, 175, 227, 228, 230, 232, 287, 300, 339, 380
Xenofonte – 133
Zangari, Wellington – 225
Zarur, Alziro – 11, 21, 25, 26, 36, 65, 81, 83, 86, 90, 96, 97, 105, 124, 166, 170, 171, 176, 206, 324, 412, 414 a 416, 420, 425, 437, 439, 449, 461, 470, 474, 475, 476, 482, 483, 493, 521

ÍNDICE DE MATÉRIAS

"Morte" e Eternidade de Guimarães Rosa 410
"Vigiai e orai" 338
A Bíblia Sagrada diz que Jesus NÃO morreu 349
A Ciência chegará ao Espírito 323
A Ciência terá suas provas 113
A conversão de Coelho Neto 256
A conversão de Saulo 356
A crença na vida após a morte 91
A crença nos Espíritos como "vantagem adaptativa" 94
A cura do paralítico de Cafarnaum 479
A decisiva influência dos Espíritos sobre os destinos humanos 473
A energia espiritual-humana num *flash* 373
A experiência de quase-morte do guerreiro Er 143
A filosofia grega e a imortalidade da Alma 131
A frustrante criônica 125
A médium da Bulgária 313
A mediunidade de Cristóvão Colombo 386
A mediunidade de Estêvão 331
A mente do Espírito 233
A morte da "morte" 123
A morte não deve ser tabu 73
A neurociência da mediunidade 265
A Nova Jerusalém 452
A parábola da ovelha perdida 304
A percepção do tempo durante a EQM 185
A posição da avestruz 51
A prece 485
A responsabilidade de nossas decisões 157

A riqueza que provém do Céu 467
A um triste 399
A urgência do "Ide e pregai" 337
A vida material também é espiritual.. 163
Abuso gera desequilíbrio.. 429
Amor Solidário e reta Justiça 105
Antiga companheira 55
Árabes, judeus e a Reencarnação.. 449
Arquivos perispirituais.. 444
As Bem-Aventuranças do Sermão da Montanha de Jesus 493
As pesquisas de *sir* William Crookes 271
As Sete Bem-Aventuranças do Apocalipse de Jesus.................................... 495
As visões de Tesla.. 417
Aspectos estruturais das EQMs.. 184
Bernard Shaw e psicografia 395
Bibliografia... 513
Bicorporeidade 359
Bilac: o poeta canta o Invisível... 397
Biografia... 519
Cântico VI 74
Caridade e Meritocracia Divina... 441
Charles Dickens e clarividência 388
Ciência adogmática: mudar as perspectivas ante novas evidências 191
Coelho Neto, Madame de Staël e o desafio à Ciência................................ 111
Conhecimento ou perspectiva de conhecimento?..................................... 114
Consciência artificial 319
Consciência da vida espiritual e experiências de quase-morte 188
Consultor da NASA e a transcomunicação 253
Contatemos os Céus... 333
Conversão 257
Cremação, prudência e Caridade 117
Crookes ratifica suas descobertas 277
Cuidado com os filmes de terror!... 427
Culto no lar.. 339
Da busca intelectual à busca espiritual 288
Desvendar a premonição: desafio da Ciência 419
Deus é Deus de vivos.. 106
Deus não proibiu a comunicação com os Espíritos do Bem 86
Deus, livre-arbítrio relativo e responsabilidade.. 433

Dia dos Vivos 81
Direito à luz do espírito de Caridade 439
Direito e Legislação Espirituais 437
E as bastilhas caem por terra 289
Efeitos físicos: natureza de Deus 335
Einstein, Ciência e Mística 282
Einstein, Planck e a frequência do Espírito 285
Encontro com Deus 207
Energia das pessoas após a morte 379
Escolhas, destino e renascimento 155
Escritores e fantasmas 385
Espírito e laboratório 324
Espírito Katie King 273
Espírito não é assombração 370
Espírito, cérebro e comando 232
Espírito, Ciência e Mediunidade — Parte I 223
Espírito, Ciência e Mediunidade — Parte II 235
Espírito, Ciência e Mediunidade — Parte III 249
Espírito, Ciência e Mediunidade — Parte IV 265
Espírito, Ciência e Mediunidade — Parte V 271
Espírito, Ciência e Mediunidade — Parte VI (final) 285
Espírito, Ciência e Mediunidade (Partes de I a VI) 221
Espírito, mente, consciência e cérebro 215
Espíritos Superiores imigram para a Terra 451
Espiritualidade de pai para filha 407
Espiritualização Ecumênica 107
Estamos corpo, mas somos Espírito 365
Experiências de quase-morte (EQMs) 181
Experiências de quase-morte e a realidade do Espírito — Parte I 181
Experiências de quase-morte e a realidade do Espírito — Parte II 191
Experiências de quase-morte e a realidade do Espírito — Parte III 199
Experiências de quase-morte e a realidade do Espírito — Parte IV 205
Experiências de quase-morte e a realidade do Espírito — Parte V
(final) 215
Experiências de quase-morte e a realidade do Espírito 179
Experiências mediúnicas nas crenças 295
Fenômenos *psi* e experiências espirituais 223
Fenômenos que se opõem à crença científica 275
Filipe batiza um funcionário etíope 357

Filósofos marxistas manifestam-se...115
Finados e Vida Eterna — Parte I 81
Finados e Vida Eterna — Parte II 91
Finados e Vida Eterna — Parte III...99
Finados e Vida Eterna — Parte IV...111
Finados e Vida Eterna — Parte V 117
Finados e Vida Eterna — Parte VI (final) 123
Finados e Vida Eterna (Partes de I a V)...79
Ford, Edison e a vida após a morte 71
Fórum Mundial Espírito e Ciência, da LBV, em marcha...................36
Fraterno recado da Espiritualidade Superior 39
Greta Garbo: "Tenho a sensação incrível de haver vivido antes"...........397
Guimarães Rosa e a Espiritualidade 403
Horas mais duras do planeta..428
Humildade ante a Sabedoria..235
Índice de nomes 499
Indispensável união na luta contra a ignorância espiritual 35
Investigação científica da mediunidade de Chico Xavier.......................227
Investigações científicas sobre Leonora Piper 243
Jamais abreviar a vida 65
Jamais temer a convenção..246
Jesus conforta os discípulos 353
Jesus conforta os discípulos...463
Jesus e Sua Vitória Triunfal sobre a morte 24
John Wesley, fundador da Igreja Metodista...298
Jung e a questão do pós-Vida..58
Juscelino Kubitschek e a visão espiritual 413
Justiça, Lei da Reencarnação e párias 447
Justiça, virtudes da alma e a cidade-estado ideal 133
Lições do fenômeno inafastável 99
Livre-arbítrio gera determinismo..169
Manifestação vinda do Céu 478
Materializações nos Atos dos Apóstolos (Partes de I a V) 329
Materializações nos Atos dos Apóstolos de Jesus — Parte I 331
Materializações nos Atos dos Apóstolos de Jesus — Parte II......................347
Materializações nos Atos dos Apóstolos de Jesus — Parte III 355
Materializações nos Atos dos Apóstolos de Jesus — Parte IV 361
Materializações nos Atos dos Apóstolos de Jesus — Parte V (final) 369
Médico se vê vivo após a morte 299

Mesmer com a palavra	455
Não culpe a Deus por suas más escolhas	165
Negar o Espírito é repudiar o átomo	287
Neurocientista cético relata sua experiência de quase-morte	193
Ninguém pode ficar alheio à morte	61
Novamente caem os muros de Jericó	33
Novo Mandamento de Jesus e Reencarnação	446
O Celeste Libertador não pode ser aprisionado	26
O cuidado com o desligamento do Espírito	378
O destino dos justos e dos injustos depois da morte	137
O dever da Religião	96
O efeito transformador de uma experiência de quase-morte	186
O Espírito e a mente	326
O exemplo comunista	314
O exemplo do Cristo deve inspirar todos os campos da vida	29
O Itamaraty entre os dois mundos	472
O Juízo Final	145
O Mistério de Deus revelado	13
O Mundo Espiritual não é um dormitório — Parte I	295
O Mundo Espiritual não é um dormitório — Parte II	307
O Mundo Espiritual não é um dormitório — Parte III	317
O Mundo Espiritual não é um dormitório — Parte IV (final)	323
O Mundo Espiritual não é um dormitório (Partes de I a IV)	293
O Mundo Espiritual no testemunho de vultos da História — Parte I	385
O Mundo Espiritual no testemunho de vultos da História — Parte II	403
O Mundo Espiritual no testemunho de vultos da História — Parte III	413
O Mundo Espiritual no testemunho de vultos da História — Parte IV (final)	417
O Mundo Espiritual no testemunho de vultos da História (Partes de I a IV)	383
O Mundo Espiritual, Sócrates, Platão e *A República* — Parte I	131
O Mundo Espiritual, Sócrates, Platão e *A República* — Parte II	137
O Mundo Espiritual, Sócrates, Platão e *A República* — Parte III	143
O Mundo Espiritual, Sócrates, Platão e *A República* — Parte IV	153
O Mundo Espiritual, Sócrates, Platão e *A República* — Parte V	161
O Mundo Espiritual, Sócrates, Platão e *A República* — Parte VI	169

O Mundo Espiritual, Sócrates, Platão e *A República* (Partes de I a VI) 129
O Pão divino que vem das Alturas 468
O parecer de Gamaliel 17
O pensamento espiritual 216
O Poder Extraordinário de Jesus 480
O Poder Infinito da Prece 302
O substantivo "Espírito" 369
O transporte de Filipe 355
Observações de Er acerca da morte 147
Opinar civilizadamente 76
Oração *versus* medo 59
Origem espiritual da Profecia 425
Os mecanismos justos da Vida Eterna 175
Os milagres de Padre Pio 239
Os Simples de Coração e a mediunidade 334
Pai-Nosso e Bem-Aventuranças 489
Pai-Nosso 491
Para evitar padecimentos cruéis 121
Parceria Céu e Terra 98
Parto mediúnico e bilocação 361
Pastor Billy Graham e a comunicação com os "mortos" 295
Paulo Apóstolo e a corrupção do corpo 347
Pensamento crítico e a morte de Sócrates 140
Perante o sinédrio 19
Permanente presença de Jesus 15
Planejamento espiritual para a próxima vida 172
Poderiam as almas injustas invadir o Céu? 153
Poema do Imortalista 83
Política de Deus – uma necessidade premente da Alma 176
Política de Deus, oração e o segredo do governo dos povos 475
Prefácio do autor 23
Prefácio do Mundo Espiritual 43
Preparação para a prece 465
Processo Espírito-neurofisiológico 267
Profecia e Morada dos Espíritos — Parte I 425
Profecia e Morada dos Espíritos — Parte II 433
Profecia e Morada dos Espíritos — Parte III (final) 451
Profecia e Morada dos Espíritos (Partes de I a III) 423
Quantas vezes se deve perdoar a um irmão 96

Questão de morte ou de vida? — Parte I 49
Questão de morte ou de vida? — Parte II 55
Questão de morte ou de vida? — Parte III 61
Questão de morte ou de vida? — Parte IV (final) 71
Questão de morte ou de vida? (Partes de I a IV) 47
Rasgar o véu de Ísis 280
Reencontro com a Família Espiritual 203
Relativa independência 435
Religiosos e médiuns 307
Reunificando Espírito e matéria 218
Revolução espiritual sem sangue 471
Ricochete 442
Santa Clara de Montefalco 307
Sem emoção divina, nada se pode concretizar 476
Serão vibracionais os limites do Universo? 210
Sobrepujar convencionalismos 102
Sócrates: "Toda alma é imortal" 134
Sumário 5
Supervelocidade 320
Tanatologia e perenidade da existência 67
Telebulia?! 317
Templo da Boa Vontade 526
Teresa Neumann e os estigmas 236
Todo dia é dia de renovar nosso destino 161
Transformação pela consciência espiritual 57
Tratado do Novo Mandamento de Jesus 9
Tudo depende de nossos atos na Terra 149
Um aprendizado para a Eternidade 205
Um caso de materialização narrado por um escritor protestante 308
Um tirano vencido 49
Uma conexão entre este mundo e o próximo 279
Uma visão de Dom Bosco 311
Universos infinitos 209
Versículos de Jesus infalíveis 462
Vida após a morte e o enfrentamento do luto 390
Vida após o parto? 74
Vivo na Dimensão Espiritual 199
Vozes eletrônicas do Além 249
Vozes Espirituais gravadas 251

BIBLIOGRAFIA

A Bíblia de Jerusalém. São Paulo: Paulus, 1995.

A Bíblia Sagrada. Tradução Padre Antônio Pereira de Figueiredo. Rio de Janeiro: Edição Barsa, 1964.

A Bíblia Sagrada. Tradução Centro Bíblico Católico. 60. ed. São Paulo: Ave Maria, 1988. Tradução dos originais mediante a versão dos Monges de Maredsous (Bélgica).

A Bíblia Sagrada: Antigo e Novo Testamento. Tradução para o português de João Ferreira de Almeida. Brasília: Sociedade Bíblica do Brasil, 1969.

A Bíblia Sagrada: nova edição papal. Traduzida das línguas originais com uso crítico de todas as fontes antigas pelos missionários capuchinhos de Lisboa. Charlotte, North Carolina, USA: C. D. Stampley Enterprises, Inc., 1974.

A Bíblia Sagrada: Novo Testamento. Tradução Padre Matos Soares. Porto: Grandes Oficinas Gráficas da Sociedade de Papelaria, 1954. 4 v.

Alcorão Sagrado. Tradução do professor Samir El-Hayek. São Paulo: Tangará, 1975.

ALEXANDER, Eben. **Uma prova do céu.** tradução de Joel Macedo. Rio de Janeiro: Sextante, 2013.

BALMES, Jaime Luciano. **Escritos Póstumos del sr. Doctor D. Jaime Balmes.** Edición de la Civilización. México: Imprenta de Juan R. Navarro, 1851.

BARBOSA, Rui. **Obras completas de Rui Barbosa.** Rio de Janeiro: Ministério da Educação e Cultura, 1967, v. 35, t. 1, 1908.

_____. **Obras completas de Rui Barbosa.** Rio de Janeiro: Fundação Casa de Rui Barbosa e 7Letras, 2016, v. 45, t. 2, 1918.

BEM, D. J. "Feeling the future: Experimental evidence for anomalous retroactive influences on cognition and affect." In: **Journal of Personality and Social Psychology**, Vol. 100, No. 3, 407-425. Mar, 2011.

BILAC, Olavo. **Poesias.** Rio de Janeiro: Francisco Alves, 1940.

BOSCO, Terésio. **Dom Bosco: uma biografia nova.** 4. ed. São Paulo: Salesiana Dom Bosco, 1997.

BUCK, Pearl S. **The good deed: and other stories of Asia, past and present.** New York: John Day Co., 1969.

BUDDHA [Siddhartha Gautama]. **The Dhammapada: The Buddha's path of Wisdom.** Translated from the Pali by Acharya Buddharakkhita. Introduction by Bhikkhu Bodhi. Kandy, Sri Lanka: Buddhist Publication Society, 1985.

_____. **Dhammapada: caminho da Lei Atthaka: o livro das Oitavas.** Tradução e organização Georges da Silva. São Paulo: Pensamento, 1978.

BYRON, Julie. **Impressionantes experiências mediúnicas de pessoas famosas.** Rio de Janeiro: Nova Era, 1998.

CARDEÑA, Etzel; LYNN, Steven J.; KRIPPNER, Stanley. **Varieties of Anomalous Experience:** Examining the Scientific Evidence. Washington, D.C.: American Psychological Association, 2014.

CARDOSO, Lúcio. **Poemas inéditos.** Rio de Janeiro: Nova Fronteira, 1982.

CARRINGTON, Hereward. **Letters to Hereward Carrington from Famous Psychical Researchers.** London : Society of Metaphysicians Ltd, 1988.

COELHO NETO. **A vida além da morte.** Conferência realizada no Abrigo Teresa de Jesus a 14 de setembro de 1924. Rio de Janeiro: A Noite, 1924.

CONWAY, Moncure D. "*Renan. A discourse given at South Place Chapel, London, October, 9, 1892*" in: **The Monist**, v. 3, n. 2, p. 201-210, (January, 1893).

CROOKES, William. "Address of the President Before the British Association for the Advancement of Science, Bristol, 1898". In: **Science**, New Series, v. 8, n. 201, p. 601-612, (Nov. 4, 1898).

_____. "Inaugural address as President of the British Association for the Advancement of Science". In: **Nature**, v. 58, n. 1506, p. 438-448, (September 8, 1898).

_____. "Notes of an Enquiry into the Phenomena called Spiritual". In: **Quarterly Journal of Science**, London, p. 77-97, January, 1874.

_____. "Spiritualism viewed by the light of Modern Science". In: **Quarterly Journal of Science**, London, p. 316-321, July, 1870.

_____. "The last of 'Katie King': the photographing of 'Katie King' by the aid of the electric light". In: **The Spiritualist Newspaper**, a record of the progress of the Science and Ethics of Spiritualism. v.4. n. 23. London, p. 270-271, Friday, June 5, 1874.

DE GRANADA, Fray Luis. **Libro de la oración y meditación:** as el cual se trata de la consideración de los principales lectric de nuestra fe, y de las partes y doctrina para la oración. Madrid: Apostolado de la Prensa, [19--?].

DENIS, Léon. **Cristianismo e Espiritismo.** 9. ed. Rio de Janeiro: FEB, 1992.

_____. **Depois da morte.** 10. ed. Rio de Janeiro: FEB, 1978.

DOTTI, René Ariel. **Breviário forense.** 2. ed. Curitiba: Juruá, 2008.

ECKERMANN, Johann Peter. **Conversations of Goethe by Johann Peter Eckermann.** Translated by John Oxenford. London: George Bell & Sons, 1906.

EINSTEIN, Albert. **Cosmic Religion: with other opinions and aphorisms.** New York: Covici-Friede, 1931.

ESPINASSE, Francis. **Life of Ernest Renan.** London: The Walter Scott Publishing Co., Ltd., 1895.

ESPOSITO, John L. **What everyone needs to know about Islam.** 2. ed. New York: Oxford University Press, 2011.

FEUERBACH, Ludwig. **Lectures on the Essence of Religion** (1851). Translated by Ralph Manheim. New York: Harper & Row, 1967.

FREITAS, Wantuil de. Mínimus. **Síntese de O Novo Testamento.** 4. ed. Rio de Janeiro: FEB, 1979.

GANDHI, Mahatma. **All Men Are Brothers: Life and Thoughts of Mahatma Gandhi as Told in his Own Words.** Compiled and edited by Krishna Kripalani. New York: Columbia University Press and UNESCO, 1958.

GRAHAM, Billy. "I've seen proof of life after death". In: **National Enquirer.** January 8, 1985.

_____. **Billy Graham: the Inspirational writings, Peace with God, The secret of happiness, Answers to life's problems.** New York: Inspirational press, 1995.

_____. **Just As I Am: The Autobiography of Billy Graham.** San Francisco: HarperCollins, 1997.

GREENE, Graham. **The Power and the Glory.** New York: Penguin Books, 1991.

GUIMARÃES ROSA, João. **Tutaméia:** terceiras estórias. 2. ed. Rio de Janeiro : Livraria J. Olympio, 1968.

HAMEROFF, Stuart; PENSROSE; Roger. "Consciousness in the universe: A review of the 'Orch OR' theory". In: **Physics of Life Reviews.** Volume 11, Issue 1, Pages 39-78, March 2014.

HARRIS, Frank. **Bernard Shaw.** New York: Simon and Schuster, 1931.

HAWKING, Stephen. "*Foreword*", In: Lawrence M. Krauss. **The Physics of Star Trek.** New York: Basic Books, 1995.

HEILMAN, Samuel C. **When a Jew Dies:** The Ethnography of a Bereaved Son. Berkeley and Los Angeles, California: University of California Press, 2001.

HERACLITUS. **Fragments:** the collected wisdom of Heraclitus. translated by Brooks Haxton. New York: Viking Penguin, 2001.

HODGSON, Richard. "A Further Record of Observations of Certain Phenomena of Trance". In: **Proceedings of the Society for Psychical Research**, vol. 13, pp. 284-582, 1898.

JAMES, William. "Address of the President Before the Society for Psychical Research". In: **Science**, New Series, v. 3, n. 77, p. 881-888, (Jun. 19, 1896).

_____. **Essays in Psychical Research.** Cambridge, MA: Harvard University Press, 1986.

KARDEC, Allan. **A Gênese.** 32. ed. Rio de Janeiro: FEB, 1988.

_____. **O Céu e o Inferno ou a Justiça Divina segundo o espiritismo.** 29. ed. Rio de Janeiro: FEB, 1982.

KRAUSS, Lawrence. **The physics of Star Trek.** New York : Basic Books, 1995.

LAMARTINE, Alphonse. **Oeuvres d'Alphonse Lamartine.** Édition complète. Bruxelles: E. Laurent, 1833.

LAPLACE, Pierre Simon, Marquis de. **Essai philosophique sur les probabilités.** Bruxelles: Culture et Civilisation, 1967.

LEACOCK, Stephen. **Literary Lapses.** New York/London: John Lane, 1918.

LEWIS, James R. **Enciclopédia da Vida Após a Morte:** Crenças, Rituais, Lendas e Fenômenos Extraordinários. São Paulo: Makron Books, 1997.

Life (magazine). May 2, 1955. v. 38, n. 18. New York: Time Inc., 1955.

MANELLI, Stefano. **Padre Pio of Pietrelcina.** New Bedford, MA: Franciscans of the Immaculate, 1999.

MEIRELES, Cecília. **Cânticos.** São Paulo: Moderna, 1982.

MOODY, Raymond. **A vida depois da vida.** Tradução Melissa Kassner. São Paulo: Butterfly, 2004.

NETO, Coelho. Conversão. **Jornal do Brasil**, Rio de Janeiro, edição 135, p. 9, 7 jun. 1923.

NABOKOV, Vladimir. **Pale Fire.** New York: Vintage International, 1989.

O novo catecismo — a fé para adultos. São Paulo: editora Herder, 1969.

OSTRANDER, Sheila; SCHROEDER, Lynn. **Experiências psíquicas além da cortina de ferro.** São Paulo: Cultrix, 1970.

PAIVA NETTO, José de. **As profecias sem mistério.** São Paulo: Elevação, 1998.

_____. **Jesus, o Profeta Divino.** 8. ed. São Paulo: Elevação, 2013.

_____. **O Brasil e o Apocalipse.** São Paulo: LBV, 1996. v.3.

_____. **O Sentido da Paixão no Final dos Tempos.** São Paulo: LBV, 1989.

_____. **Reflexões da Alma.** 54. ed. São Paulo: Elevação, 2004.

_____. **Reflexões e Pensamentos — Dialética da Boa Vontade.** São Paulo: LBV, 1987.

_____. **Sagradas Diretrizes Espirituais da Religião de Deus, do Cristo e do Espírito Santo.** 7. ed. São Paulo: Elevação, 1987, v. 1.

_____. **Sagradas Diretrizes Espirituais da Religião de Deus, do Cristo e do Espírito Santo.** 1. ed. São Paulo: Elevação, 1990, v. 2.

_____. **Sagradas Diretrizes Espirituais da Religião de Deus.** 3. ed. São Paulo: Elevação, 1991, v. 3.

_____. **Somos todos Profetas.** 44. ed. São Paulo: Elevação, 1999.

PASCOAES, Teixeira de; SENA, Jorge de (editor). **Teixeira de Pascoaes: poesia.** 2. ed. Rio de Janeiro: Livraria AGIR, 1970.

PEREIRA, Yvonne A. Bezerra de Menezes. **Dramas da Obsessão.** 7. ed. Rio de Janeiro: FEB, 1991.

_____. Camilo Cândido Botelho. **Memórias de um Suicida.** 5. Ed. Brasília: FEB, 1975.

PERIOTTO, Chico. Bezerra de Menezes. **Fluidos de Paz** — Ensinamentos de Bezerra de Menezes. São Paulo: Elevação, 2001.

PESSOA, Fernando. **Poesias.** 15. ed. Lisboa: Ática, 1995.

PLATÃO. **A República.** Introdução, tradução do grego e notas de Maria Helena da Rocha Pereira. 9. ed. Lisboa/Portugal: Fundação Calouste Gulbenkian, 2001.

_____. **A República.** Tradução de Ingrid Cruz de Souza Neves. Brasília: Kiron, 2002.

_____. **A República.** Tradução de Carlos Alberto Nunes. 3. ed. Belém/PA: EDUFPA, 2000.

_____. **Fedro ou da beleza.** Tradução e notas de Pinharanda Gomes. 6. ed. Lisboa/Portugal: Guimarães Editores, 2000.

PLOTINUS. **The Enneads.** Translated by Stephen Mackenna. 2. Ed. London: Faber and Faber, 1956.

POOLE, W.H. **Anglo-Israel, or, The British nation the lost tribes of Israel.** Toronto: Bengough, 1879.

REGA, Frank. **Padre Pio and America.** Charlotte, North Carolina: Tan Books, 2015.

Revue Spirite: Journal D´Études Psychologiques Publié sous la direction de Allan Kardec. Huitième année - 1865. Paris: Bureau: Rue Sainte-Anne, 59, 1865.

RIZZINI, Jorge. **Escritores e Fantasmas.** 2. ed. São Bernardo do Campo/SP: Correio Fraterno do ABC, 1992.

_____.**Eurípedes Barsanulfo, o Apóstolo da Caridade.** 9. ed. São Bernardo do Campo/SP: Correio Fraterno do ABC, 2004.

ROSA, Vilma Guimarães. **Relembramentos: João Guimarães Rosa, meu pai.** 5. ed. São Paulo: Carochinha, 2014.

ROUSTAING, Jean-Baptiste. **Os Quatro Evangelhos** — Espiritismo Cristão ou Revelação da Revelação. 5. ed. Rio de Janeiro: FEB, 1971, v. 3.

SAGAN, Carl. **Demon-Haunted World:** Science as a Candle in the Dark. New York: Random House, 1996.

"Science and God: A Dialogue", an exchange of opinions between Einstein, James Murphy, and J.W.N. Sullivan in **Forum and Century,** *83,* p. 373-379, (June 1930).

SMITH, Uriah. **As Profecias do Apocalipse.** 1. ed. Itaquaquecetuba/SP: Edições Vida Plena, 1991.

SIQUEIRA, José Nunes. **Átomos da Paz.** Santo André: Casa Publicadora Batista, 1990.

TAGORE, Rabindranath. **Gitanjali.** 2. ed. São Paulo: Paulus, 1991.

_____. **Sadhana: o caminho da realização.** São Paulo: Paulus, 1994.

TAMASSIA, M.B. **Os mortos acordam os vivos.** 2. ed. Campinas/SP: Edições Círculo de Claus, 1975.

TARDY, Lorenzo. **Life of St. Claire of Montefalco**, professed nun of the Order of Hermits of St. Augustine. Translated by Joseph A. Locke. New York, Cincinnati e St. Louis: Benziger Brothers, 1884.

_____. ***Vita di santa Chiara di Montefalco***, dell'Ordine degli eremiti di S.Agostino. Roma: Tipografia della Pace, 1881.

TAVARES, Clovis. **Mediunidade dos Santos.** 4. ed. Araras/SP: IDE, 1994.

TOCQUEVILLE, Alexis de. **A Democracia na América.** Belo Horizonte: Itatiaia; São Paulo: USP, 1987.

VICTOR HUGO. **Actes et Paroles — Pendant l'Exil, 1852-1870.** 2. ed. Paris: Michel Lévy Frères, 1875. Vol. 2.

WILDE, Oscar. **Collected Works of Oscar Wilde:** The Plays, the Poems, the Stories and the Essays Including De Profundis. Ware, England: Wordsworth Editions, 1997.

XAVIER, Francisco Cândido. André Luiz. **Nos Domínios da Mediunidade.** 24. ed. Rio de Janeiro: FEB, 1997.

_____. André Luiz. **Nosso Lar.** 34. ed. Rio de Janeiro: FEB, 1987.

_____. Emmanuel. **O Consolador.** 13. ed. Rio de Janeiro: FEB, 1986.

_____. André Luiz. **Os Mensageiros.** 23. ed. Rio de Janeiro: FEB, 1990.

XAVIER, Francisco Cândido; VIEIRA, Waldo. André Luiz. **Evolução em dois mundos.** 23. ed. Rio de Janeiro: FEB, 2005.

BIOGRAFIA

José de Paiva Netto, escritor, jornalista, radialista, compositor e poeta, nasceu em 2 de março de 1941, no Rio de Janeiro/RJ, Brasil. É presidente da Legião da Boa Vontade (LBV) e presidente-pregador da Religião de Deus, do Cristo e do Espírito Santo. Membro efetivo da Associação Brasileira de Imprensa (ABI) e da Associação Brasileira de Imprensa Internacional (ABI-Inter), é filiado à Federação Nacional dos Jornalistas (Fenaj), à International Federation of Journalists (IFJ), ao Sindicato dos Jornalistas Profissionais do Estado do Rio de Janeiro, ao Sindicato dos Escritores do Rio de Janeiro, ao Sindicato dos Radialistas do Rio de Janeiro e à União Brasileira de Compositores (UBC). Integra também a Academia de Letras do Brasil Central. É autor de referência internacional na defesa dos direitos humanos e na conceituação da causa da Cidadania e da Espiritualidade Ecumênicas, que, segundo ele, constituem *"o berço dos mais generosos valores que nascem da Alma, a morada das emoções e do raciocínio iluminado pela intuição, a ambiência que abrange tudo o que transcende ao campo comum da matéria e provém da sensibilidade humana sublimada, a exemplo da Verdade, da Justiça, da Misericórdia, da Ética, da Honestidade, da Generosidade, do Amor Fraterno. Em suma, a constante matemática que harmoniza a equação da existência espiritual, moral, mental e humana. Ora, sem esse saber de que existimos em dois planos, portanto não unicamente no físico, fica difícil alcançarmos a Sociedade realmente Solidária Altruística Ecumênica, porque continuaremos a ignorar que o conhecimento da Espiritualidade Superior eleva o caráter das criaturas e, por conseguinte, o direciona à construção da Cidadania Planetária".*

Entre as inúmeras homenagens recebidas, foi agraciado com a Medalha do 1º Centenário da Academia Brasileira de Letras (ABL); nomeado Comendador da Ordem do Rio Branco, pelo Ministério das Relações Exteriores; e condecorado com o Grau de Comendador, pelo Conselho da Ordem do Mérito Aeronáutico, e com a Medalha do Pacificador, pelo Ministério do Exército Brasileiro.

Filho primogênito de **Idalina Cecília de Paiva** (1913-1994) e **Bruno Simões de Paiva** (1911-2000) — que tiveram como padrinho de casamento **Dorival Caymmi** (1914-2008) — e irmão de **Lícia Margarida de Paiva** (1942-2010). Teve a infância e a juventude marcadas por uma preocupação incomum com temas espirituais, filosóficos, educativos, sociais, políticos, científicos e econômicos, além de um profundo senso de auxílio aos necessitados.

Estudou no tradicional Colégio Pedro II, na capital fluminense, do qual recebeu o título de Aluno Eminente, sendo homenageado com placa de bronze na sede desse conceituado colégio-padrão. Em 1956, ainda adolescente, iniciou sua jornada vitoriosa ao lado do saudoso fundador da Legião da Boa Vontade, o jornalista, radialista, escritor, poeta e filósofo brasileiro **Alziro Zarur** (1914-1979). Paiva Netto foi o principal assessor dele durante quase um quarto de século. Para se dedicar totalmente à LBV, abandonou a vocação para a Medicina. Mais tarde, tornou-se secretário-geral (cargo equivalente ao de vice-presidente) da Instituição e, com o falecimento de Zarur, sucedeu-o.

Compositor e produtor musical, foi aluno do professor **Homero Dornelas** (1901-1990), assessor do notável **Villa-Lobos** (1887-1959). Elaborou a "Marcha dos Soldadinhos de Deus", interpretada pela primeira vez em 21 de abril de 1960, por meninos amparados pelo Instituto São Judas Tadeu, no Rio de Janeiro, onde colaborava como voluntário. A apresentação foi uma homenagem a Brasília/DF, Brasil, que o então presidente da República **Juscelino Kubitschek** (1902-1976) inaugurava naquela data.

À frente da Legião da Boa Vontade desde 1979, multiplicou as ações desta nas áreas da educação e da promoção humana e social, por meio das unidades de atendimento da Instituição, as quais abrangem escolas-modelo de educação básica, abrigos para idosos e centros comunitários de assistência social. Tais espaços fazem parte de um projeto ainda maior, criado por Paiva Netto e a que ele se tem dedicado há bastante tempo: a Educação com Espiritualidade Ecumênica, consubstanciada em uma vanguardeira linha pedagógica, que propõe um modelo novo de aprendizado, o qual alia cérebro e coração. Essa proposta educacional, composta da Pedagogia do Afeto e da Pedagogia do Cidadão Ecumênico, é aplicada com sucesso na rede de ensino da LBV e nos serviços e programas socioeducacionais desenvolvidos pela Legião da Boa Vontade.

Os ideais da Boa Vontade não têm fronteiras e empolgam diversas regiões do mundo. Desde 1980, por exemplo, as iniciativas solidárias expandem-se para a LBV da Argentina, do Paraguai, do Uruguai, da Bolívia, de Portugal e dos Estados Unidos, sendo estas mantidas por meio de donativos de cada população local.

Por causa da ampla abrangência de seus programas, serviços e de suas ações e da excelência no trabalho realizado, a Legião da Boa Vontade conquistou o reconhecimento da Organização das Nações Unidas (ONU), com a qual tem atuado em parceria há décadas. Em 1994, a LBV associou-se ao Departamento de Comunicação Global (DCG) desse organismo internacional e, em 1999, foi a primeira instituição da sociedade civil brasileira a obter o *status* consultivo geral (grau máximo) no Conselho Econômico e Social (Ecosoc/ONU). Em 2000, passou a integrar a Conferência das ONGs com Relações Consultivas para as Nações Unidas (Congo), com sede em Viena, na Áustria, e, em 2004, atuou como instituição cofundadora do Comitê de ONGs sobre Espiritualidade, Valores e Interesses Globais nas Nações Unidas. A LBV tem participado ativamente das principais conferências e reuniões da ONU, contribuindo com importantes recomendações para a implantação de políticas públicas internacionais, além de mobilizar a sociedade civil em torno dos Objetivos de Desenvolvimento Sustentável (ODS). Os referidos documentos e publicações, editados em diversos idiomas, são entregues a chefes de Estado, conselheiros ministeriais, agências internacionais e representantes da sociedade civil. Dentre esses materiais destacam-se as revistas *Sociedade Solidária*, *Paz para o Milênio*, *Globalização do Amor Fraterno*, BOA VONTADE *Desenvolvimento Sustentável*, BOA VONTADE *Mulher* e BOA VONTADE *Educação*.

O presidente da Legião da Boa Vontade recebeu, em 14 de novembro de 2016, correspondência oficial da equipe do novo secretário-geral da ONU, o dr. **António Guterres**, na qual expressa gratidão ao dirigente da LBV pela carta encaminhada ao diplomata português com cumprimentos em virtude da nomeação deste para ocupar o cargo máximo da ONU. Na missiva, assinada por **Kyung-wha Kang**, assessora especial em Política do gabinete do secretário-geral, consta: *"Prezado presidente, permita-me agradecer, em nome do secretário-geral designado, António Guterres, as vossas gentis palavras de congratulação. É com grande honra e com um sentido de responsabilidade que ele assumirá suas novas funções. A Legião da Boa Vontade é uma organização da sociedade civil que tem uma parceria de longa data com as Nações Unidas. Sua missão de incentivar a vivência de valores, a fim de criar uma sociedade mais justa e solidária, é mais do que nunca de grande relevância global. Suas iniciativas visam melhorar a situação de pessoas de baixa renda em diversas áreas, tais como educação e desenvolvimento sócio-econó-*

mico, sendo uma grande contribuição para a consecução dos Objetivos de Desenvolvimento Sustentável e sua meta de erradicar a pobreza até o ano de 2030. Contamos com a Legião da Boa Vontade para trabalhar junto às Nações Unidas na busca de soluções para os desafios globais mais urgentes da atualidade".

Em 21 de outubro de 1989, Paiva Netto fundou, em Brasília/DF, Brasil, o Templo da Boa Vontade (TBV), com a presença de mais de 50 mil pessoas. Conhecido também como o Templo da Paz, é o polo do Ecumenismo Divino, que proclama o contato socioespiritual entre a criatura e o Criador. Aclamado pelo povo uma das Sete Maravilhas de Brasília, o TBV é o monumento mais visitado da capital federal, conforme dados oficiais da Secretaria de Turismo do Distrito Federal, e, desde que foi inaugurado, recebe anualmente mais de um milhão de peregrinos.

Paiva Netto criou, para propagar a Cidadania Espiritual (conceito preconizado por ele), a Super Rede Boa Vontade de Comunicação (rádio, TV, internet e publicações).

No campo editorial, alcançou a expressiva marca de quase 9 milhões de livros vendidos. Além disso, tem seus artigos publicados em jornais, revistas e portais de internet no Brasil e no exterior. Já escreveu para importantes veículos, a exemplo do *Diário de Notícias, Jornal de Coimbra, Correio da Manhã, Jornal de Notícias, O Primeiro de Janeiro, Notícias de Gaia, Voz do Rio Tinto, Jornal da Maia, O Público, Campeão das Províncias, Audiência* e *O Despertar* (Portugal); *Time South, Jeune Afrique* e *African News* (África); *Daily Post* (circulação internacional); *Clarín* (Argentina); *Jornada* e *El País* (Bolívia); *El Diário Notícias* e *ABC Color* (Paraguai); *El País* (Uruguai); *International Business and Management* (China); e *Deutsche Zeitung* (Alemanha).

    Sobre seu estilo literário, o escritor norte-americano **Errol Lincoln Uys** observou: *"Paiva Netto, sendo um homem prático, não deixa de ter alma de poeta"*. Segundo a definição do eminente professor, jurisconsulto e tratadista **José Cretella Junior** (1920-2015), *"é um exímio estilista, sempre em dia com as novas"*. **Valdir Andres**, jornalista, advogado, fundador do periódico *A Tribuna Regional*, de Santo Ângelo/RS, Brasil, assim declarou: *"É uma honra imensa abrigar os conceitos, as opiniões, a pena brilhante do professor Paiva Netto em nosso jornal"*. Na opinião do mestre de professores **Moacir Costa Lopes** (1927-2010), *"é um escritor de muito talento"*.

Endereço para correspondência:
Rua Norma Pieruccini Giannotti, 110
Barra Funda • São Paulo/SP • CEP 01137-010
E-mail: PaivaNetto@uol.com.br

Canais do autor na internet:
www.PaivaNetto.com
Youtube.com: PaivaNettovideos
Facebook: PaivaNetto.escritor
Instagram: PaivaNetto.escritor
#EuleioPaivaNetto

TEMPLO DA BOA VONTADE

Sede Espiritual da Religião do Terceiro Milênio

Aclamado pelo povo uma das Sete Maravilhas de Brasília/DF, Brasil, o Templo da Boa Vontade (TBV), símbolo maior do Ecumenismo Divino, a Pirâmide das Almas Benditas, a Pirâmide dos Espíritos Luminosos, é o monumento mais visitado de Brasília, segundo dados oficiais da Secretaria de Turismo do Distrito Federal (Setur-DF). Desde que foi fundado por Paiva Netto, em 21 de outubro de 1989, já recebeu cerca de 30 milhões de peregrinos. **Na foto**, da esquerda para a direita, o Parlamento Mundial da Fraternidade Ecumênica (o ParlaMundi da LBV), a sede administrativa e o TBV, localizados na Quadra 915 Sul. Outras informações: (61) 3114-1070 / www.tbv.com.br.

CONHEÇA A RELIGIÃO DE DEUS, DO CRISTO E DO ESPÍRITO SANTO E O TRABALHO DA LBV

BOA VONTADE TV
https://www.youtube.com/boavontadetv
OI TV: Canal 212 • Net Brasil: Canais 196 e 696 • Claro TV: Canais 196 e 696

Geradora Educativa da Fundação José de Paiva Netto
Canal 11.1 - São José dos Campos/SP
Canal 45.1 - Cotia/SP (Grande São Paulo)
Para outras informações, acesse www.boavontade.com/tv

Kit Sat Boa Vontade
Satélite: Star One C3 • Frequência: 3.868 MHz • Symbol Rate: 4.833 Ksps • Polarização Vertical • Modulação: DVB S.2

SUPER REDE BOA VONTADE DE RÁDIO
Internet: www.boavontade.com/radio
OI TV: Canal 989 (Super RBV de Rádio)

Emissoras de rádio:
Rio de Janeiro/RJ: AM 940 kHz • **São Paulo/SP:** AM 1.230 kHz • **Esteio, região de Porto Alegre/RS:** AM 1.300 kHz • **Porto Alegre/RS:** OC 25 m - 11.895 kHz • OC 31 m - 9.550 kHz • OC 49 m - 6.160 kHz • **Brasília/DF:** AM 1.210 kHz • **Santo Antônio do Descoberto/GO:** FM 88,9 MHz • **Salvador/BA:** AM 1.350 kHz • **Manaus/AM:** AM 610 kHz • **Montes Claros/MG:** AM 550 kHz • **Sertãozinho, região de Ribeirão Preto/SP:** AM 550 kHz • **Uberlândia/MG:** AM 1.210 kHz

PORTAIS
www.lbv.org.br
www.boavontade.com
www.ReligiaodeDeus.org
www.Jesusestachegando.com
www.PaivaNetto.com

APP BOA VONTADE PLAY
Baixe na loja de aplicativos do seu celular e acompanhe ao vivo